EM BUSCA DA
𝔅iblia 𝔓erdida
DE
𝔊utenberg

Estelle Doheny logo após seu casamento com o magnata do petróleo, Edward Doheny, por volta de 1900. Ela era a telefonista desconhecida que fazia as ligações em que ele falava com os investidores, e Doheny disse que foi enfeitiçado pela sua voz. Eles se casaram após um curto noivado.

EM BUSCA DA Bíblia Perdida DE Gutenberg

Dados Internacionais de Catalogação na Publicação (CIP)
(Câmara Brasileira do Livro, SP, Brasil)

Davis, Margaret Leslie
  Em busca da Bíblia perdida de Gutenberg : a surpreendente odisseia de 500 anos pelo maior tesouro literário de todos os tempos / Margaret Leslie Davis ; tradução Thereza Christina Rocque da Motta. -- 1. ed. -- São Paulo : Editora Pensamento Cultrix, 2021.

  Título original: The lost Gutenberg
  Bibliografia.
  ISBN 978-65-87143-15-6

  1. Bíblia de Gutenberg 2. Doheny, Estelle, 1875-1958 3. Livros raros I. Título.

21-68596
CDD-090

Índices para catálogo sistemático:
1. Livros raros 090
Cibele Maria Dias - Bibliotecária - CRB-8/9427

Margaret Leslie Davis

EM BUSCA DA
𝔅iblia 𝔓erdida
DE
𝔊utenberg

A Surpreendente Odisseia de 500 Anos pelo
Maior Tesouro Literário de Todos os Tempos

Tradução
Thereza Christina Rocque da Motta

Título do original: *The Lost Gutenberg*.

Copyright © 2019 Margaret Leslie Davis.

Publicado mediante acordo com TarcherPerigee, um selo da Penguin Publishing Group, uma divisão da Penguin Random House LLC.

Copyright da edição brasileira © 2021 Editora Pensamento-Cultrix Ltda.

1ª edição 2021.

Todos os direitos reservados. Nenhuma parte desta obra pode ser reproduzida ou usada de qualquer forma ou por qualquer meio, eletrônico ou mecânico, inclusive fotocópias, gravações ou sistema de armazenamento em banco de dados, sem permissão por escrito, exceto nos casos de trechos curtos citados em resenhas críticas ou artigos de revistas.

A Editora Seoman não se responsabiliza por eventuais mudanças ocorridas nos endereços convencionais ou eletrônicos citados neste livro.

Fotos das pp. 2, 101, 111, 113, 115, 148, 150, 152 e 153 reproduzidas com a permissão dos Arquivos da Arquidiocese Católica Romana de Los Angeles, em nome do detentor dos direitos autorais, o Arcebispado Católico Romano de Los Angeles, uma corporação exclusiva.
Fotos das pp. 19 e 181, cortesia de Thomas A. Cahill.
Fotos das pp. 26, 36, 46, 53, 57, 65, 73, 74, 85, 101, 123, 157, 174, 175, 187, 197, 199, 202, 205, 227, 234, 248, 257 e 259, cortesia de Rita S. Faulders.
Fotos das pp. 35 e 76, cortesia da National Portrait Gallery, Londres.
Foto da p. 207, cortesia de Richard N. Schwab e Thomas A. Cahill.
Fotos da p. 266, cortesia da Universidade Keio.

Editor: Adilson Silva Ramachandra
Gerente editorial: Roseli de S. Ferraz
Preparação de originais: Karina Gerke
Gerente produção editorial: Indiara Faria Kayo
Editoração eletrônica: S2 Books
Revisão: Luciana Soares da Silva

Seoman é um selo editorial da Pensamento-Cultrix.

Direitos de tradução para o Brasil adquiridos com exclusividade pela
EDITORA PENSAMENTO-CULTRIX LTDA., que se reserva a
propriedade literária desta tradução.
Rua Dr. Mário Vicente, 368 – 04270-000 – São Paulo, SP – Fone: (11) 2066-9000
http://www.editoraseoman.com.br
E-mail: atendimento@editoraseoman.com.br
Foi feito o depósito legal.

Para Catherine Chabot Davis

Sumário

PARTE I: O Século Imperial 11
    Capítulo 1: A Estante de Um Milhão de Dólares 13
    Capítulo 2: O Tesouro Negligenciado 33
    Capítulo 3: O Bibliófilo 51
    Capítulo 4: O Patriota 75

PARTE II: O Século Americano 103
    Capítulo 5: A Poderosa Caçadora de Livros 105
    Capítulo 6: O Gutenberg Perdido 139
    Capítulo 7: A Condessa e seu Gutenberg 163
    Capítulo 8: Os Bibliófilos Nucleares 185

PARTE III: O Século Asiático 211
    Capítulo 9: A Traição Inesperada 213
    Capítulo 10: O Gutenberg Virtual 241
    Epílogo: Considerações Finais 263

Agradecimentos 267

Notas 271

Bibliografia 305

Índice 313

PARTE I

O Século Imperial

A Bíblia de Gutenberg é uma obra-prima da cultura mundial. Apenas 48 ou 49 exemplares desse livro fundamental sobreviveram ao tempo e, destes, somente um pertenceu a uma colecionadora. Essa é a verdadeira história desse livro, o exemplar ao qual foi atribuído o Número 45, impresso por Johannes Gutenberg, um pouco antes de 15 de agosto de 1456.

Capítulo 1

A Estante de Um Milhão de Dólares

Uma caixa de madeira contendo um dos mais valiosos livros do mundo chega a Los Angeles em 14 de outubro de 1950, com um pouco mais de pompa – ou segurança – que um catálogo da Sears. Com um código denominado "Commode", foi remetido, via aérea, de Londres, por meio de postagem simples, e, embora seja entregue no local pela Tice & Lynch, um intermediário alfandegário e empresa de transporte sofisticada, seus agentes não têm a menor ideia do que estão transportando e não tomam nenhum cuidado especial.

A viúva de um dos homens mais ricos dos Estados Unidos, Estelle Betzold Doheny, está entre as poucas mulheres que colecionam livros raros e reuniu uma das mais espetaculares bibliotecas do Ocidente. A aquisição da Bíblia de Gutenberg, universalmente reconhecida como o mais importante de todos os livros impressos, irá colocá-la entre os maiores colecionadores de livros de sua época. A chegada do exemplar é o ápice de uma caçada de quarenta anos, e ela considera esse momento como a conquista de um tesouro.

A busca de Estelle por uma Bíblia de Gutenberg começou em 1911, quando era uma jovem e bela morena de cintura fina, casada com um empresário, cuja fortuna foi construída a partir da exploração do petróleo, que estava transformando o Oeste americano. Hoje, aos 75 anos de idade, Estelle é uma senhora gentil, de cabelos grisalhos. A auspiciosa ocasião devolve um pouco do brilho da juventude ao seu rosto, e ela sorri de orelha a orelha. No entanto, resiste ao impulso de abrir a caixa, deixando-a intacta durante a noite, para abri-la com a devida pompa e circunstância no dia seguinte.

Estelle convidou um de seus confidentes, Robert Oliver Schad, o curador de livros raros da Biblioteca Henry E. Huntington, para ver sua aquisição e, ao meio-dia, ele chega com a esposa, Frances, e Jasper, seu filho de 18 anos. Lucille Miller, a secretária de Estelle, conduz a família pelo Grande Hall de entrada da mansão até a biblioteca e, com um gesto, convida o grupo a se sentar à mesa de madeira em formato oblongo no centro. A Sala dos Livros, como Estelle a chama carinhosamente, tem acabamento em sequoia e foi o salão de bilhar do marido. Antes, nas paredes, havia pinturas relativas ao império petrolífero de Edward Doheny; murais encomendados pelo então prospector que perfurou alguns dos maiores poços petrolíferos da história. Hoje, a sala está cheia de prateleiras feitas sob medida para os amados livros de Estelle – seu império pessoal, tão valioso quanto o petróleo de Edward.

Sua coleção teve início quase por acaso, a partir de uma lista de livros populares que qualquer um pode ter, mas que agora contém cerca de 10 mil volumes extremamente raros, disponíveis apenas para os fabulosamente ricos e culturalmente ambiciosos – manuscritos com iluminuras douradas, reluzindo imagens de santos e criaturas míticas; enciclopédias medievais; e os primeiros exemplares da imprensa ocidental, 135 incunábulos – livros impressos antes de 1501. Livros seminais da cultura ocidental como *De Officiis*, de Cícero, e a *Summa Theologica*, de São Tomás de Aquino, estão ao lado de um suntuoso exemplar de 1476 de *Os Contos de Canterbury*.* Essa é a companhia de US$ 1 milhão que a Bíblia de Gutenberg terá nas estantes.

A caixa de 60 por 90 centímetros aguarda, no centro da mesa, iluminada por uma lâmpada de bilhar de bronze. Quando Estelle entra no salão, com Rose Kelly, sua acompanhante e enfermeira, o grupo está de pé, em silêncio. Lucille pega uma tesoura e passa adiante. Estelle, trajada para a ocasião, com um vestido de seda estampado azul-claro, um pente com pedras incrustadas na altura da têmpora direita, quer que todos tomem parte daquele momento solene, então, cada um faz um corte no cordão nodoso que envolve o pacote.

É um momento de emoção para Lucille também, uma mulher alta, esguia, cabelos castanhos repartidos no meio, cortados na altura da nuca. Sempre com um lápis atrás da orelha, ela possui uma beleza discreta, um rosto pálido e simétrico, escondido por trás dos óculos. Lucille foi a parceira constante de Estelle na busca pela Bíblia de Gutenberg, companheira de cada promessa, esperança e perda por quase vinte anos. Ela quase se permite sorrir ao abrir o pacote onde

---

* A primeira edição de *Os Contos de Canterbury* foi a de 1476, de William Caxton. Sabe-se que existem apenas dez exemplares dessa impressão, incluindo uma da Biblioteca Britânica e outra da Biblioteca Folger Shakespeare. (N. da T.)

está a caixa e levantar a tampa, mas, então, ela vê como está bagunçado lá dentro. "Eu mal podia acreditar no que via", disse ela mais tarde. "Parecia um monte de papéis velhos amarfanhados e rasgados. Era o pacote mais mal embrulhado que já vi."[1] O precioso livro fora colocado ali sem reforço, envolvido em um cartão fino e depois em papel ondulado pardo, atado com um cordão. Lucille xinga mentalmente os funcionários da alfândega de Nova York, que abriram o pacote para inspeção e depois colocaram de volta na caixa "de qualquer maneira e amarraram um barbante ou dois em volta e despacharam a caixa".[2]

Seria um milagre o livro não ter sido danificado.

Mas, quando ela o retira dos últimos invólucros, a Bíblia parece estar intacta. Para um especialista como Robert Schad, não há dúvida quanto à encadernação original do século XV, em pele de bezerro marrom escuro, esticada sobre pesadas placas de madeira. O exemplar agora em poder de Estelle Doheny é a primeira impressão da primeira edição do primeiro livro impresso com tipos metálicos móveis, em condições quase originais, com as páginas novas e limpas. Os padrões de losango e de flores estampados na capa de couro ainda estão nítidos e firmes ao toque. Cinco adornos de metal protegem as capas, um colocado no centro e os outros quatro a 2,5 centímetros de distância de cada canto. Dois fechos de borda de couro partidos são os únicos lembretes de que este livro, que apresentou a Palavra Viva por quase cinco séculos, foi aberto e fechado com frequência suficiente para gastar as pesadas alças.[3]

Lucille se aproxima de sua patroa, de pé à sua esquerda, e coloca o braço sob a lombada do livro pesado, de forma que a Sra. Doheny possa examiná-lo mais facilmente. Estelle estende as mãos para tocar o couro velho e fino e, devagar, levanta a capa e abre o imenso volume. Com os óculos de armação dourada na ponta do nariz, ela desliza a mão direita suavemente sobre as bordas das folhas onduladas do livro, tomando um cuidado especial para não tocar a impressão. Ao virar as páginas farfalhantes, ela é dominada por uma silenciosa alegria. Sua busca por esse objeto da invenção ocidental começou há muito tempo, em dias mais felizes, antes de seu marido ter sido envolvido por um escândalo. Ela sente a suavidade do papel feito de trapo espesso na ponta dos dedos e se esforça para focar os olhos sobre as letras góticas pretas, mas o texto em latim se perde em um borrão nublado e ela não consegue distinguir as linhas impressas. Uma hemorragia em um olho e o glaucoma no outro deixaram Estelle quase cega aos 75 anos de idade.

Mesmo assim, ela conhece bem o que tem em mãos, e apenas estar na presença dessa obra seria emocionante para qualquer um que compreenda seu significado. O avanço europeu da impressão com tipos metálicos móveis transformou todos os aspectos da civilização humana, e o trabalho executado por Johannes Gutenberg determinou um padrão que poucos teriam atingido.

Enquanto Estelle passa as mãos sobre o livro, Schad, um homem equilibrado, de porte médio, de terno preto, gravata e camisa brancas, destaca algumas das qualidades que o tornam único. Cada Bíblia de Gutenberg é um pouco diferente uma da outra, porque, enquanto a oficina de Gutenberg imprimia as enormes páginas de cada volume, os impressores deixavam a encadernação e a decoração por conta do comprador. Guiados pelo gosto e o orçamento do dono, uma equipe de artesãos entrava em ação para personalizar o livro – os iluminadores seriam contratados para pintar as letras ornamentais altamente pictóricas, e especialistas conhecidos como rubricadores adicionavam os títulos dos capítulos e os cabeçalhos separados do texto.

O primeiro dono dessa Bíblia não poupou na ornamentação. O volume está cheio de elaboradas iluminuras ricamente coloridas e letras capitulares graúdas. No canto superior esquerdo da primeira página, um grande F maiúsculo está pintado em verde claro e dourado, com ornamentos de trepadeiras verdes e pequenas flores em forma de sinos desenhadas na margem externa. A intrincada folhagem percorre toda a página e a parte inferior, onde, no canto direito, o artista adicionou um pássaro azul de peito branco com um bico amarelo brilhante.

Essas imagens contrastam delicadamente com a riqueza perene do tipo de escrita da Bíblia. Preta e lustrosa, a tinta brilha como se as páginas tivessem acabado de ser impressas, uma qualidade que foi um dos grandes mistérios da arte de Gutenberg, uma marca registrada das Bíblias que ele imprimiu em Mainz, na Alemanha, antes de 15 de agosto de 1456.

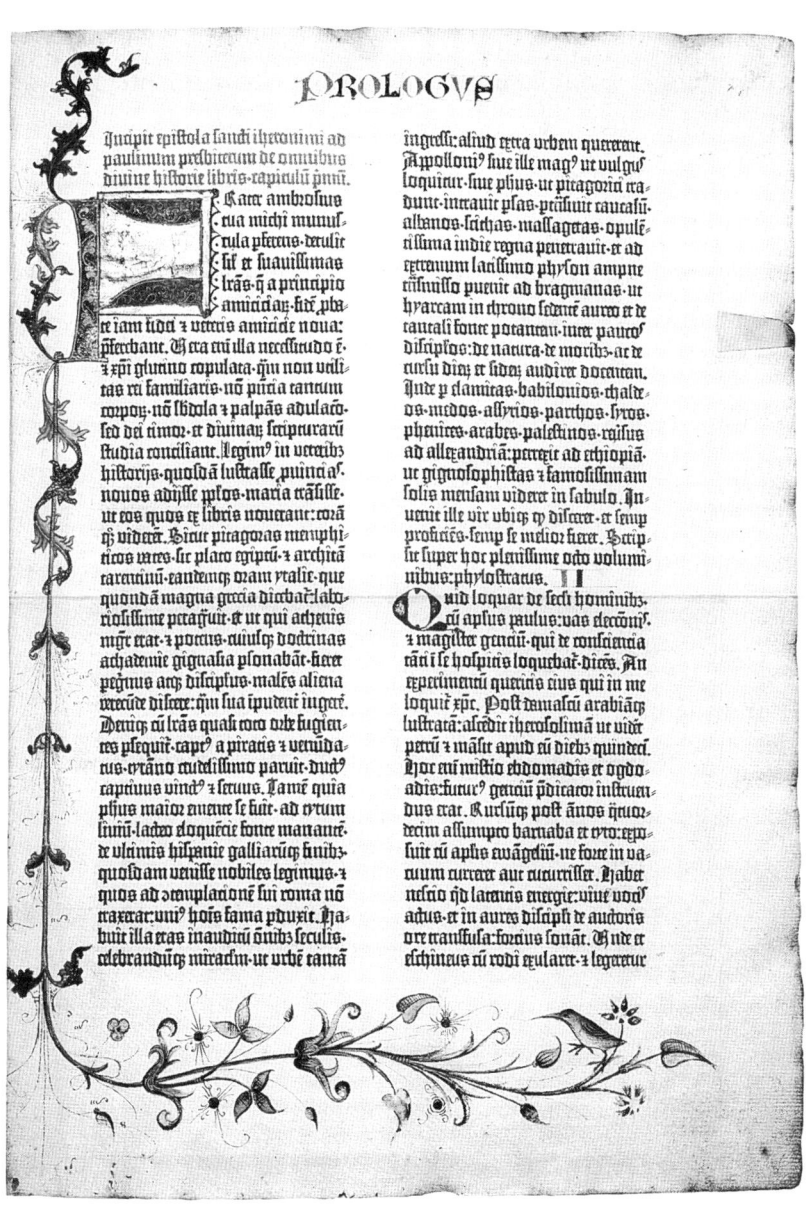

Uma impressionante letra F maiúscula em tom verde e uma folhagem delicadamente desenhada distinguem a primeira página da Bíblia de Gutenberg que pertenceu a Doheny, impressa em Mainz, Alemanha, antes de 15 de agosto de 1456.

A maioria dos estudiosos acredita que Gutenberg produziu cerca de 180 exemplares e, entre estes, provavelmente 150 foram impressos em papel e 30 em pele de animal, conhecida como velino. Acreditava-se que o livro, ao sair da oficina de impressão, custasse cerca de 30 florins, o equivalente ao pagamento de três anos de um criado. As edições com pergaminho tinham um preço mais elevado, pois eram mais trabalhosas e caras para produzir – um único exemplar exigia a pele de 170 bezerros.[4]

O exemplar de Estelle é um dos 45 que se conheciam em 1950. As Bíblias encontram-se em diversas condições, espalhadas pelo mundo, em bibliotecas particulares e em museus: 12 nos Estados Unidos, 11 na Alemanha, 9 na Grã-Bretanha, 4 na França, 2 na Itália, 2 na Espanha e 1 nos seguintes países: Áustria, Dinamarca, Polônia, Portugal e Suíça.[5] Menos da metade têm todas as páginas originais, uma pré-condição para ser definida como "perfeita".

A de Estelle talvez seja o mais belo dos exemplares impressos em papel que sobreviveram. Apesar da idade, esse volume possui todas as páginas e não apresenta danos consideráveis. Designada com o Número 45 a partir de uma lista definitiva compilada por Ilona Hubay,* uma húngara especialista em incunábulos, essa Bíblia recebeu um cuidado especial ao longo dos séculos, ou, pelo menos, foi relegada ao esquecimento, o que ajudou a preservá-la.

As páginas impressas por Gutenberg eram, em geral, encadernadas em dois volumes, e quase a metade dos exemplares conhecidos são considerados "incompletos", porque o segundo volume se perdeu. É o caso do Número 45, que contém o Antigo Testamento, do Gêne-

---

* Ilona Hubay (1902-1982), húngara, especialista em incunábulos, fez o levantamento dos exemplares existentes da Bíblia Gutenberg de 42 linhas, identificando 47 cópias e seus proprietários. Depois dessa publicação, mais dois foram localizados na Rússia, depois de 1985. (N. da T.)

sis até os Salmos. Mas é um dos poucos que mantém a encadernação original, criada em Mainz quando foi impresso. A capa de couro de bezerro é decorada com um padrão distinto de impressões. Um motivo entrelaçado com pequenos formatos de diamante, conhecido pelos especialistas como "estampa em losango", envolve seis selos diferentes: uma águia, um trevo, uma flor de lis e uma estrela de sete pontas. Esses detalhes e a capa, como um todo, estão em condições excepcionais.

Lucille se afasta para que Schad possa equilibrar o volume de quase sete quilos para Estelle. De todos os especialistas em livros que entraram e saíram durante as décadas em que se dedicou a zelosas aquisições, nenhum deles foi mais importante para ela do que Robert O. Schad, um consultor de confiança para sua busca, que, nos últimos vinte anos, escolheu a dedo os itens adquiridos para robustecer a magnífica "coleção das coleções" da Biblioteca Huntington.[6] Como Estelle, ele é autodidata, educado por décadas por meio do contato direto com os livros mais importantes do mundo e com os famosos livreiros que os comercializam. Ele sempre a tratou com respeito e ouviu suas perguntas, sem se importar se fossem sofisticadas ou não.

Schad sinaliza para o filho pegar a câmera Kodak Duaflex de duas lentes que eles trouxeram. Jasper rapidamente tira meia dúzia de fotos, cobrindo o *flash* com um lenço branco para proteger os olhos sensíveis da Sra. Doheny. Em uma pose, Estelle segura a Bíblia, olhando para suas páginas. Que Schad saiba, essa é a segunda vez que uma Bíblia de Gutenberg e seu dono são fotografados juntos.

O dia está "extremamente quente"[7] e o grupo se retira para o Salão Pompeia dentro da mansão. Sob um teto de cúpula de vidro Favrile de 6 metros de extensão atribuído a Louis Comfort Tiffany, o grupo comemora a chegada da Bíblia de Gutenberg com um almoço, cujo cardápio Lucille jamais esqueceu: consomê madrilenho frio com *cream-crackers* e molho de pepinos; frango frito com canjica e pãezinhos quentes; salada verde mista e uma travessa de pêssegos, peras e caquis frescos; e uma sobremesa de pastéis de nata e biscoitos, com chá gelado, servido em copos altos, com muito gelo.

De acordo com a anotação no diário de Lucille, o almoço terminou pontualmente às 14h30, quando ela voltou à Sala dos Livros para guardar a Bíblia em sua caixa de envio, preservando o embrulho esfarrapado. Enquanto guarda tudo, vê um cartão branco que diz apenas: "Funcionário da Alfândega: por favor, manuseie com GRANDE CUIDADO e reembale-o da mesma forma. Obrigado". Abaixo da nota manuscrita, está impresso: "Com os CUMPRIMENTOS DE MAGGS BROS. LTD".

"Vou ficar com o livro", Estelle escreve às pressas para Ernest Maggs, um dos respeitados livreiros de Londres, bem cedo, na manhã seguinte. Ela envia um cheque de £ 25 mil libras, que equivalia, na época, a US$ 70.093.[8]

É um cheque que ela tem prazer de assinar. Graças a um dólar americano forte e à recente desvalorização da libra esterlina, conseguiu garantir um dos grandes artefatos da civilização ocidental por uma barganha. Com o pagamento, Estelle Betzold Doheny se torna a primeira e única mulher a comprar uma Bíblia de Gutenberg, como colecionadora particular.[9] Sua profunda necessidade de possuir esse livro sagrado não apenas reflete sua fé como uma católica devota, mas também revela, no fundo, uma mente perspicaz.

Ela diz a Lucille que nunca se sentiu mais rica ou mais feliz do que nesse momento. O livro serve como panaceia para as grandes perdas pessoais que teve que enfrentar, e ela acredita que seja um presente de Deus. Não apenas alegra seu coração; muda a imagem que tem de si mesma.

* * *

ÀS 8H15 DA MANHÃ SEGUINTE, Lucille entra na rotatória da mansão Doheny em seu Ford preto Modelo A. Seu primeiro trabalho é catalogar a novíssima adição à biblioteca, como tem feito desde o verão de 1931, quando respondeu a um anúncio de classificados de jornal para o cargo de datilógrafa temporária sem saber "a diferença entre um livro raro e um romance popular".[10] Colocando um cartão branco sem pauta, de 8 x 13 cm, em sua máquina de escrever manual Royal Aristocrat, começa a datilografar: "BÍBLIA LATINA [Mainz: Johannes Gutenberg, antes de 15 de agosto de 1456]". No canto superior direito, ela acrescenta o número de aquisição do livro, 6979, e o sublinha. Então, preenche os detalhes sobre o formato e a encadernação, usando as informações enviadas por Ernest Maggs:

> *Em papel; tipo gótico; 324 l. [até os Salmos]; 38 x 28 cm ; duas colunas de 40-41-42 linhas; couro de bezerro contemporâneo estampado sobre placas de madeiras revestidas, 5 ornamentos de metal em cada capa, resquícios de marcadores.*

Ela quer garantir que a notícia sobre a compra não vaze. Está nervosa por ter que manter o livro na casa, certa de que "é apenas uma questão de tempo antes que o segredo escape" e repórteres e curiosos se postem no jardim da frente, exigindo para tirar fotos.[11] Ainda assustada com o espetáculo que houve no escândalo do Teapot Dome,*

---

* Refere-se à investigação durante o governo do presidente Warren Harding (1921-1923), quando Albert Fall, Secretário de Interior, arrendou as reservas de petróleo da Marinha em Teapot Dome, Wyoming, a particulares, sem licitação, recebendo, entre outros, suborno de Edward Doheny. Fall foi o primeiro membro de gabinete presidencial a ser preso por corrupção nos EUA. Em 1930, Doheny foi absolvido da acusação de subornar Fall. A empresa de Doheny executou a hipoteca sobre a casa de Fall, em Tularosa, Novo México, por "empréstimos não pagos", no mesmo valor de US$ 100 mil que foram pagos como suborno. Teapot Dome era considerado o "maior escândalo da história da política americana", até Watergate (1972-1974). (N. da T.)

quando não conseguiam fugir dos paparazzi e dos olhos da imprensa, ela e Estelle fazem tudo que podem para evitar chamar a atenção para a residência Doheny, na Chester Place, número 8. Ninguém de fora da casa sabe sobre o livro, incluindo os vigias postados no portão de entrada do complexo residencial no bairro de West Adams, em Los Angeles.

Lucille está supervigilante. Cada noite, antes de voltar para casa, ela checa e checa repetidas vezes para ter certeza de que o Número 45 está seguramente trancado dentro do cofre por trás da grossa cortina de veludo na Sala dos Livros. Ela fica obcecada para ter certeza de que a tranca esteja realmente fechada e mais de uma vez volta à Sala dos Livros para checar de novo. "Era minha responsabilidade manter a Bíblia segura dentro da biblioteca", Miller disse depois. "Nunca me senti tão assustada em toda a minha vida."[12]

Ela está habituada a lidar com incunábulos, mas ter responsabilidade em relação a um livro tão importante a desgastava. Nos dias seguintes, ela chamou alguns especialistas, dizendo indiretamente que ela estava procurando conselhos de como melhor preservar um livro frágil, em formato de fólio, com capa de couro, impresso em papel, do século XV. O nome Gutenberg nunca é mencionado.

Os cuidados se multiplicam. O livro, ela soube, deve ser guardado no escuro em grande parte do dia, pois a exposição à luz poderia fazer a tinta e os pigmentos se apagarem e, toda vez que fosse aberto para exibição, os níveis de luz deveriam ser medidos e controlados. Dentro do cofre, deve estar posicionado de forma segura na prateleira, para evitar qualquer dano acidental, para não cair. Ela é aconselhada a manter o cofre o mais frio possível e observar a umidade relativa do ar – se estiver muito alta, poderá criar mofo; se estiver muito baixa, as páginas podem desidratar e ficar quebradiças. Se os níveis variassem, seria um horror, fazendo com que o livro se expandisse e se contraísse, o que poderia fazer o papel enrugar, lascar a tinta e deformar as capas.

Em condições ideais, ela deveria manter o livro entre 12 e 20 graus Celsius, com 35% a 60% de umidade relativa do ar. Mas isso é uma fantasia. Los Angeles está no meio de uma onda de calor em meados de outubro, e a mansão Doheny não possui ar-condicionado. Eles desempacotaram a Bíblia no dia mais quente de 1950, e até mesmo abrir todas as janelas da residência de três andares, de 2.230 metros quadrados, não foi suficiente para evitar que a temperatura interna no meio da manhã chegasse a sufocantes 38 graus Celsius. De alguma forma, porém, a Bíblia precisa ser mantida seca, fresca e estável. O grande medo de Lucille, que a deixa "totalmente apavorada",[13] é que o livro adquira o que ela chama de "lombo de coelho", uma deformação da capa devido a mudanças de temperatura.

Todos os especialistas continuam a falar, os perigos parecem infindáveis: insetos, incluindo uma categoria conhecida como "piolhos de livro", ou *Liposcelis divinatorius*,[14] e traças de livro, que aparentemente adoram o papel feito de trapos antigos dos incunábulos.[15] Poeira, sujeira, fumaça ou fuligem, que absorvem e retêm a umidade, podem acelerar a deterioração por meio da hidrólise ácida (a decomposição química do papel). E não há consenso em relação a quanto o livro pode ser manuseado com segurança. Alguns consultores sugerem virar as páginas o mínimo possível, para evitar qualquer dano à lombada, enquanto outros insistem que folhear as páginas com intervalos regulares permitirá que o livro "respire".

Lucille sente a cabeça girar. "Foi como ter um bebê recém-nascido",[16] ela relembrou, dizendo que ficou estupefata com a responsabilidade. Ela se sente um pouco aliviada quando Robert Schad ri e tenta acalmá-la, dizendo-lhe para não se preocupar. Ele diz que quase qualquer bibliotecário pode garantir que os incunábulos foram feitos para durar mais do que os livros modernos. Os livros impressos em papel ácido de polpa de madeira usado no final do século XIX e no início do século XX provavelmente se desintegrarão em cem anos. Mas o papel feito de trapos de linho do século XV consegue durar mil anos ou mais. O papel da Bíblia de Gutenberg é muito mais estável do que de qualquer romance barato atual. "Não se preocupe", ele diz a Lucille. A Bíblia de Gutenberg facilmente completará mil anos. "O livro se preservará", ele diz. Adverte, no entanto, que ela deverá espaná-lo apenas uma vez a cada seis meses.

A Bíblia de Gutenberg de Doheny, logo após sua chegada a Los Angeles, em outubro de 1950. Os pontos escuros nas bordas esquerda e direita do livro são os nós de pergaminho que serviam como um sistema de índice primitivo, marcando diferentes seções do livro.

Sozinha com a Bíblia, Lucille começa sua inspeção. É maior e mais pesada do que imaginava. As páginas medem cerca de 40 centímetros de altura e 30 centímetros de largura, um tamanho conhecido pelos especialistas como "fólio real". Mesmo sem lente de aumento, ela pode ver que o papel tem as marcas d'água de três fabricantes de papel diferentes – uma cabeça de veado ou de touro com uma estrela em forma de cruz; um cacho de uvas, que cai entre as colunas do tipo; e um desenho simples de um ramo ou um galho de árvore, que aparece nas margens internas. Essas marcas e suas variantes são encontradas em todos os exemplares em papel existentes da Bíblia de Gutenberg[17] e podem identificar os fabricantes da cidade de Piemonte, uma região a noroeste da Itália.[18]

Toda beldade tem um defeito, e o Número 45 não é diferente. Lucille não gosta dos três "pequenos nós horríveis"[19] de pergaminho que pendem ao longo das páginas na borda anterior da Bíblia. Ela nunca vira nada parecido antes. Na verdade, são um sistema de índice primitivo, usado como marcadores de polegar para identificar diferentes seções da Bíblia. Esses nós são extremamente raros, e sabe-se que nenhuma outra Bíblia de Gutenberg os tem. Ela só pode imaginar que, no século XV, havia dezenas de outros nós presos ao livro. Ao longo das décadas, a maioria caiu, e agora permanecem apenas três.

Lucille se detém sobre as folhas. A primeira página impressa é um universo em termos de beleza absoluta. Duas colunas escuras de letras flutuam em um campo de papel amarelado, perfeitamente quadradas. As margens estão limpas e sem bordas irregulares. É um "milagre da mecânica pura", diz Lucille. Ela não consegue ler o texto do século XIII, em latim, a chamada versão parisiense da tradução de São Jerônimo, que foi a Bíblia definitiva da Idade Média. Mas fica emocionada com seu cuidadoso equilíbrio, com sua presença.

* * *

Para apreciar o "milagre" que cativou Lucille e levou muitos em busca do Número 45, é útil imaginar as condições que produziram essas páginas em algum momento antes de agosto de 1456, na cidade de Mainz, no Rio Reno, na Alemanha. A imaginação é fundamental, porque a história de Johannes Gutenberg e de sua Bíblia é dominada por elipses, com incógnitas e conjecturas que superam qualquer certeza. Gutenberg, intencionalmente ou não, envolveu-se em anonimato. Cada uma de suas Bíblias tem mais de mil páginas, mas nenhuma é assinada, datada ou marcada com o local onde foi impressa. Nenhuma anotação sobre seu processo, se ele deixou alguma, sobreviveu. E aí reside o paradoxo no cerne de qualquer tentativa de se compreender a história de uma Bíblia de Gutenberg. O mais famoso dos livros tem origens praticamente desconhecidas para nós. As histórias que sabemos sobre o homem e de como as Bíblias surgiram foram reunidas a partir de um punhado de registros jurídicos e financeiros, e séculos de obstinação acadêmica para preencher as lacunas.

A versão mais bem aceita é mais ou menos assim: Johannes Gensfleisch zur Laden zum Gutenberg nasceu em uma família aristocrática, em Mainz, por volta de 1400. Seu pai ocupava um cargo em uma casa da moeda local, e os estudiosos acreditam que Gutenberg tenha aprendido a fundir moedas de ouro, que pode ter se tornado um ourives hábil e aprendido outras formas de trabalhar com metal.

O salto daí para a impressão é mais curto do que pode parecer. Os ourives estiveram no centro de uma onda de criação no início da década de 1430, e os artesãos alemães, provavelmente usando ferramentas de ourives modificadas, desenvolveram técnicas para esculpir imagens em placas de metal, criando uma outra forma de gravação. Como os artesãos em toda a Europa, eles também buscavam formas de criar o que era conhecido como "escrita artificial", um meio de produzir o texto escrito que não dependesse da mão lenta, firme e treinada do escriba.

Gutenberg certamente fez parte dessa busca. Em 1439, formou parceria com três homens, prometendo ensinar-lhes técnicas pessoais, aparentemente experimentos para a criação da escrita artificial. Os papéis legais que documentam o rompimento da parceria fazem referência a "formas" e "prensas" e "uma arte secreta", observando que os sócios concordaram em pagar a Gutenberg para treiná-los e juraram não divulgar o que haviam aprendido. Não há registros dessa época e nada documenta o que ele fez depois. Mas quando reapareceu quatro anos mais tarde, parecia estar totalmente preparado para começar a imprimir de uma forma que representou uma ruptura notável com o passado.

A impressão de páginas já existia havia séculos, com o texto de páginas inteiras esculpidas em madeira, pintadas e prensadas sobre papel. Mas o que Gutenberg desenvolveu foi um processo sofisticado, baseado no uso de letras individuais em metal, que podiam ser combinadas e recombinadas, para criar um fluxo constante de palavras. A ideia básica do tipo móvel não era nova. Ele havia sido experimentado na China do século XI, mas revelou-se difícil de manejar, devido aos milhares de ideogramas distintos da linguagem escrita. O alfabeto ocidental mais contido, por fim, tornou viável considerar o uso de letras isoladas, não de páginas, como blocos de construção da impressão mecânica.

Os contemporâneos de Gutenberg já haviam começado a decifrar como fazer aquele trabalho, experimentando entalhar letras em madeira ou em metal e organizando-as em palavras para serem estampadas sobre pergaminho. O problema era que entalhar e recortar centenas ou milhares de letras, uma de cada vez, para produzir um livro consumiria muito tempo, e as letras seriam sutilmente diferentes umas das outras. Um escriba provavelmente faria o trabalho mais rápido e melhor.

A chave era projetar e fabricar letras atraentes, que pudessem ser produzidas facilmente e criar exércitos de letras duráveis. Isso é o que Gutenberg estava preparado para fazer quando abriu uma oficina em Mainz. Sua inovação envolvia esculpir letras individuais em relevo, ou os componentes delas, em metal, puncioná-las em um material mais macio para criar um molde e, em seguida, despejar o metal fundido que, quando endurecido, produziria uma réplica idêntica. Esse processo e a liga de estanho, chumbo e antimônio para o endurecimento rápido que ele desenvolveu permitiriam que os fabricantes experientes fundissem os tipos de maneira rápida, que poderiam fundir e refazer conforme necessário.

Imprimir significava organizar as letras em palavras, as palavras em linhas perfeitamente retas e as linhas em blocos pares de texto para serem pintados e pressionados sobre papel ou pergaminho. E cada pequena etapa do processo, que hoje parece tão comum, exigia invenção.

Gutenberg criou molduras para segurar o tipo no lugar e adaptou prensas daquelas tradicionalmente usadas para prensar azeitonas ou uvas. Projetou letras com aparência gótica para imitar a caligrafia dos escribas e técnicas refinadas para garantir que uma pressão uniforme fosse aplicada às folhas em branco, colocadas sobre os tipos com tinta em relevo. Além disso, utilizou um papel que absorveria a tinta imediatamente e formulou tintas metálicas à base de verniz, bem pigmentadas, que não mancham nem desbotam. Sua engenhosa montagem desses elementos e processos permitiriam que ele criasse um livro que poderia ser reimpresso com relativa rapidez, facilidade e precisão.

Seus primeiros projetos foram modestos. Várias indulgências papais em uma única folha – documentos da Igreja amplamente usados, que ofereciam o perdão dos pecados, muitas vezes em troca de uma "doação" – foram atribuídas à oficina de Gutenberg, junto com um pequeno livro de gramática latina e um calendário lunar.

É incrível que (até onde sabemos) apenas aqueles poucos testes iniciais fizeram Gutenberg sentir que estava pronto para tentar fazer uma Bíblia completa. Mas um mercado em expansão pode tê-lo levado a experimentar. O cardeal alemão Nicolau de Cusa insistira recentemente que todas as bibliotecas monásticas deveriam ter uma cópia consistente e precisa da Bíblia, e Gutenberg provavelmente poderia contar com pedidos substanciais de igrejas, conventos e mosteiros. Uma única Bíblia manuscrita poderia levar até dois anos para ser produzida. Mesmo esquadrões de escribas não atenderiam à crescente demanda.

O projeto altamente ambicioso de Gutenberg, de aprender à medida que fazia, em tempo real, seria um trabalho de mais de 1.200 páginas, usando 270 caracteres diferentes – pontuação, bem como letras maiúsculas e minúsculas e combinações e variações de letras, tudo projetado para imitar a escrita e a técnica para economizar espaço desenvolvidas por escribas ao longo dos séculos. Stephan Füssell, diretor do Instituto de Estudos de Livros da Universidade Johannes Gutenberg, de Mainz, estimou que a impressão completa da Bíblia exigia a moldagem de surpreendentes 100 mil peças de tipos individuais.[20]

Para usá-los e transformar sua impressora em uma linha de montagem, seus operários tiveram que dominar uma série de habilidades – conhecer o latim da Bíblia original; organizar o tipo de forma rápida e precisa, de cabeça para baixo e invertidas, em quadros para duplicar o texto para impressão; espaçar o tipo linha a linha e aplicar a arte do escriba para usar a hifenização e as abreviações para garantir o alinhamento perfeito em duas colunas de igual largura. Sem mencionar aprender a pintar o tipo, trabalhar nas prensas e puxar páginas limpas e sem manchas, dezenas de milhares de vezes.

O Número 45 foi a prova do improvável sucesso da oficina. A arte que ainda emanava da página não parecia o trabalho desordenado de principiantes, que acertariam na vez seguinte. Tudo foi incrivelmente preciso, atento a detalhes e maravilhosamente executado. Para Estelle e Lucille, as páginas impressas parecem transparecer a mão de Deus.

Capítulo 2

O Tesouro Negligenciado

Mas o respeito nunca é gratuito. Os quatro donos que o Número 45 encontra antes de chegar à Sala dos Livros de Estelle são todos homens de significativa riqueza, em geral, comparáveis à dela. Mas o brilho de suas bibliotecas é maior do que sua atenção pelos próprios textos antigos. Só porque eles podem pagar por uma Bíblia de Gutenberg não quer dizer que a amam nem a compreendam. Isso se aplica especialmente ao primeiro dono, um aristocrata irlandês, Archibald Acheson, 3º Conde de Gosford, que adquire o livro em 1836.

Gosford vive em um imponente castelo, o centro de um vilarejo conhecido como Markethill, no norte da Irlanda e, embora seja um colecionador fanático, cujas aquisições enchem prateleiras que chegam a 15 metros de altura, ele tem uma curiosa desconsideração pela Bíblia de Gutenberg, progenitora das obras que ele arrebanha em leilões.

Onde Estelle Doheny vê a mão divina em sua história e criação, ele vê apenas um livro antigo. Para ele, numa reflexão tardia, é um detalhe estranho em uma coleção construída em torno de uma sensibilidade do século XIX, inclinada a julgar um livro em grande parte pela capa.

Em um velho retrato, os olhos inteligentes de Gosford despontam em um rosto plácido, emoldurado por uma barbicha sobre o queixo e o cabelo repartido que roça sobre uma testa larga. Filho de um lorde protestante irlandês, cujos antepassados teriam ajudado Jaime VI da Escócia a garantir o trono da Inglaterra em 1603, ele nasceu em uma família habituada a falar sobre literatura, em geral, sobre as estrelas literárias da época. Mas ele deixa de lado qualquer fascínio por personagens ou enredos, quando começa a colecionar na década de 1820.

Livros como o Número 45, que ficaram guardados em bibliotecas de aristocratas e em mosteiros europeus por séculos, foram espalhados pela Revolução Francesa e pelas forças de ocupação de Napoleão, autorizadas a "requisitá-los" para a Biblioteca Nacional francesa. O caos da guerra permitiu que dezenas de milhares de manuscritos com iluminuras e primeiras edições – incluindo nove Bíblias de Gutenberg – chegassem à Grã-Bretanha pela primeira vez. É uma época de reflexão, quando ricaços britânicos compram livros raros por esporte, caçando-os com a mesma intensidade desequilibrada com que os holandeses antes atiravam em bulbos de tulipa.

Archibald Acheson, 3º Conde de Gosford, adquiriu a Bíblia de Gutenberg em 1836. Ele entrou na sanha britânica de caçar livros raros, mas não nutria o menor amor por sua Bíblia.

Eles se dimensionam pelo tamanho de suas bibliotecas, gerando uma moda para coleções e salas cada vez maiores e mais elegantes para abrigá-las. Os colecionadores costumavam ser amantes e especialistas em livros. Mas, agora, à medida que as elites e as classes mercantis britânicas extraem riqueza das indústrias e das rotas comerciais do país, homens como Gosford entram no mercado com outra postura. Eles veem os livros como troféus. Símbolos de *status*. Como decoração. Há uma moda por encadernações sofisticadas feitas manualmente, por couros coloridos que ficam bem na prateleira.

Gosford diz que sua loucura por livros começou quando tinha 9 anos de idade, ao puxar os volumes ilustrados das prateleiras da biblioteca de sua casa. Um menino introvertido e desajeitado, costumava ficar ali com sua mãe, Mary Sparrow, ouvindo-a ler poesia, viajando por histórias de aventuras e talvez entretido com a conversa, quando Lady Byron, amiga de sua mãe e mulher do famoso poeta, vinha visitá-la. Esse é o mesmo lugar onde a avó de Gosford, Anne Acheson, uma vez entreteve Jonathan Swift, o autor de *As Viagens de Gulliver*, que lhe dedicou um poema de amor de cem versos.

A biblioteca se tornou um refúgio quando Gosford tinha 13 anos e seu pai, um político envolvido em disputas entre católicos e protestantes e sem confiar em ambos, buscou legitimidade e *status* por meio de um projeto audacioso: substituir a casa da família por um castelo em estilo normando, de 242 cômodos. A loucura consumista e devoradora de fortunas, com torres românicas e uma fortaleza central, exigia exércitos de operários, e o caos da construção atingiu Gosford pelos quarenta anos seguintes.[1]

Planta inicial do Castelo de Gosford, o maior castelo da Irlanda do Norte, projetado pelo arquiteto britânico Thomas Hopper na década de 1820. Projeto de construção infindável, por ser uma loucura familiar, nunca foi concluído.

Dadas as duas inclinações do DNA de Gosford – o amor da mãe pelos livros e a obsessão do pai por construções intermináveis –, não causa surpresa o fato de a bibliomania ter contagiado o filho logo depois de ele sair de casa em 1824, para frequentar a Christ Church, na Universidade de Oxford. Gosford, a essa altura, é um jovem estranho, reservado e tímido, com um leve tique facial e gagueira. No entanto, encontra um ambiente acolhedor, quando Beriah Botfield, um estudante extrovertido de botânica e amante de livros, o atrai para o tumultuado centro da movimentada cena literária em Londres.

As livrarias e os leilões reúnem homens de diferentes classes, com os comerciantes e vendedores de papel, que encontram e vendem livros, mesclando-se, nem sempre à vontade, com as elites. Esse terreno democratizante serve bem a Gosford e Botfield. Apesar das diferenças de temperamento e de posição social, eles se tornam companheiros, fazendo as rondas das casas de leilão e desfrutando do silêncio dos dias de pré-venda, quando podem inspecionar e comparar volumes raros à vontade.

Gosford pode não ter iniciado com um desejo claro de construir a maior e a melhor biblioteca da Irlanda, mas foi rapidamente tomado pela busca. A potente mistura de dinheiro, adrenalina, estética e licitantes de alto *status* o atraiu, e a bibliomania lançou seu anzol. Gosford tem dinheiro para gastar, e Botfield tem gosto e conhecimento para guiá-lo, mostrando astutamente ao amigo o que comprar e quando.

Os maiores prêmios são as obras do grande impressor veneziano da Renascença italiana, Aldus Pius Manutius, cujos livros são conhecidos como Aldinos. Um estudioso humanista, Aldus foi o primeiro a imprimir Aristóteles, Tucídides, Heródoto e Sófocles (entre outros do cânone grego) e provavelmente foi o primeiro impressor a comparar manuscritos para obter a versão mais precisa.[2] Os belos volumes eram feitos para estudo e leitura, alguns pequenos o bastante para caber na mão do leitor. Refletindo os refinamentos que tornaram famosa a tipografia do estilo medieval de Gutenberg, os Aldinos eram finos e elegantes, a encarnação de um mundo clássico idealizado.

Em 1501, Aldus imprimiu a primeira de suas edições dos clássicos em octavo, um formato baseado em uma folha de papel dobrada três vezes. Ele batizou esses livros, que podem ser colocados no bolso, de *libri portatiles,* ou "livros portáteis". Os precursores dos volumes baratos e populares apenas começando a sair das novas impressoras a vapor da Inglaterra, os Aldinos ajudaram a desencadear o conceito de leitura pessoal, o protótipo do livro de bolso tão comum hoje.³

Gosford se sentiu atraído pelos Aldinos portáteis por uma simples razão: ele gostou do seu aspecto. São bem legíveis, e a tipografia elegante o cativou. A Prensa Aldina foi a primeira a usar um tipo romano, inspiração para o moderno Bembo, elogiado por sua simplicidade e legibilidade. Os primeiros livros impressos, como os de Gutenberg, foram projetados para compactar as palavras de forma econômica sobre um papel caro ou o pergaminho. Mas o tipo produzido pela Prensa Aldina com "inspiração e traço renascentista puro" tem como objetivo facilitar a leitura. Essa é a estética que iria dominar a tipografia europeia durante os dois séculos seguintes,⁴ e o trabalho de Aldus se torna não apenas a peça central da grande e nova biblioteca sendo formada no Castelo de Gosford, mas o motor propulsor da obsessão de Gosford.

Gosford compra um exemplar do catálogo dos livros Aldinos, os *Annales de l'imprimerie des Alde*, de Renouard, publicado dezesseis anos antes, e usa-o como uma lista de compras. Sua mesa está lotada de pilhas de catálogos de leilões que ele preenche com anotações esparsas e cálculos repetitivos. Ele aprende rapidamente o vocabulário especializado que descreve a condição e a encadernação de um livro, símbolos como *c.m.*, que significa *charta máxima* (papel grande), ou *c.t.*, que quer dizer *corio Turcico* (couro turco).⁵ Focado nas especificações de tamanho e formato, de cor e textura de uma encadernação, ele pode se apaixonar por um exemplar sem saber praticamente nada do conteúdo, como alguém que coleciona bilhetes de trem sem nunca pensar em embarcar em um deles. Mas como os livros que procura são muito raros, ele se encaixa facilmente entre os caçadores de elite de livros que desejam as primeiras obras impressas do século XV e do início do século XVI, homens que logo serão apelidados como "Os Quinzenários".

* * *

Gosford prefere desfrutar de seus livros em segredo, "folheando seus tesouros sozinho".[6] Ele coleciona com o mesmo impulso de um viciado. É um consumidor voraz de milhares de livros raros, que nunca lerá e nunca compartilhará. Comparativamente, colecionadores obsessivos estão empurrando os preços a valores astronômicos sem precedentes, mas a Bíblia de Gutenberg não está na lista dos mais desejados. Ainda não reconhecido como o livro mais célebre do mundo, recebeu apenas uma "relativa" atenção por três séculos,[7] até os colecionadores de livros mais famosos da Grã-Bretanha finalmente começarem a valorizá-lo.

Jovens bibliomaníacos, como Gosford, reverenciam colecionadores como George John, o 2º Conde de Spencer, o patriarca, há cinco gerações, do clã que iria gerar a Princesa Diana. Em 1789, Spencer sentiu uma atração irresistível pelos livros expostos em Londres, que vinha recebendo um fluxo de incunábulos recém-desalojados e de outros livros antigos. Oficial da Marinha, Spencer demonstrara pouco interesse antes em colecionar, porém ficou intrigado com os livros de letras pretas – volumes impressos com letras góticas pesadas como as usadas por Gutenberg e outros, incluindo William Caxton, que aprendera a arte de imprimir em Bruges e trouxe-a para a Inglaterra na década de 1470.

O interesse de Lorde Spencer pela Bíblia de Gutenberg materializou-se à medida que os fatos espalhados sobre sua origem começaram a ser conectados, despertando o interesse por um livro que havia sido totalmente esquecido.[8] Em 1763, a autoridade literária francesa

Guillaume-François de Bure reconheceu sua importância ao descobrir um exemplar na biblioteca do Cardeal Mazarino, ministro-chefe de dois reis da França.* Ele rapidamente o citou como o primeiro livro importante impresso com tipos metálicos móveis. "Não hesitamos nem um instante em atribuí-lo ao posto mais alto", escreveu De Bure em um guia famoso, "não apenas acima de todas as outras edições da Bíblia, mas acima de todos os outros livros impressos".[9] (Por tudo isso, porém, ele batizou os livros como Bíblias de Mazarino, em homenagem ao dono, não ao impressor.)

Em 1790, Spencer compra uma Bíblia de Gutenberg do livreiro londrino Thomas Payne II e leva-a para a biblioteca da família em Althorp. O preço é supostamente de £ 80 (corrigido pela inflação, em torno de US$ 14 mil).[10] Essa única compra produz um efeito cascata, despertando o interesse por outras Bíblias de Gutenberg e ajudando a estabelecer uma base no mercado. Quatro anos depois, a primeira Bíblia de Gutenberg leiloada em Londres foi vendida pelo valor exorbitante de £ 126,[11] demonstrando um desejo florescente.

Em 1809, o Reverendo Thomas Frognall Dibdin, que trabalhou como catalogador chefe e pesquisador de livros para Spencer, cunhou, pela primeira vez, o termo *bibliomania* para descrever a "doença" que produz preços altamente inflacionados e a cobiça por livros, que inflamaria legiões de colecionadores particulares como Gosford.

Dibdin acreditava que o estudo persistente, contido e sereno seria a cura para a bibliomania, mas, como Spencer logo comprovaria, até isso não garantia imunidade à *obsessão* causada pela bibliomania. A doença o consumiu completamente em 1812, quando a enorme bi-

---

* Cardeal Jules Mazarin (1602-1661), nascido Giulio Raimondo Mazzarino, ou Mazarini, cardeal italiano, diplomata e político, serviu como ministro-chefe da França, a Luís XIII e Luís XIV, de 1642 até sua morte, em 1661. Foi também responsável pela educação de Luís XIV, o Rei Sol, até sua maioridade. (N. da T.)

blioteca do Duque de Roxburghe foi colocada em leilão. Spencer e seu primo elevaram o preço da única primeira edição conhecida, de 1471, do *Decameron*, de Boccaccio, levando-o a um valor estratosférico de £ 2.260 – US$ 192.968 hoje.[12]

A imprensa britânica cobriu os detalhes do leilão com uma narrativa de tirar o fôlego, e os primos em duelo foram descritos como "maníacos por livros" da mais alta estirpe. A batalha por um livro "surpreendeu todo o mundo literário", observou Dibdin na época. "Nenhum ser humano poderia ter previsto isso: mas pode-se chamar de grande era da Bibliomania".[13] O leilão de Roxburghe foi um divisor de águas, a primeira vez que um valor de quatro dígitos foi alcançado em um leilão de um livro impresso. Considerando as guerras contínuas com a França, que tão recentemente despachara seus aristocratas, e a miséria da classe trabalhadora, que Charles Dickens logo iria descrever, o espetáculo de ver tanto dinheiro jogado fora em um livro raro poderia ter deixado alguns ecos da frase: "Que comam brioches". No entanto, o que mais parece alimentar com o tempo é a inveja, a moda e o desejo de participar.

Na época de Gosford, os impressores engajavam-se em edições baratas que imitavam os volumes que apareciam em leilões. Móveis de biblioteca recém-fabricados estão disponíveis para abrigar tais livros nas casas dos cavalheiros ou de comerciantes bem-sucedidos, que clamam por suas próprias bibliotecas. E bibliófilos extremamente ricos e novos maníacos como Gosford continuam fazendo fila para se lançar a todo vapor nos leilões.

* * *

Gosford teve a infelicidade de encontrar sua paixão exatamente no momento de pico no mercado, e o jovem conde raramente tem chance de pagar valores menos exorbitantes. As práticas de coleção nessa fase do jogo são peculiares, refletindo a alta consideração da bibliomania pelas aparências acima de quase qualquer outra coisa. É comum colecionadores buscarem os melhores exemplares em papel disponíveis, ou os "melhores" exemplares impressos em pergaminho, e arrancarem as capas originais de livros com séculos de idade, gastando grandes somas em luxuosas encadernações personalizadas em uma ampla variedade de couros (marroquino amassado, peru, couro de bezerro) ou forel (pergaminho), muitas vezes marcando-o com o brasão da família. Alguns dos primeiros livros, volumes medievais, cujas capas ou páginas escureceram com o tempo, são os principais candidatos, não apenas para a religação, mas também para o branqueamento, para clarear o papel, ou remover anotações deixadas ao longo dos séculos pelos seus donos anteriores. As páginas podem ser "aprimoradas" com iluminuras ou ilustrações destinadas a mostrar o brasão de armas do dono ou seu gosto pela arte. Também é comum retirar páginas de um livro para "completar" outro, ou repartir volumes e vender ou recolher folhas avulsas. Mesmo colecionadores curiosos e informados como Spencer não veem necessidade de se conter para destruir seus tesouros a fim de torná-los mais "perfeitos".

Novos livros colecionáveis também correm o risco de ser vendidos como sucata antes de chegarem aos livreiros. Alguns dos mesmos comerciantes que suprem o comércio de livros raros vendem seus "livros velhos e feios" para lojistas e peixarias que precisam de papel para embrulhar suas mercadorias. Ainda há desconexões na valorização dessas relíquias medievais, que estão entrando no mundo do comércio no alvorecer da Era Industrial.

Gosford ignora principalmente livros que não deseja. Aqueles que quer, no entanto, persegue obstinadamente e, nos vinte anos seguintes, adquire dezenas de impressões Aldinas. Ele marca seu catálogo Renouard, anotando os itens que comprou e corrigindo ou complementando as anotações em pontos de procedência ou de descrição.

Seu companheiro de coleção, Beriah Botfield, é atraído pelo desejo de manusear os primeiros livros que disponibilizaram as obras clássicas para as ávidas mentes renascentistas. Mas Gosford está apenas interessado nos detalhes de sua produção, arrancando peculiaridades que distinguem um volume de qualquer outro, obcecado com datas de publicação, variedade de encadernações, erros de impressão e confusões textuais. Os vendedores o consideram um "maníaco por pontas", um colecionador que adora as "pontas", ou qualidades de um livro em excesso.[14] Ele estuda suas compras de um modo como um entomologista cataloga asas de insetos. Há um calmante na atividade de classificação que falta ao canteiro de obras permanente que se tornou sua casa.

Depois de voltar a morar no castelo em Markethill, Gosford retorna com frequência a Londres, onde se envolve em extravagantes compras, competindo com reservados aristocratas e vulgares magnatas americanos. Nos últimos três meses do ano, conhecidos como a "temporada", ele vai, de leilão em leilão, recolhendo novos exemplares. Quando os leva para casa, examina meticulosamente cada página para verificar o número e a ordem das folhas impressas. Com a certeza de que sua aquisição está intacta, escreve, a lápis, na ponta do papel, "verificada e perfeita", ou simplesmente c & p, em inglês. Um livro assim catalogado e arquivado não pode ser retirado de novo, a menos que ele precise comparar algum aspecto com uma nova aquisição.

Então, tão rápido quanto o frenesi iniciou, ele minguou. Em 1829, a bolha de livros raros estourou de forma espetacular. Preços que pareciam desafiar as leis da economia e da lógica voltaram a entrar no reino das mercadorias mais comuns. A bibliomania foi substituída por uma nova era de temperança, que Dibdin denomina de "Bibliofobia".

"O medo está na ordem do dia", ele escreve. "A esses temores muito naturais e antigos dos oficiais de justiça e de coletores de impostos, deve-se agora acrescentar o medo da reforma, do cólera *e dos livros.*"

A calmaria no mercado dura quinze anos e se sobrepõe a mudanças na vida pessoal de Gosford que restringem significativamente sua capacidade de manter o ritmo, mesmo com preços mais baixos. Em junho de 1832, ele se casa com Lady Theodosia Brabazon, a única filha de John Chambré Brabazon, 10º Conde de Meath, e amante de livros. O colecionador desajeitado tira os olhos de suas aquisições por tempo suficiente para gerar sete filhos e, logo, entre as despesas domésticas, os custos contínuos com a construção do castelo e os impostos inadimplentes, ele é forçado a cortar gastos. Sua correspondência fica cheia de aflições de remorso.

Mas, em 1836, ele vê uma oportunidade. Embora não seja fã da impressão em letras pretas, um volume intrigante chega ao mercado a um preço difícil de resistir. É o Número 45.

Como um vizinho escreve a um amigo em comum, "Lorde Gosford me disse ontem que ele tem um volume da Bíblia de Mazarino, o primeiro livro impresso, pelo qual ele pagou £ 45". O preço é baixo, cerca de US$ 6 mil hoje. O valor é menos da metade do que Spencer gastou e uma fração dos £ 504 que um colecionador chamado Henry Perkins deu pelos dois volumes da Bíblia no auge do mercado, em 1825.

O livro manteve seu prestígio tempo suficiente para ser atraente para Gosford, mas não surtiu nenhum prazer especial nele. Ele o carrega de volta para Markethill, embrulhado em velhas folhas de jornal, amarradas com um barbante. Em cartas a colegas, quase não menciona essa aquisição, comentando, simplesmente, que obteve "uma Bíblia velha". Ele está decepcionado por possuir apenas um dos volumes, dizendo a seu vizinho William Reeves que, se ele tivesse o segundo em "condições semelhantes, faria o lote valer £ 1 mil".[15]

A conturbada construção do Castelo de Gosford ainda está em andamento, mas alguns de seus grandes quartos tornaram-se finalmente habitáveis. O Número 45 se junta aos outros troféus de Gosford na imensa biblioteca do castelo, que parece algo saído de um conto de fadas, com fantásticos tetos pintados, uma enorme lareira de pedra e estantes decoradas com elaborados desenhos bizantinos. Flanqueando a lareira, estão as prateleiras, que se erguem a quase 15 metros de altura. Exibidos em ordem majestosa, em estantes emolduradas com gesso intrincadamente esculpido,[16] estão os milhares de livros de Gosford, cada um com sua lombada tocando delicadamente a borda externa da prateleira. Alguns estão suspensos a tal altura que são necessários dois homens e uma escada de 12 metros para resgatar um único volume. A sala é o sonho de um bibliomaníaco, senão de um leitor.

Gosford não se importa em colar sua costumeira *ex libris* no Número 45, o selo de propriedade do livro que ele adiciona aos exemplares que ama. Ele simplesmente faz sua marca permanente no canto superior esquerdo da folha de guarda em branco, seu sobrenome escrito em tinta preta com letras bem marcadas, sublinhado por um traço forte. Então, ele exila a Bíblia, colocando-a em uma das prateleiras mais altas da estante.

Embora o livro tenha pouco interesse para ele, sua aquisição pode ter chamado a atenção de outros compradores que conhecem seu verdadeiro valor. Com considerável simetria, no mesmo ano em que a adquire, ele é convidado a entrar no Clube Roxburghe, o círculo de colecionadores de elite, que se originou com Lorde Spencer, que fora tão específico ao estabelecer o valor da Bíblia de Gutenberg na Grã-Bretanha. Coroando suas carreiras como colecionadores, Gosford e Beriah Botfield são apresentados ao mesmo tempo. É o tipo de honraria que torna um homem permanentemente importante – mas não parece ampliar o mundo de Gosford. Ele permanece recluso em Markethill.

A Bíblia de Gutenberg foi colocada numa estante e ficou, em grande parte, esquecida na biblioteca de contos de fadas no Castelo de Gosford, entre 1836 e 1884.

Enquanto alguns colecionadores apresentam interesse em abrir suas bibliotecas a visitantes, Gosford raramente permite a entrada de qualquer pessoa, nem mesmo sua esposa, embora ele passe a maior parte do tempo ali. Ao longo dos anos seguintes, membros do grande clã Gosford se ressentiram do apego obstinado do conde à sua coleção de livros e se afastaram dele. Theodosia também começa a reclamar com amargura de ele se interessar mais por sua biblioteca do que por ela. Gosford se torna ainda mais recluso e taciturno, raramente se aventurando fora do castelo, exceto para comprar livros.

Os anos que se seguiram são repletos de tragédias. Theodosia morre inesperadamente em 1841. Quatro anos depois, a devastação da Grande Fome atinge a Irlanda. Então, em 27 de março de 1849, o pai de Gosford, o 2º Conde de Gosford, morre em seu aposento, deixando Gosford com uma dívida paralisante atrelada a um castelo inacabado, entre pilhas de escombros encharcados. Um "processo bizantino de reescalonamento da dívida"[17] absorve grande parte da energia e do talento de Gosford pelo resto da vida. De acordo com os relatos, ele e seus agentes são notavelmente hábeis em fazer malabarismos para manter a propriedade solvente, e Gosford diligentemente continua a trabalhar no castelo, embora em uma escala muito menor do que o planejado originalmente.

Assim que consegue comprar livros novamente, adquire o único volume que realmente ama: um Primeiro Fólio de Shakespeare. O Primeiro Fólio é considerado "o livro que nos deu Shakespeare", preservando as peças de teatro do Bardo, pois nenhum dos manuscritos originais sobreviveu.[18] Depois de pagar a enorme quantia de 157 guinéus,[19] ele trata o livro como se fosse seu animal de estimação favorito, acariciando sua fina encadernação de couro carmesim. Ele o valoriza pelo seu tamanho e sua perfeição, mal parecendo se importar com seu considerável valor histórico.[20]

* * *

Os esforços de Gosford para salvar o castelo terminaram por paralisá-lo. Ele tranca a porta da biblioteca e passa a maior parte do tempo sozinho, em casa, em Londres, sem encontrar consolo nos livros, abandonando até mesmo seu Primeiro Fólio. Ele tinha apenas 57 anos quando morreu, o que o jornal *Armagh Guardian* descreveu como "um ataque de gota mandibular, que o levou à morte". Seu título, o castelo e a coleção de livros são herdados pelo seu filho mais velho, Sir Archibald Acheson Brabazon Sparrow, que se torna o 4º Conde de Gosford.[21]

O novo conde, com 19 anos, não se parece em nada com o pai. Ele foi uma criança teimosa, robusta e bonita, e visita o castelo apenas em agosto ou setembro para caçar perdizes. Por outro lado, moldou uma vida na cidade entre jogos de azar, bebedeiras, misturando-se à realeza em Londres para jogar gamão. Rapidamente, acumula dívidas que excedem, em muito, sua renda anual. A propriedade está condenada, conclui um de seus agentes, "a menos que seu senhorio encontre uma boa esposa com uma grande fortuna" ou venda um ou mais lotes de terra.

Primeiro, porém, o herdeiro de Gosford liquida a biblioteca do pai. Os Aldinos se vão em 1878 e 1884 para saldar uma dívida de jogo. À medida que as despesas aumentam e o dinheiro escasseia, o 4º Conde de Gosford coloca o resto da coleção de livros de seu pai em leilão. Esse é o *modus operandi* do clã dos Gosford – as obsessões de uma geração dissolvem as da geração anterior.

Aos 10 minutos após as 13 horas do dia 21 de abril, os leiloeiros de Puttick & Simpson lançam a venda da "excelente, extensa e valiosa biblioteca restante do E[xmo] Conde de Gosford". O ponto alto do leilão, que deve durar dez dias, é anunciado como "um exemplar em perfeitas condições do Primeiro Fólio de Shakespeare, limpo e íntegro, com título e versos encadernados em couro carmesim". Embora os valores dos livros raros tenham se recuperado um pouco da crise, há poucas expectativas para a Bíblia de Gutenberg, listada apenas como Item 339: "Volume Um da Famosa Bíblia de Mazarino". Mas o Número 45 acaba sendo a zebra do leilão, alcançando um preço que choca colecionadores, negociantes e o público, ganhando as manchetes dos jornais britânicos:[22] "£ 500 arrematado pelo livreiro James Toovey".

Oito dias depois, chega a vez do livro favorito de Lorde Gosford, o Fólio de Shakespeare. O lote 2.673, *Comédias, Histórias e Tragédias*, de William Shakespeare, publicado por Isaac Jaggard e Edward Blount, em Londres, em 1623, é vendido por £ 470, £ 30 a menos que seu correspondente alemão mais antigo. O preço atingido pelo leilão reflete uma compreensão sobre a evolução do *livro dos livros*. O exemplar de Shakespeare, que pertenceu a Gosford, foi vendido por um preço três vezes maior do que ele pagou; e seu exemplar da Bíblia de Gutenberg aumentou 1.000%.

Capítulo 3

O Bibliófilo

Didlington Hall, a nova residência da Bíblia de Gutenberg, é uma grande casa de campo, na arborizada zona rural de Norfolk, a 160 quilômetros ao norte de Londres. Mesmo a descrição mais simples de seus espaços parece um inventário de riqueza: 46 quartos (incluindo um reservado para visitas reais), 12 salas de recepção, um grande salão de baile, um pequeno museu repleto com antiguidades egípcias e uma biblioteca com um cofre secreto. Seus terrenos, 29.000 metros quadrados bem cuidados, vizinho de uma propriedade do Príncipe de Gales, têm estábulos, canis, estufas, quadras de tênis, uma cabana de falcoeiros e 243 metros quadrados de jardins bem cuidados. Longe do lamacento castelo irlandês de Gosford, o livro entrou no domínio de um homem que personifica a Grã-Bretanha da Rainha Vitória e a aristocracia no auge de sua riqueza e seu poder.

Lorde William Tyssen-Amherst tem um olhar de *connoisseur*, um grande amor pelos livros e uma fome sem fim pelo melhor que o mundo tem a oferecer. O Número 45 irá coroar uma biblioteca cuidadosamente montada, que traça a história dos livros impressos, os quais ficam entre os objetos raros e preciosos, que incluem instrumentos de corda de Stradivarius, pratas finas e porcelanas de Limoges, tapetes persas, tapeçarias, capitéis de pedra de Alhambra, em Granada, e os sinos da velha Catedral de Worcester. Amherst, como disse um observador, é um homem "incapaz de se conter por muito tempo diante de belos objetos".[1] No ano em que o Número 45 entra em Didlington Hall, as portas da mansão estão ladeadas por sete altas estátuas de duas toneladas de Sekhmet, a deusa egípcia com cabeça de leão – as mesmas que estão hoje ao lado do Templo de Dendur, no Museu Metropolitano de Arte, em Nova York.

O mundo refinado de Amherst reflete três décadas de coleção. Ele recebeu a fortuna que saciaria seu gosto pela beleza em 1855, apenas com 20 anos de idade, na metade de seus estudos na Christ Church, em Oxford. Ele perdeu a mãe, depois o pai e, de repente, o estudante que recentemente escrevera para casa durante sua Grande Turnê pela Europa para tranquilizar a família de que havia posto de lado seu "vocabulário selvagem" de antes e que "não iria correr perigo desnecessariamente" passou a cuidar de três irmãos adolescentes – e administrar uma enorme herança. A riqueza que recebeu inclui um fundo de família, centenas de quilômetros de terras, várias pequenas propriedades e Didlington Hall, que seu pai comprara pouco antes e começara a expandir.

Poucos meses depois do enterro do pai, Amherst comemorou sua maioridade com uma luxuosa festa de aniversário, que incluiu 300 quilos de pudim de ameixa, um touro assado de meia tonelada e imensas quantidades de diversas comidas e bebidas para os mais de 550 convidados que ocuparam três longas tendas brancas armadas no gramado. Uma matéria de jornal relatou que os convidados saudaram a noiva de Amherst, Margaret Susan Mitford, filha única de um almirante, com quem ele logo se casaria.

O bibliófilo britânico Lorde William Tyssen-Amherst tinha olhos de connoisseur, *um grande amor pelos livros e uma fome sem fim pelo melhor que o mundo tinha a oferecer. Ele comprou a Bíblia de Gutenberg em 1884.*

Margaret, uma mulher exuberante, conhecida por sua bela voz de cantora e sua destreza em carpintaria, casou-se com um homem rico, e Amherst casou-se com o mundo. O pai de Margaret, Robert Mitford, era um naturalista, artista e membro da Marinha, cujo navio percorrera o sul do Mediterrâneo durante as Guerras Napoleônicas. Uma estada no Egito legou-lhe a paixão pela cultura egípcia, que passou à filha, junto com o gosto por veleiros e viagens – tudo que logo invadiria também a vida de Amherst.

O primeiro desejo dos Amherst, no entanto, parecia ser encher Didlington Hall de crianças. A filha, Mary Rothes Margaret, nasceu no dia em que Amherst completou 22 anos e, nos onze anos seguintes, tiveram mais seis meninas, todas com *Margaret* no nome.

Enquanto Margaret cuida da casa, Amherst começa a se concentrar seriamente em montar sua coleção. Quando tinha 3 anos de idade, sua mãe leu *As Aventuras de Philip Quarle* para ele, e Amherst ficou fascinado com as ilustrações do marinheiro náufrago tirando um enorme bacalhau do mar. Quando estudante, gastava o dinheiro que tinha no bolso para comprar livros, fez sua própria etiqueta de *ex libris* e, na faculdade, vagava pelos corredores decorados da Biblioteca Bodleian, em Oxford. Sempre com um livro na mão, ou enfiado no bolso do casaco, ele crê que uma pessoa não pode ser bem-educada se não conhecer e amar os livros. Amherst comprou o primeiro incunábulo em Arles, durante sua Grande Turnê. Agora irá percorrer todas as tocas de livros raros de Londres.

Não demorou muito para que um jovem com os recursos de Amherst conhecesse Bernard Quaritch, um livreiro, cujas ambições estavam moldando o mundo dos livros. Quaritch, oriundo da Prússia, é um comerciante experiente, de 39 anos, que começou a trabalhar em Berlim, aos 14 anos. Veio para Londres querendo chegar ao topo e, em 1858, quando Amherst entra em sua loja, está prestes a se tornar o maior livreiro de seu tempo. Quaritch estuda a história da impressão na Europa pelo menos desde os 19 anos, quando aprendeu um dos primeiros textos em alemão sobre fontes e impressoras, e agora tem a ousadia, senão os meios, para comprar primeiras edições. Ele acaba de adquirir sua primeira Bíblia de Gutenberg por £ 595 e montou o primeiro catálogo completo de seu estoque, registrando um inventário de 5 mil itens. Com a recuperação do mercado de livros, sua presença agressiva nos leilões ajudará a elevar os preços a novos patamares.

Astuto, inflexível e irascível,[2] Quaritch bate de frente com Amherst em sua primeira transação, quando o aristocrata, então com 23 anos, decide que está infeliz com um raro manuscrito medieval que havia comprado. Amherst escreve ao comerciante dizendo que o livro, pelo qual pagou £ 50, está em más condições e que deseja devolvê-lo e receber o valor total. Quaritch se recusa e, em uma enxurrada de cartas, ensina a seu novo cliente sobre a realidade do negócio: toda transação tem custos, e mesmo Amherst não está isento de pagá-los. O reembolso será de £ 42 e ponto final.

Depois que Quaritch marcou seu território, o relacionamento melhora bastante,[3] e anos de contato regular estabelecem uma ligação firme entre livreiro e colecionador. Embora Amherst compre livros de vários comerciantes, a maior parte de suas compras significativas virá de Quaritch.

Eles se reúnem com mais frequência no nº 15 da Piccadilly, para onde o livreiro mudou sua loja, em 1860, e as regras do escritório de fundos, uma sala escura e apertada, dominada por mesa e cadeiras, vários de seus retratos e um punhado de estantes com portas de vidro, que contêm os melhores livros, vários milhares de libras em achados raros. Na Piccadilly, começou a produzir catálogos de leilões cheios de textos que assumem crescentes graus de sofisticação, oferecendo detalhes que podem servir como um guia para a história dos livros e sua procedência, ao oferecer suas próprias opiniões assertivas. Ele contrata um bibliógrafo para aconselhá-lo e compilar suas listas e começa a publicar catálogos temáticos especializados, liderando com *Bibliotheca Xylographica, Typographica et Palaeographica*, "Primeiras Produções da Imprensa".

Quaritch prepara seu jovem cliente para apreciar livros valiosos, compartilhando uma experiência que vai além da beleza superficial para enxergar seu lugar na história e a sequência de detalhes tipográficos e de produção que tornam cada livro único. Amherst começa a criar uma coleção cara e seleta, que criará o que sua filha Sybil descreve como "um encadeamento contínuo" de história, ilustrando temas que lhe interessam. Talvez não surpreendentemente, dados os livros do estoque de Quaritch, Amherst concentra-se intensamente na história da impressão e da encadernação, e na história da Reforma e da Igreja Anglicana, vendo cada folheto, livro ou Bíblia que ele compra como se fosse um elo da corrente.[4]

Ao contrário de Gosford, cuja biblioteca era um elegante depósito de livros que parecia se perder nas alturas de suas estantes, Amherst constrói uma biblioteca que tanto cristaliza sua curiosidade intelectual quanto se torna o coração espiritual de sua casa. Apesar de enorme (há relatos que indicam 112 metros quadrados), com uma porta oculta por trás de uma estante de livros, a sala é surpreendentemente aconchegante.[5] Livros caros revestem as paredes, e as nove Musas olham do alto de um mural que cobre o teto em tons pastel, mas esse é um espaço de *trabalho*, onde as filhas de Amherst, autodidatas e educadas em casa, ficam espalhadas sobre mesas no tapete persa que ocupa toda a sala, lendo, desenhando e trabalhando em diversos projetos. À medida que as meninas crescem, a coleção de livros de referências da família sobre botânica e jardinagem inglesa, ferrovias e egiptologia, divide o espaço com livros sobre bordado, materiais de pintura, microscópios, dicionários de línguas estrangeiras, revistas, jornais e livros raros. A mesa de Amherst fica em frente a uma lareira em uma extremidade da sala, de onde ele pode observar a atividade de sua cadeira de espaldar reto.

A biblioteca traz o mundo até sua família, mas os jovens Lorde e Lady Amherst anseiam por vê-lo pessoalmente. Eles se aventuram pelo Egito e pela Síria, em complexas caravanas, e retornam com frequência ao Oriente Médio, às vezes, permanecendo por meses a fio, adquirindo lembranças e antiguidades a cada visita. Amherst possui um iate, *The Dream*, construído para transportar a família pelo Mediterrâneo, acomodando facilmente os nove membros da família Amherst, com seus convidados, e as prateleiras das estantes do barco eram altas o suficiente para acomodar seu exemplar de *As Viagens de Gulliver*. Eles passam o inverno no Oriente Médio, ou na Espanha, visitam a Dinamarca e, no verão, estão na Riviera Francesa, onde Amherst mandou construir uma mansão chamada "Lou Casteou". Ele cria *resorts* luxuosos e janta com o Kaiser Wilhelm I a bordo do *The Dream*. De volta a Didlington Hall, a família mantém uma equipe trabalhando para conciliar sua vida social ativa. Os jornais diários registram na íntegra suas idas e vindas, enquanto oferecem bailes, jantares e festas, que excedem a grandeza ficcional de *Downton Abbey* de Julian Fellowes. Amherst também possui uma elegante casa em Londres, no número 88 da Brook Street, em Grosvenor Square, onde pernoita durante suas muitas idas para adquirir livros.

Lorde Amherst estudou cuidadosamente a Bíblia de Gutenberg na grande biblioteca de Didlington Hall, residência do livro entre 1884 e 1908.

Essa vida pródiga flutua por um fluxo vigoroso de dinheiro. De acordo com os registros financeiros mantidos pelo advogado de Amherst, em 1883, apenas as propriedades da família em Norfolk, Yorkshire, Lent e Middlesex produzem mais de £ 7 mil (cerca de US$ 772 mil hoje) em aluguéis anuais.

Antiguidades, artefatos e itens colecionáveis chegam de toda a Europa e do Oriente Médio à medida que Amherst e a esposa fazem amizades internacionais com especialistas e fornecedores que compartilham o mesmo entusiasmo. A fortuna da família de Amherst foi construída com a globalização, quando um holandês do lado materno, Francis Tissen, entrou no lucrativo comércio britânico de açúcar, ouro e escravos. Com cargos na Companhia das Índias Orientais e na Companhia Real da África e fazendo cessão de plantações de cana-de-açúcar em Antígua, Tissen cunhou riqueza, trouxe-a para a Grã-Bretanha e investiu em imóveis. Gerações depois, essas fortunas são vastas o suficiente para atrair as riquezas culturais do mundo e, em um momento expansivo e aparentemente invulnerável de entreguerras, Amherst e seus colegas trazem para "casa", na Grã-Bretanha, a Pedra de Roseta, os mármores de Lorde Elgin, objetos funerários, múmias e deusas dos antigos túmulos do Egito e alguns dos primeiros livros e manuscritos da Europa e do Ocidente, polindo seus troféus de erudição e inserindo-se no discurso.

Quaritch se autointitula um servo desse processo. Mantendo contato frequente com seu cliente, busca a atenção de Amherst e o incentiva a pensar sobre a importância dos livros que ele busca, favorecendo o significado em vez do custo, enquanto faz sua coleção. O próprio revendedor está pagando os preços mais altos pelos melhores volumes, conforme as principais bibliotecas chegam ao mercado, e ele precisa de clientes que possam apoiar sua estratégia de negócios extravagantes, mas de alto rendimento, e a declaração ousada de seus lances em leilão sobre o valor do que ele adquire. Em fevereiro de 1870, ele escreveu a Amherst para dizer: "Um conhecedor rico como você deve comprar toda a minha coleção de raridades. Gastando cerca de £ 10 mil, obteria uma coleção de raridades de primeira classe, apenas rivalizada pelas Bibliotecas do Conde Crawford, do Conde de Ashburnham e da Coleção Spencer... Nunca tive medo do preço, quando tive a oportunidade de obter um livro de primeira grandeza".[6] À medida que financistas e petroleiros americanos ganham terreno depois da Guerra Civil, Quaritch continuamente lembra a seus clientes aristocráticos de que os ianques recém-abastados logo estarão em seus calcanhares, roubando o direito cultural da Grã-Bretanha bem debaixo dos seus narizes. "Quase metade dos meus negócios agora é com os EUA e as colônias", ele avisa. "Não espere tempos melhores para fazer sua coleção de livros, à medida que a América se desenvolve, os livros em inglês ficarão mais escassos e mais caros."[7]

Quaritch insiste que Amherst invista em uma Bíblia de Gutenberg, pressionando-o quando dois exemplares, de repente, surgem no mercado, em 1873. O catálogo do leilão afirma: "É inquestionavelmente a primeira vez, e pode-se dizer, com quase absoluta certeza, de que seja a última, que dois exemplares deste livro são vendidos no mesmo dia". Quaritch implora que Amherst faça um lance em ambos os livros, estimando que a cópia completa em velino valha pelo menos £ 2 mil, "mas pode valer até £ 3.300" (mais de US$ 299 mil hoje). Ele avalia a cópia em papel de dois volumes em £ 1.200, mas acha que o preço poderá atingir £ 1.600 (mais de US$ 145 mil hoje).

Amherst resiste, acreditando que o preço subirá ainda mais e fazer lances é muito arriscado. E ele pode ter outros motivos para se conter. *The Dream* está passando por grandes reparos, e Amherst está pensando em adicionar um museu a Didlington Hall para abrigar as antiguidades egípcias que está acumulando rapidamente. Estupefato, Quaritch escreve com urgência para lhe dizer: "O que são mil libras para um homem muito rico, se está decidido a ter determinada peça?".

Ele descreve o leilão que se aproxima para Lorde Amherst em termos feudais: "A venda é, até certo ponto, um Torneio para os grandes colecionadores de livros – eles são os cavaleiros; nós, os livreiros, os cavalos. Um bom cavalo e um bom servo desejam naturalmente que seus donos vençam. É por esse motivo que reduzi a porcentagem da minha comissão, para grande aborrecimento dos demais livreiros".[8] O comerciante acrescenta que reduzirá sua comissão usual para apenas 5%, e apenas 1% para quaisquer itens acima de £ 250. Mas, mesmo com esse belo desconto, Amherst não cede.[9]

Quaritch acaba comprando o exemplar em papel da Bíblia de Gutenberg para si – por £ 2.690 (US$ 244 mil hoje), mais do dobro do valor que ele havia estimado – embora admita que não pode pagar. "Este é o melhor exemplar que eu ou qualquer outra pessoa já viu", ele inscreve dentro do livro, que mais tarde ele vende, com lucro, para o famoso colecionador Henry Huth. (Hoje o Gutenberg designado como o Número 38 está na Biblioteca do Museu Morgan, avaliado em mais de US$ 50 milhões.) O exemplar em velino[10] vai para Frederick Ellis, um rival de longa data de Quaritch, por £ 3.400, em nome do Conde de Ashburnham, quebrando o recorde de sessenta e um anos por um livro impresso que fora estabelecido na venda de Roxburghe, em 1812. Exatamente como Quaritch previra, perder essa chance acabaria sendo o pior erro na carreira de caçador de livros de Lorde Amherst.

O relacionamento próximo entre Amherst e seu obstinado mentor e livreiro não poderia ser exatamente chamado de amizade. Tanto o aristocrata de olhos caídos quanto o comerciante careca e gordo, cuja "voz estridente e o humor sarcástico"[11] teriam desencorajado alguns de seus clientes, conheciam seus lugares na hierarquia, e Quaritch se esforça para demonstrar isso. "O respeito pela aristocracia está mais firmemente estabelecido na Inglaterra do que em qualquer outro lugar", ele escreveu a Amherst, em 1858, "e sou um defensor fervoroso desse sentimento. Pelo seu patrocínio, nós, comerciantes, devemos prestar-lhe um serviço fiel – e continuarei a fazer isso até o último dia de minha vida".[12] Ele corteja, persuade e permanece com cuidado em seu lugar, enquanto orienta a coleção metódica de seu cliente.

Se algo ressalta a distância velada entre eles é a forma como Amherst finalmente compra seu Gutenberg, o Número 45 de Estelle, em 1884, mais de dez anos depois de ter deixado passar os dois primeiros. Ele não o compra em um leilão, nem de Quaritch, mas em uma transação particular e não divulgada, com o livreiro James Toovey, após o leilão final da biblioteca de Gosford. Toovey, outro rival de Quaritch, permite que Amherst fique com o livro por £ 600. Toovey tem um bom lucro, embolsando £ 100, e Amherst consegue uma incrível barganha.

Se Quaritch sabe, não deixa transparecer, e Amherst nunca lhe conta. O livro é um segredo de Amherst – embora seja a pedra angular de sua coleção. Ele trabalhou durante décadas para construir uma história vultosa de livros impressos que incorporam o conhecimento, as paixões e as hostilidades das pessoas que os criaram e usaram, e esse único volume se encaixa nesse quadro, não apenas como a fonte da impressão moderna, mas também como o ponto de origem para sua coleção de primeiras edições dos livros oriundos da Reforma.

Graças aos esforços de Quaritch e de outros, a Bíblia está sendo cada vez mais atribuída a Gutenberg. Em 1877, um livreiro de Londres, um expatriado americano, Henry Stevens, argumentou que era hora de parar de denominá-la como Bíblia de Mazarino: "A honra de produzir o primeiro e, como muitos pensam, o livro mais perfeito agora é atribuída somente a Gutenberg...", escreveu no catálogo de uma exposição de Bíblias históricas. "Nós a chamamos, portanto, de Bíblia de Gutenberg, e não simpatizamos com nenhum nome francês..." Outros revendedores também começaram a usar essa citação em seus catálogos, e Quaritch continua a enfatizar isso em Londres. Não mais conhecida como Bíblia de Mazarino, o livro que Amherst agora possui tornou-se a Bíblia de Gutenberg para sempre.

* * *

Enquanto Gosford apenas catalogou a Bíblia e se esqueceu dela, Amherst se deleita, deixando o livro pesado sobre sua mesa, e senta-se com a filha Sybil, para esclarecer suas dúvidas. Pai e filha descobrem peculiaridades a cada página. Essa versão da Bíblia, o texto oficial em uso na época de Gutenberg, é uma tradução de São Jerônimo que se inicia com um Prólogo, uma carta ao Bispo Paulinus, que lhe encomendou o trabalho. Jerônimo escreve, em latim, "Nosso irmão Ambrósio" – *Frater Ambrosius tua mihi* –, e uma letra F capitular lombarda, intrincadamente decorada, pintada de verde vibrante, salta no canto superior esquerdo na primeira página (*recto*).[13]

Sybil e seu pai usam uma lente de aumento para examinar as marcas de registro utilizadas para posicionar as páginas dos livros na prensa de Gutenberg. Amherst explica que as grandes folhas de papel eram umedecidas antes de serem impressas, para que pudessem absorver melhor a tinta, e, uma vez feito isso, cada uma era dobrada e perfurada em certos pontos próximos às extremidades com uma agulha ou um furador, fornecendo guias, para que a impressão ficasse exatamente no mesmo lugar na frente – e atrás – de cada página. Gutenberg imprimiu sua Bíblia dos dois lados, e os buracos foram uma solução para os problemas de impressão durante o processo.[14] As primeiras páginas do livro eram marcadas com dez buracos cada uma, quatro em cima e embaixo, e dois na margem externa. Porém, mais atrás, havia apenas seis orifícios por página – faltavam as duas marcas mais internas nas partes superior e inferior –, sugerindo que os impressores haviam ajustado sua técnica durante o trabalho.[15]

Lorde Amherst aponta para Sybil um dos aspectos mais intrigantes do Número 45: o número de linhas por página. Embora o tipo brilhante e uniforme de Gutenberg esteja precisamente alinhado, as colunas em algumas páginas contêm mais linhas impressas do que outras. Existem três configurações diferentes. As páginas 1 a 9 e as páginas 256 a 265 têm 40 linhas cada uma. Na página 10, há 41 linhas. No entanto, o restante das páginas contém colunas de 42 linhas.

Os historiadores presumem que os impressores começaram definindo 40 linhas por coluna, mas, à medida que o projeto avançava, experimentaram comprimir mais linhas na página, provavelmente para usar o máximo de um papel caro. Depois que cerca de um oitavo da Bíblia foi impresso, decidiram aumentar o tamanho da edição. Mas, nesse ponto, os tipos definidos para as primeiras páginas haviam sido derretidos e o metal reutilizado, então os impressores de Gutenberg tiveram que redefinir as primeiras páginas antes de poder imprimir mais, e seguiram o formato posterior de 42 linhas.[16] Mais tarde, ao agrupar os conjuntos de páginas, Gutenberg e sua equipe usaram tudo o que já havia sido impresso, independentemente de quantas linhas houvesse em cada página.[17] Consequentemente, alguns exemplares finalizados da Bíblia de Gutenberg têm páginas que possuem 42 linhas, porém outras, como o Número 45, têm uma combinação de número de linhas. Amherst, orgulhosamente, aponta que eles têm algumas das primeiras páginas impressas por Gutenberg, com 40 linhas.

Apesar das variações, cada página possui a mesma quantidade de espaço dedicado à digitação, de modo que a diferença é, à primeira vista, aparentemente imperceptível. Essa é outra conquista técnica de Gutenberg, obtida reduzindo o espaço entre as linhas das páginas com 41 ou 42 linhas. Hoje, qualquer um poderia fazer isso com apenas alguns cliques do mouse, mas para Gutenberg isso significava encontrar um meio mecânico de fechar o espaço, ou de alterar as dimensões do tipo por meio de cálculos aproximados e de tentativa e erro, e ajustar até a profundidade do bloco de tipos em uma página corresponder à anterior. As Bíblias com colunas de 42 linhas são designadas como B42s, para distingui-las de outra Bíblia da época, que se pensa ter sido impressa por um contemporâneo de Gutenberg (ou, como às vezes já foi discutido, pelo próprio Gutenberg), que criou o livro com uma fonte semelhante com páginas de 36 linhas. Essas são conhecidas como B36s.

Outra surpresa chama a atenção de Sybil. No canto superior direito da capa interna, bem nítido, estão escritas, a lápis, as palavras: "Antes de 15 de agosto de 1456".[18] Os traços são fortes e fluidos, como se o escritor não tivesse escrúpulos em adicionar a anotação em um livro tão importante. Sem dúvida, era a caligrafia de um comerciante ou catalogador, provavelmente, adicionada durante os dias de pré-venda do leilão da Biblioteca de Gosford. "Por quê?", Sybil pergunta.

Amherst explica que a data é crucial para identificar um Gutenberg autêntico e é uma das poucas pistas tangíveis em torno da data de origem do livro. Vem de uma inscrição feita por um iluminador, no verso de uma Bíblia de dois volumes, com páginas de 42 linhas, descoberta na Biblioteca Nacional da França, em Paris. O artista assumiu o crédito pelo seu trabalho, ao contrário de Gutenberg, e graciosamente acrescentou a data:

Este livro foi iluminado, encadernado e finalizado por Henry Cremer, vigário da Igreja Colegiada de Santo Estêvão em Mainz, na festa da Assunção da Virgem Maria [15 de agosto] no ano de Nosso Senhor de 1456. Graças a Deus.[19]

A nota de Cremer deixa poucas dúvidas de que Gutenberg completou a impressão de sua obra em algum momento antes de agosto de 1456.

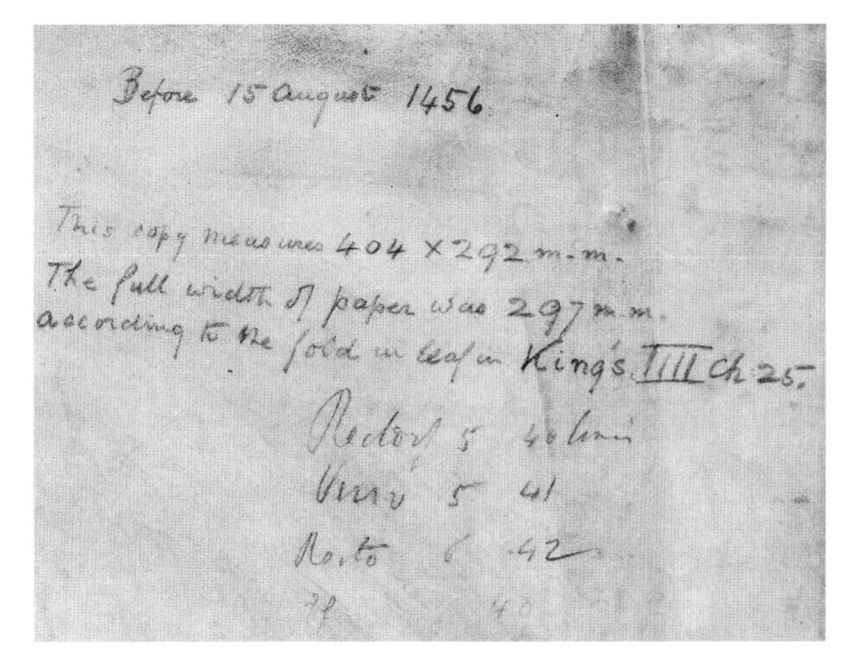

As palavras "Antes de 15 de agosto de 1456" foram escritas a lápis no canto superior da capa interna da Bíblia, provavelmente por um livreiro, e o que identificava o livro como feito por Gutenberg.

Sybil, que tinha 26 anos quando a Bíblia chegou a Didlington Hall, lembra-se da empolgação de seu pai ao descobrir uma anomalia enquanto estudavam o texto. As últimas três palavras na página 129, *autem non errant*,* estão duplicadas no início da página 130, e o erro é indicado por minúsculos pontos vermelhos adicionados na página 129, abaixo do início das palavras.[20] Alguém na linha de produção sinalizou o lugar da correção, mas a sinalização passou despercebida. O erro desse impressor – um tipo de marca de beleza – só existe no Número 45.

Depois de examinar sua nova compra, Amherst constrói um cofre à prova de fogo em uma pequena sala ao lado da biblioteca para guardar a Bíblia, que mantém trancada dentro do que se parece com um caixão infantil de aço e exibe-a apenas para visitas da família real ou a amigos íntimos. O restante do tempo, a menos que o queira, o precioso livro permanece no escuro. O cofre oculto abriga apenas outro livro: um exemplar da célebre Bíblia de Cambridge, que pertenceu ao rei Carlos I. Encadernada com veludo vermelho, cujas contracapa e laterais são ricamente bordadas com fios de ouro e prata, essa edição apresenta, na frente, as armas reais nas cores heráldicas, com o leão e o unicórnio, um capacete com a coroa e o manto e, acima, estão gravadas as iniciais *C.R.*, para "*Carolus Rex*".[21]

Quaritch, que ignora o fato de que o Número 45 está em Didlington Hall, continua a insistir com Amherst para aproveitar a oportunidade de formar sua coleção e adquirir uma Bíblia de Gutenberg. O livreiro, às vezes, tenta ser persuasivo, afirmando, calorosamente, que toda essa caça ao livro é um elixir em si mesmo: "Seu amor pelos livros

---

* Em latim: "no entanto, não se desvie". (N. da T.)

não o deixa apenas feliz, também prolonga sua vida. É muito melhor desfrutar dos prazeres da bibliofilia do que ser vítima dos médicos".[22]

Amherst, muitas vezes, demonstra seu apreço, e talvez sua inquietação em relação a seu segredo, pagando acima da comissão padrão de Quaritch, às vezes generosamente, um bônus que Quaritch divide com sua equipe. E, cada Natal, Amherst envia seus empregados à livraria de Quaritch para entregar cestas abarrotadas de livros descartados, uma tradição que encanta o comerciante.

Por sua vez, Quaritch promete – e entrega – presentes seus. O mais impressionante é o esforço do livreiro para ajudar Amherst por décadas para obter os melhores espécimes de William Caxton, o primeiro impressor da Grã-Bretanha e objeto de atenção permanente entre os colecionadores britânicos. Acredita-se que haja menos de 600 Caxtons, e Quaritch está certo de que, no final do século, eles se tornarão impossíveis de se obter. Ele auxilia Amherst a comprar 17 desses volumes. A joia do cintilante conjunto é anunciada como o "único exemplar perfeito genuíno conhecido" de *Recuyell of the Historyes of Troye*, uma história de Troia, em francês, que Caxton traduziu e imprimiu – o primeiro livro impresso na língua inglesa, de cerca de 1474.[23]

Quaritch aprofundou constantemente o conhecimento e o amor de Amherst pelos livros. Eles foram seu consolo nos dias sombrios em 1880, quando perdeu a filha de 12 anos, Bee – Beatrice –, que contraiu tifo em uma viagem a Cannes. Seu irmão mais novo, Francis, morrera no mar no início daquele ano, voltando da plantação de açúcar nas Ilhas Salomão. O bibliógrafo de Quaritch, Michael Kerney, deu ao entristecido Amherst um exemplar de um manuscrito espanhol, de 1568, chamado *The Discovery of the Solomon Islands* e, com a ajuda das filhas, entregou-se à longa tarefa de traduzi-lo.

Bernard Quaritch morreu em Londres, em 17 de dezembro de 1899, aos 80 anos. Em uma de suas últimas cartas a Lorde Amherst, o livreiro expressa seu prazer por ter vivido o suficiente para ver a biblioteca de Didlington Hall quase completa: "Está agora tão rica em livros", disse ele a seu cliente de longa data, "que sua Biblioteca rivaliza com a de Lorde Spencer, em Althorp".[24]

Foi a validação final do homem que passou a ser conhecido como o "Titã dos leilões".[25]

Ao se aproximar o fim do século, a coleção de Amherst reflete mil campanhas Quaritch, incluindo 1.103 livros impressos raros e 71 manuscritos, quase todos produzidos antes de 1700, e cada um de uma procedência distinta. Elevado ao título de nobreza em 1892, o senhor da mansão agora é o 1º Barão Amherst de Hackney,[26] um dos grandes bibliófilos de sua geração.[27]

Sua coleção de objetos egípcios também ganhou amplitude e importância insuperáveis. Com a compra de várias coleções egípcias e dos muitos objetos recolhidos durante as viagens, seu museu particular em Didlington está repleto de antiguidades que atraem um fluxo constante de estudiosos – e produzem um profundo impacto sobre a imaginação de Howard Carter, o arqueólogo que criará uma sensação internacional ao desenterrar a tumba dourada de Tutancâmon, em 1923. Quando criança, Carter, filho de um artista local, que os Amherst contrataram para pintar afrescos nas paredes de Didlington Hall, vagava entre os caixões egípcios, estátuas e estatuetas funerárias pintados com cores vivas, enquanto seu pai trabalhava. Amherst chegou a conseguir para o rapaz um estágio no Museu Britânico, lançando a carreira de Carter como arqueólogo.

Os papiros gregos e egípcios trazidos por Amherst passam a abrir uma nova compreensão sobre o cristianismo primitivo e as crenças egípcias sobre o saque de túmulos e a pós-morte, e o colecionador contribui com ensaios sobre ambos. E, no final da década de 1890, fará uma compra que reúne interesses aparentemente díspares: uma coleção de tabuletas de argila da Mesopotâmia com impressão cuneiforme, que podem ser vistas como um elo entre a cultura do Oriente Próximo e a impressão mecânica.

Em torno de Amherst e as filhas, estão os frutos de uma coleção de quase meio século imersa em conhecimento – um império refinado e bem-ordenado.

* * *

Porém, em maio de 1906, toda a ordem se dissolveu. O advogado de longa data de Amherst, Charles Cheston, foi encontrado morto, com indícios de um aparente suicídio. Cheston, de 63 anos, era sócio sênior da Cheston & Sons, uma das empresas mais respeitadas de Londres, com total responsabilidade pelo gerenciamento dos imensos ativos de Amherst, e logo se descobriu que ele havia desviado a maior parte da fortuna da família. Os jornais locais especularam que o advogado temia ter sido descoberto e se suicidou com uma espingarda, para evitar ser preso.

Os investigadores descobriram que o advogado estava envolvido em uma "fraude longa e contínua", que drenara as contas bancárias de Amherst, desviando os aluguéis de suas propriedades e vendendo terrenos. As estimativas iniciais era de que ele fraudou Amherst em pelo menos £ 250 mil.[28] Descobriu-se que Cheston estava "apostando loucamente na bolsa de valores", principalmente em ações de mineração, e desperdiçou os fundos de seus clientes. No final, os investigadores acreditavam que ele teria perdido até US$ 2 milhões do dinheiro de seu cliente. (O número final é muito mais alto e, corrigido pela inflação, chega a US$ 32 milhões.) "Falido e incapaz de enfrentar Lorde Amherst", comentou um escritor, "Cheston escolheu a saída do covarde".[29]

Em 3 de agosto de 1906, uma sexta-feira à tarde, Amherst fez um breve e emocionado discurso em um almoço público, em Marham. "Desejo aproveitar esta oportunidade que gentilmente me concederam, convidando-me para vir até aqui, para agradecer a meus amigos do fundo do coração pela grande consideração que demonstraram diante desse cruel percalço financeiro que sobreveio em nossa velhice", disse ele. A multidão reunida aplaude ruidosamente, e Amherst acena para eles. "Acreditávamos que seríamos poupados para chegar aos cinquenta anos de casados celebrando alegremente com vocês; e nós, posso assegurar-lhes, agradecemos todas as muitas gentilezas que recebemos de todos os nossos amigos, muitos dos quais vejo à minha volta. O problema é, de fato, cruel e difícil de enfrentar."[30]

Amherst se sente obrigado a restituir integralmente os valores, e isso exigirá uma ação drástica. Ele, primeiro, encontra um inquilino para Didlington Hall – e logo percebe que também deverá vender os livros. Ele havia contratado o famoso bibliógrafo Seymour de Ricci para produzir um catálogo completo, uma descrição abrangente de cada item de sua coleção, mas agora a tarefa, que deveria levar vários anos para ser feita, é substituída por um rápido levantamento. De Ricci lamenta, "circunstâncias tristes, já bem conhecidas do público britânico, obrigaram o proprietário desta biblioteca a publicar um catálogo com poucas semanas de antecedência e a reduzir a publicação proposta a uma simples lista manual".

Cópias dessa lista foram distribuídas entre livreiros, colecionadores, bibliotecários importantes e curadores de museus, na esperança de se encontrar um único comprador. Eventualmente, Amherst negocia um empréstimo bancário com o London Joint Stock Bank, apresentando os livros e manuscritos como garantia. O banco insiste que os livros sejam retirados de Didlington Hall para ficarem em custódia, os quais são transferidos para o cofre do banco, em Chancery Lane. Os mais de mil volumes que formam o cerne de sua coleção, incluindo a Bíblia de Gutenberg e os preciosos 17 Caxtons, são cuidadosamente embalados e despachados.[31]

Sybil fica chocada com a possível dissolução do que seu pai havia construído. Era impensável, ela escreveu mais tarde, que "essa corrente pudesse se quebrar e seus elos se espalhassem, como um colar de muitas fieiras de pérolas perfeitas que se partisse... para nunca mais ser o mesmo refinado ornamento". Amherst se retira para seu quarto e passa os dias falando com seus conselheiros em um último esforço para manter sua coleção de livros.

Howard Carter espera ajudar seu benfeitor, mas há pouco que possa fazer. Discutem a possibilidade de vender as gigantescas estátuas de Sekhmet, se encontrassem um comprador, mas Carter não é feliz na empreitada. Depois de fazer uma visita triste a Amherst, enquanto mais tesouros eram embalados, Carter diz aos colegas que as condições da família são péssimas. "Didlington está sendo embrulhado em papel pardo", diz ele, "e Lady Amherst está salvando os pedaços de barbante".[32]

Amherst implora a Bernard Alfred Quaritch, filho e sucessor de seu antigo livreiro, para ver se a coleção poderia ser vendida em lote a uma prestigiosa biblioteca institucional, ou um rico colecionador americano. J. P. Morgan já havia recusado, então Quaritch embarca em um navio para Nova York para abordar John D. Rockefeller, que também educadamente recusa. A biblioteca não pode ser salva.

Uma foto comovente de Amherst segurando seu Caxton mais precioso, o *Recuyell of the Historyes of Troye*, aparece na edição de Natal de 1908 da *Pall Mall Magazine*, ao lado da descrição emocionada de Sybil sobre a coleção de seu pai. Ele se mostra um homem alquebrado, com o rosto vazio e sem vida.

Amherst representa o último de uma geração britânica, escreve o *Times of London*, elogiando sua coleção antes da venda. Descreve Amherst como um homem que caçava livros raros antes da chegada dos concorrentes americanos, "quando ainda era possível para um colecionador inglês, com dinheiro, bom gosto e energia, comprar os melhores livros de todas as épocas".[33]

Em 4 de dezembro de 1908, Lorde Amherst assiste sua Bíblia de Gutenberg, o Item 78, ser vendida em leilão por £ 2.050 (cerca de US$ 256 mil hoje). Três dias depois, o livro que ficou guardado ao seu lado no cofre da biblioteca por quase vinte e cinco anos será leiloado. A Bíblia de Cambridge, com capa elaborada e as iniciais *C.R.*, é vendida para J. P. Morgan.[34] A Bíblia pessoal do monarca agora pertence ao rei das finanças nos EUA.

Fraudado pelo seu advogado, Lorde Amherst de Hackney perdeu a fortuna e foi forçado a vender sua Bíblia de Gutenberg em um leilão. Foi fotografado na cadeira de sua biblioteca em 1908, poucas semanas antes da venda.

Amherst jamais se recupera. O mestre de Didlington Hall morre apenas seis semanas depois que o Número 45 foi vendido. Na última manhã de sua vida, William Tyssen-Amherst parece estar bem de saúde no café da manhã, mas, de repente, adoece e fica inconsciente. Os médicos são convocados, mas não conseguem reanimá-lo. Sua morte, aos 73 anos, é descrita como indolor, mas a angústia que ele sofreu fora acompanhada por todos.

"Quando o martelo do leiloeiro bateu sobre o último lote", declarou o *London Sunday Times*, "todas as razões de viver cessaram para Lorde Amherst de Hackney".[35]

O funeral acontece na Didlington Church, em Norfolk, e um velório com a presença de muitos de seus amigos bibliófilos é realizado em Londres, na Igreja de São Jorge, na Hanover Square. Quando é feito o inventário a partir do seu testamento, os ativos brutos são calculados em £ 67.457 e o valor líquido em apenas £ 341. A balança está quase equilibrada, a ruinosa dívida paga.

A etiqueta de ex libris *que Lorde Amherst afixou dentro da Bíblia de Gutenberg retrata duas grandes garças brancas, uma de frente para a outra, com o lema* Victoria Concordia Crescit *("A vitória advém da harmonia") grafado abaixo.*

Lorde Amherst foi descrito como um dos maiores colecionadores do século XIX, mas, como sua biblioteca se espalhou de forma tão frenética, ele raramente aparece nas listas dos grandes bibliófilos da Grã-Bretanha. Sua coleção parece ter sido perdida até mesmo na memória. Mas ele deixou sua marca no Número 45. Sua elaborada etiqueta de *ex libris* da família, colada dentro do livro, retrata duas grandes garças brancas, uma de frente para a outra, com o lema "*Victoria Concordia Crescit*" ("A vitória advém da harmonia")[36] grafado abaixo.

Sua assinatura, com tinta preta, é suave, como se ele não tivesse qualquer preocupação no mundo.

Capítulo 4

O Patriota

Em certas mãos, os livros não passam de objetos inanimados. Os dois primeiros donos do Número 45 o acrescentaram às suas imensas bibliotecas, estudando-o rapidamente, catalogando-o e, pelo menos, no caso de Amherst, admirando-o de modo atento, antes de trancá-lo no cofre. O tesouro, mais frequentemente, era apenas um livro fechado – protegido de um extensivo manuseio que poderia abreviar sua vida útil, mais um símbolo do que um objeto.

Por um breve período, no entanto, o Número 45 está entre um pequeno grupo precioso de manuscritos com iluminuras e primeiros livros impressos que podem passar um tempo considerável fora da prateleira. Seu dono, Charles William Dyson Perrins (ou Dyson, como ele prefere ser chamado), é o herdeiro de uma vasta fortuna, alimentada pelo império de molho inglês Lea & Perrins Worcestershire, e, para ele, os livros criam uma conexão íntima com as artes que personificam e devem ser estudados, compartilhados e desfrutados – não importa quão raro seja o livro.

Charles William Dyson Perrins, herdeiro do império de molho inglês Lea & Perrins Worcestershire, colocou a Bíblia em uma pequena e seleta coleção de livros raros.

Sua filosofia é clara para aqueles que frequentam sua casa nos arredores de Malvern, uma cidade na região central da Inglaterra, a 13 quilômetros de Worcester, onde operam a Lea & Perrins e outra empresa de Dyson, a fábrica de porcelana Royal Worcester. Toda a sua biblioteca está alojada em uma série de prateleiras, em uma sala fechada, ao lado de um escritório confortavelmente instalado para pesquisa, com uma mesa de centro alta, larga o bastante para permitir que os manuscritos sejam examinados lado a lado. Os assentos nas janelas se descortinam para a simetria exuberante de jardins bem desenhados e as montanhas Malvern.[1]

Dyson não é exatamente um homem religioso, mas é fascinado pela arte de confecção dos livros. Embora nunca pretenda ser um erudito, estuda a obra, os nomes dos iluminadores e dos gravadores. Passa horas com a esposa, inválida, analisando os detalhes de algumas das artes mais raras e belas do mundo, cenas radiantes de jardins e anjos, que preenchem antigos livros de salmos e de orações, todos intimamente reunidos nos 150 volumes de sua biblioteca. E agora ele tem um Gutenberg.

* * *

Poucas coisas na formação de Dyson sugerem um interesse por tais livros. Seu pai, James Perrins, era um químico e político local, que assumiu o controle da participação da família no crescente negócio de molhos, oito anos antes de Dyson nascer, e sentou-se no conselho da fábrica de porcelana, um importante gerador de empregos em Worcester durante o século XIX. Perrins colecionou pinturas contemporâneas de artistas como Turner, Rossetti e William Etty, o primeiro pintor importante de nus ingleses, expandindo uma galeria na casa da família em Malvern, conhecida como Davenham, apenas para exibi-las. Frances, mãe de Dyson, era uma ativa patrocinadora de obras de caridade.

Dyson ingressou no Queen's College, em Oxford, aos 18 anos, para estudar Direito, mas teve dificuldades desde o início, sendo reprovado no exame básico do 1º ano da escola em Grego antigo, Latim, Geometria e Lógica várias vezes, até finalmente ser aprovado. Após encontrar as mesmas dificuldades nos exames do 2º ano, ele desistiu.

O Plano B era o serviço militar, e Dyson foi, aos 21 anos, para a Escócia,[2] atraído pelas oportunidades de pesca, caça e aventuras – longe do controle da família.

Seu regimento assentado em Glasgow, a Infantaria Ligeira das Terras Altas, era uma das seis unidades escocesas do Exército britânico e a única a vestir seus soldados com calças, em vez de *kilts*. Na relativa paz, entre 1885 e 1889, o 4º Batalhão de Dyson da Infantaria Ligeira (apelidado como "Último Lugar do Inferno") era uma milícia de reserva de meio período e, entre as temporadas de serviço, ele fez a viagem de 563 quilômetros até a sua casa para aprender como funcionava a fábrica Lea & Perrins.

O molho que fermentou a fortuna da família existia em Worcester desde meados da década de 1830, quando o avô de Dyson, o farmacêutico William Henry Perrins, e seu sócio, John Wheeley Lea, descobriram a receita vencedora em sua farmácia na Broad Street. Uma lenda bastante arraigada conta que, por volta de 1835, Lorde Marcus Sandys, ex-governador de Bengala, entrou na loja e pediu aos sócios que recriassem uma receita que ele havia conhecido na Índia. Os químicos refizeram a receita de Lorde Sandys usando alimentos, ervas e especiarias estocadas na loja e consideraram a mistura repulsiva. Mas, em vez de jogá-la fora, puseram em uma jarra de pedra e guardaram no porão. Meses depois, pegaram o jarro e experimentaram de novo. Magicamente, os ingredientes do molho haviam fermentado e se transformado em "algo delicioso".[3]

Os elementos mais pitorescos da história foram, em grande parte, inventados, e pode ter sido apenas um genial lance de marketing.[4] Ninguém foi capaz de identificar um Lorde Sandys que tenha vivido em Bengala, muito menos servido como governador. Mas uma certa mística exótica apropriou-se do molho e ajudou a fomentar uma devoção a um produto especificamente inglês com um sabor dos confins do Império Britânico. Desde o início, a combinação picante de anchovas fermentadas, alho e cebola em conserva, com cravo, tamarindo e uma série de outros ingredientes foi um sucesso. Com a ajuda de uma propaganda inteligente – colocando seu produto em navios[5] e remunerando os garçons para apresentá-lo aos passageiros – o condimento se tornou mundialmente conhecido. E, em pouco tempo, os sócios, que vendiam menos de 700 garrafas anuais, passaram a vender 30 mil unidades, crescendo a cada ano.

Na época de Dyson, a Lea & Perrins era uma máquina de fazer dinheiro, disponível não apenas na Grã-Bretanha, mas em toda a Europa, nos Estados Unidos, na Austrália e em locais improváveis, como El Salvador, Tibete e África do Sul. Entre cinquenta e sessenta pessoas cuidam da produção na fábrica em Worcester, girando centenas de barris de carvalho com os ingredientes colocados ali apenas para fermentar e envelhecer, cujas proporções precisas era um segredo bem guardado.[6]

É difícil saber quanto o jovem militar conhece ou se preocupa em saber dos detalhes básicos da operação. O esbelto soldado de cabelos alinhados e bigode moderno está preso à sua vida na Escócia, e nem seu pai, nem o sócio, Charles Wheeley Lea, têm planos imediatos de se aposentar. Mas, no início de 1887, enquanto participava de uma reunião, James Perrins desmaia e, ao anoitecer, ele falece. Como o único homem entre os cinco filhos de Perrins, Dyson herda, aos 23 anos, a parte de ouro do pai na operação do molho – e, com isso, todas as expectativas de ser um Perrins em Worcester, uma cidade que depende fortemente do sucesso dos negócios da família e de sua generosidade.

Às vezes, parece que a posse do Número 45 exige uma cota de tragédia pessoal. A quase falência, a humilhação pública e a perda precoce de pais, cônjuges e filhos parecem envolver as histórias daqueles que compraram a Bíblia. Não é exatamente uma maldição, mas são choques repentinos e sombrios. A perda do pai é o primeiro choque de Dyson.

Com a Lea & Perrins sob a mão firme de Charles Lea, Dyson retarda sua volta para casa, permanecendo no exército por mais três anos. Ele se apaixona pela Escócia e por Catherine "Kate" Christina Gregory, filha de um comerciante de milho escocês, e eles se casam na Catedral de St. Giles, em Edimburgo, em outubro de 1889, um mês depois de ter sido nomeado capitão da Quarta Brigada. James Allan Dyson, seu primeiro filho, nasce em 1890 e, em seguida, nascem mais dois meninos e duas meninas.

* * *

As empresas Perrins começam a exercer uma pressão insistente em 1891, quando Dyson é eleito para o conselho das Porcelanas Royal Worcester, um cargo que o pai havia ocupado por dezoito anos. A Lea & Perrins é o condutor financeiro das propriedades da família, mas a porcelana – ao menos para Dyson – é a alma. Quando ele entra na vida da fábrica de porcelana Royal Worcester, ele se vê no centro de uma comunidade de artesãos, que refinam continuamente sua arte há quase um século e meio. Dyson percorre um curto caminho entre testemunhar a operação contemporânea da empresa e ficar fascinado com seu trabalho histórico e, em seguida, buscar a rara porcelana Worcester. A exposição aos processos de pintura e impressão que recebe durante a fabricação da porcelana torna-se uma ponte para criar seu interesse pelas primeiras impressões e as iluminuras em livros.

A fábrica da Royal Worcester, tão cheia de edifícios, é quase uma cidade dentro de outra, estendendo-se por 20 quilômetros quadrados ao longo do rio Severn. Suas instalações de pintura, modelagem e envidraçamento envolvem um prédio em forma de U, de dois andares, cujos corredores, percorridos por janelas, ocupam vários quarteirões da cidade. Os quinze fornos de tijolos de vários andares da fábrica dominam a paisagem com seu formato de garrafa de Chianti e sua fumaça de lenha e carvão. No final do século XIX, 40 mil pessoas viviam em Worcester, e cerca de 700 delas – homens, mulheres e crianças – trabalhavam na fábrica.[7]

A empresa foi fundada em 1751, quando o Dr. John Wall, inventor e empresário, formou uma parceria para trazer a porcelana para Worcester. A resistência requintada e a luminescência da porcelana chinesa com espessura de casca de ovo criaram uma grande demanda pela "porcelana" importada e desencadeou uma busca por formas de recriá-la com matérias-primas locais. Os primeiros experimentos produziram xícaras de chá que costumavam estilhaçar ao entrarem em contato com a água fervente, e seus esmaltes rachavam ou trincavam. Mas, por volta de 1748, um comerciante Quaker, chamado Benjamin Lund, trabalhando a partir das anotações que um padre jesuíta fez quando esteve na China, misturou a argila branca britânica com o ingrediente principal – a pedra-sabão da Cornualha – para criar um produto que se igualasse à sua inspiração. Worcester não estava no cinturão da cerâmica da Inglaterra, com fontes próximas de matéria-prima e carvão, mas os sócios *tinham* Lund, cujo processo eles compraram para iniciar um empreendimento que incorporou as ideias dos melhores fabricantes de porcelana e pintores, fossem locais ou estrangeiros.[8]

As primeiras peças da Royal Worcester imitavam desenhos chineses em azul e branco, com pagodes, barcos, folhagens e figuras chinesas esguias com chapéus cônicos, mas seus pintores, que incluíam o Dr. Wall, aumentaram gradativamente o repertório ao entrar em contato com outros trabalhos ao longo do tempo – pássaros naturalistas de ceramistas alemães, padrões de treliças francesas, feixes de trigo e flores japonesas.[9] Os aristocratas britânicos começaram a ceder pinturas à fábrica para os artistas usarem como inspiração, e réplicas de naturezas mortas e retratos de velhos mestres apareceram nas linhas de louça. Na época de Dyson, os artesãos da fábrica eram conhecidos por suas representações de frutas e flores requintadas e pelo trabalho espetacular em forma de favos de mel meticulosamente criados pelo artista George Owen. Mas Dyson se sente particularmente atraído pelas peças em azul e branco mais antigas, quando o trabalho da fábrica ainda era irregular, e começa a colecioná-las.

"Uma coleção dos primeiros trabalhos experimentais de uma fábrica antiga deve ser interessante", ele escreveu em um ensaio da revista *Connoisseur* de 1902. "A minha, eu acho, certamente é assim. Pois nela se pode ler, como em um livro impresso, a história dos experimentos, levando, em um momento, ao fracasso por comparação, em outro, ao sucesso, até que, finalmente, chegamos àqueles espécimes mais apreciados", as peças mais vistosas que outros preferem.[10]

Dentro da fábrica,[11] ele pode assistir os experimentos continuarem. Embora Dyson ainda não esteja em uma biblioteca estudando livros antigos, ele participa com regularidade de uma oficina de criação e impressão que lhe dá uma visão íntima dos tipos de acidente e da arte – e até mesmo de algumas das técnicas – que faziam parte do processo de produção de um manuscrito com iluminuras ou da Bíblia de Gutenberg.

Partes do processo de produção permanecem praticamente inalteradas desde os primeiros anos da fábrica. Pedras de amolar em banheiras de madeira de 3 metros ainda trituram os componentes da porcelana – pedra-sabão, argila branca, feldspato, quartzo e cinzas de ossos de animais (parte de uma fórmula que criou uma porcelana fina e resistente). Esses ingredientes são misturados com água e transformados em uma argila maleável – tanto em pasta quanto líquida (*slip*) – nas cubas e no reservatório de argila na oficina de massa líquida, ou barbotina. Em longas bancadas, alinham-se, de cada lado dos andares de produção envidraçados, dezenas de operários, pressionado a argila ou derramando a massa líquida em moldes para dar forma a pratos, xícaras e jarros, enquanto outros aplicam as alças e detalhes na superfície ou encaixam peças esculpidas de forma intrincada com diversos formatos. A frágil produção se amontoa em prateleiras e mesas, sendo levada e trazida em bandejas até os altos fornos, de onde sai a louça de porcelana vítrea e translúcida.

As transformações mais expressivas se desenrolam na seção de decoração, que reúne trinta pintores de várias idades, a maioria homens, que vêm refinando sua arte desde que eram aprendizes na fábrica ou em outra, a partir dos 14 anos. Alinhados em mesas paralelamente às janelas, onde tem mais luz, eles ficam de pé ou sentados, curvados sobre peças de porcelana lisa, pintando cisnes e rosas inglesas perfeitas, borboletas e plumas, flamingos, vacas, interiores e cópias de quadros famosos. Sua mistura de arte e artesanato envolve não apenas a produção de imagens realistas, mas a imaginação de como as camadas de esmaltes metálicos opacos que eles usam irão florescer em cores depois da queima. Ano após ano, os aprendizes se aperfeiçoam na arte de copiar, polir e manter as superfícies pegajosas da porcelana sem poeira e impressões digitais[12] e em segurar a vontade de começar uma partida de críquete nos largos corredores cheios de porcelana (embora uma bola de críquete tenha rolado pelo menos uma vez, com resultados previsíveis).[13] Um pintor poderia passar a vida toda ali.

O lugar é envolvente, e Dyson arregaça as mangas para o trabalho.

A fábrica estava no auge pouco antes de ele entrar, chegando aos primeiros lucros de cinco dígitos[14] e recebendo elogios com as peças espetaculares que levou a exposições em Melbourne, Manchester e Chicago. No entanto se superou, absorvendo artesãos de dois ateliês locais de porcelana assim que diminuiu a demanda pelas peças mais cuidadosamente trabalhadas da Royal Worcester. Os pintores tiveram um corte de pagamento, e mais trabalho foi entregue aos artesãos de linhas de produção mais barata, que utilizam um processo de impressão por transferência criado pela empresa de forma pioneira. Os decalques são gravados em placas de metal, que então são tingidos com a cor da cerâmica e impressos em papel, que é prensado sobre a porcelana cozida. Os desenhos tingidos fixam, o papel é retirado, e os contornos são preenchidos por uma equipe de mulheres coloristas.

Há muito trabalho para eles, e para os impressores durante o recesso, bem como para os douradores da fábrica, que pintam as bordas e os desenhos com uma tinta marrom escura e dourada em quase todas as peças, e os polidores, que esfregam a peça para clareá-la. Mesmo a arte despojada exige, ao menos, aquele toque de iluminura.

* * *

Quando Charles Lea se aposenta, em 1892, Dyson assume a liderança da empresa Lea & Perrins. Ele está com 28 anos e se torna sócio pleno dois anos depois. Quando novos pátios ferroviários são criados na cidade em meados da década de 1890, ele constrói uma fábrica de molhos modernizada ao lado dos trilhos. E, quando as tarifas de importação dos EUA ameaçam os lucros da parte americana rendosa do negócio, ele autoriza uma fábrica em Nova York a fazer o molho do início ao fim, em vez de usar os componentes fornecidos pela Worcester.

Os negócios globais são bons, e ele compra a propriedade de Ardross, "completa, com um castelo", a 885 quilômetros ao Norte, na Escócia, não muito distante de Inverness, cidade natal de Kate.

A fortuna gerada pelas vendas globais do popular molho inglês sustentou sua fábrica de porcelana e permitiu que Dyson Perrins adquirisse alguns dos livros mais raros do mundo.

No entanto, apenas um ano depois, a Royal Worcester entra em crise. A demanda está estagnada, e os concorrentes colocam o nome Worcester em produtos de qualidade inferior. Alguns dos artistas mais qualificados da fábrica são postos de lado depois que o representante da empresa retorna com poucos ou nenhum pedido de suas especialidades. A fábrica precisa de uma injeção de dinheiro para se manter em dia, e Dyson começa a contrair empréstimos, que chegarão a £ 20 mil.

Logo a seguir, Kate fica gravemente doente, com gripe e pneumonia. Ao vê-la se esforçar para respirar, Dyson e os médicos não sabem se ela conseguirá sobreviver e, quando se recupera, parece um milagre. Embora Kate nunca venha a recobrar totalmente a saúde, os anos seguintes são repletos de um sentimento de gratidão. Os Perrins levantam os fundos para a construção de uma capela ecumênica para a comunidade próxima a Ardross e, mais tarde, constroem um hospital em Malvern e custeiam uma biblioteca pública no mesmo local. Dyson compra as florestas de Dibidale e Kildermorie para expandir a propriedade de Ardross para 170 quilômetros quadrados e adiciona um ramal ferroviário pessoal à estação de Worcester, para o uso de um trem particular, que levará sua noiva escocesa e seus amigos, a família e empregados domésticos para o norte, até a propriedade, para passarem as férias. Ele também começa a comprar manuscritos com iluminuras.

* * *

Em apenas uma década, Dyson reúne uma das melhores coleções particulares da Grã-Bretanha, mas sempre fala sobre seus livros de forma modesta, com pouco do tom autoritário que transparece quando está cercado de porcelanas raras. Seu interesse por livros e manuscritos raros parece ligado à curiosidade e ao prazer pessoal, e ele minimiza qualquer percepção de si mesmo como acadêmico ou aspirante a especialista, embora adquira uma profunda experiência do tipo que advém de longas viagens para descobrir novas aquisições e ver suas raridades ao lado de obras semelhantes.

Não está claro o que primeiro despertou seu interesse. Talvez alguém em seu círculo o levou a uma prévia de leilão, onde uma imagem em uma folha dourada – uma paisagem, figura ou videira – lembrou do trabalho de seus próprios iluminadores de porcelana. Qualquer que tenha sido o catalisador, ele começou a comprar livros no início do século XX. Dyson gosta de contar a história de como passou apressado na Livraria Sotheran, em Londres, em 1904, para procurar algo para ler no trem, e foi presenteado com um Saltério britânico do século XIV, com belas iluminuras, e convencido a levar o livro para casa emprestado por dez dias.[15] Ele ficou impressionado com o manuscrito e gostou do preço – £ 5.250 –, mas precisava de uma segunda opinião. Então, pediu a Sydney Cockerell, um tipo de especialista em livros alugados, que fosse até Malvern para dar uma olhada.[16] Com esse convite, ele ganhou um amigo, um conselheiro e um acesso direto ao competitivo, malicioso e ligeiramente angustiado universo dos livros no novo século.

Cockerell é um bibliófilo autodidata bem-educado, que está continuamente ampliando sua rede e seu conhecimento por meio do seu trabalho para os colecionadores mais proeminentes da época e de suas viagens com as figuras literárias mundiais que tem como amigos. Foi assistente de William Morris, catalogando e ajudando-o a adquirir a famosa biblioteca de manuscritos medievais e primeiros livros impressos que Morris usava como inspiração e conhecendo um círculo cada vez maior de pintores, poetas, livreiros e acadêmicos. Visitou Tolstoi com um grupo de amigos e passou algum tempo com John Ruskin, Henry James e George Bernard Shaw. Em suma, ele é "um convidado bem-vindo nas mesas de jantar da metade dos milionários da Inglaterra",[17] que faz registros de todos os dias de sua vida em diários que mantém atualizados de minuto a minuto. Trabalha meio período para Henry Yates Thompson, que montou uma das maiores bibliotecas do país, e o trabalho para Dyson, em breve, começará a preencher a outra metade de sua agenda.

Cockerell diz a Dyson que o livro que ele pegou emprestado é um "sim" inquestionável, um manuscrito cuja história ele gostaria de investigar, e Dyson o adiciona à sua estante. (Cockerell lembra mais tarde que "um simples relance foi o suficiente para recomendar sua compra a qualquer preço".)[18] Nos três anos seguintes, eles viajam com o manuscrito, colocando-o ao lado de Saltérios do período da biblioteca de Yates Thompson, do Museu Britânico, da Biblioteca Bodleian de Oxford e até de uma bela obra francesa que eles atravessam o canal para ver. A pesquisa de Cockerell sobre a compra de Dyson, que ele estuda por longos períodos, conecta-se a uma oficina de manuscritos em Gorleston, uma pequena cidade na fronteira, entre Suffolk e Norwich. A monografia que ele produz estabelece o livro – que ele chama de Saltério de Gorleston – como o principal exemplo do trabalho da Escola Anglicana Oriental de Manuscritos com Iluminuras,* a oficina mais sofisticada de seu tempo.

Entre 1905 e 1910, essas interações sociais adicionam uma nova dimensão à vida de Dyson. Um homem reservado e modesto, ele adora passar pelas muitas portas que Cockerell lhe abre.[19] Cockerell parece ter um índice mental de onde estão os salmos e livros de horas do século XIV e a capacidade de saber acessá-los, e os dois homens visitam o interior, fumando charutos, enquanto são levados em um dos adorados automóveis de Dyson. Peça por peça, a coleção de Dyson vai aumentando. Vão a Paris e trazem um livro de horas decorado, e a única assinatura conhecida é do célebre iluminador do século XIII, William de Brailes. Livreiros como Bernard Alfred Quaritch se esforçam o máximo que podem. Um abade aparece em Malvern para oferecer a Dyson um manuscrito desconhecido do século X. As descobertas começam a sair de seus esconderijos.

---

* *East Anglican School of Manuscript Illumination*, em inglês no original. (N. da T.)

No final de 1905, Dyson possui uma coleção digna de museu, com 30 manuscritos e, em mais cinco anos, terá mais de 100 deles. Faz uma oferta por vários itens da célebre biblioteca de Charles Fairfax Murray, o notável pintor e amigo íntimo de William Morris. Cockerell conduz o amigo em direção ao que há de melhor. "Em anexo, encontre meu cheque de £ 3.200 pelo M.S.S.", Dyson escreve a Fairfax Murray, "e permita-me lhe agradecer pela oportunidade de adicionar tais tesouros à minha coleção". Ele elogia o colecionador e convida-o a vir a Davenham, dizendo: "Acho que se sentiria recompensado pela viagem vendo o Saltério [de Gorleston] que adquiri de Lorde Braybrooke..."[20]

Essas peças são suas compras iniciais. Ele dobra a coleção no ano seguinte, acrescentando mais 34 dos tesouros de Fairfax Murray, os melhores do lote. Cockerell o aconselha em algumas das seleções, e Dyson deixa seu próprio gosto conduzi-lo em relação ao restante.[21] (Cockerell é, em geral, crítico quanto aos itens que Dyson escolhe, indicando uma obra-prima, o Saltério de Wenceslas – agora no Museu Getty –, "vistoso", e outro "muito feio".[22] Mas Dyson faz sua escolha.)

Em seguida, seu olhar pousa na biblioteca de R. C. Fisher, uma coleção construída ao longo de duas gerações, como indica o catálogo do leilão, "com o objetivo de ilustrar o desenvolvimento da arte da gravura em sua conexão com a literatura, principalmente na Itália, na França e na Alemanha".[23] "Todos os melhores livros de xilogravura italianos estão incluídos", a introdução destaca, desde o Esopo, de 1485, e o Apocalipse, de 1515, até a *Epistolae et Evangelia*, de 1495, com toda uma série de "Livros de Horas, Ofícios e outras Obras Devocionais do final do século XV e início do XVI". O lote 596 é um exemplar de William Morris de um *Spirito della Perusia*, de 1508, com "xilogravuras compostas de rodas da fortuna, imagens de reis, signos do zodíaco", e assim por diante, que o catálogo rotula como uma "edição muito rara deste livro notável sobre a previsão do futuro". Centenas de outros itens, incluindo uma primeira edição dos folhetos de Martinho Lutero e uma série de primeiros livros ilustrados alemães, lotam as 109 páginas do catálogo.

Mas é a menção de *Epistolae et Evangelia* que chama a atenção de Dyson. Os Evangelhos e as lições apresentam mais de 150 xilogravuras ilustrando as obras-primas da xilogravura florentina do século XV.[24] Esse volume, um de dois exemplares conhecidos, será caro, e Dyson, que o deseja muito, decide contornar o leilão fazendo uma oferta por *todos* os livros de Fisher. Ele tem os meios para fazer isso – por que não?

"Obviamente, essa foi uma oportunidade de aproveitar ao máximo", Dyson escreveu mais tarde, com um pouco de eufemismo, "e tive a sorte de resgatá-los na undécima hora dos perigos do leilão, persuadindo o proprietário a vendê-los para mim em lote – um procedimento que temo que não tenha sido muito agradável para os demais colecionadores",[25] principalmente os licitantes norte-americanos que cruzaram o Atlântico para encontrar a prometida venda de quatro dias antes de ela começar.

Dyson, então, toma emprestada uma ideia de Henry Yates Thompson, que possui uma das únicas coleções particulares britânicas que rivalizam com o que o rei dos molhos possui agora. Yates Thompson, ex-editor da *Pall Mall Gazette*, aplicou seus lucros da venda de jornais em manuscritos iluminados e, anos antes, se viu em uma posição como a que Dyson enfrentava agora. Yates Thompson comprou a biblioteca do Conde de Ashburnham, cerca de 250 manuscritos, e declarou que, em vez de deixar a aquisição afundá-lo, ele manteria apenas os melhores e limitaria a coleção inteira a apenas os 100 livros mais caros e de maior qualidade que ele passou a conhecer tão bem. Continuaria a colecionar, mas venderia itens menores quando comprasse algo novo. Para tornar suas obras mais acessíveis a estudiosos e bibliófilos, publicou uma série de catálogos detalhando a coleção, com resumos de M. R. James, chefe do Museu Fitzwilliam, e de Cockerell, entre outros.

Dyson segue seu exemplo, contratando Cockerell para ajudá-lo a selecionar e escrever as descrições de sua coleção e, mais tarde, trazendo James, Sir George F. Warner, o bibliotecário aposentado dos Manuscritos do Museu Britânico, e Alfred W. Pollard, o bibliotecário dos Livros Impressos do museu – todos os que ele agora considera amigos e consulta-os sobre as aquisições –, para catalogar sua biblioteca. Cockerell passa semanas seguidas com os livros de Dyson em Malvern, ou no Castelo de Ardross, onde estuda, redige resumos para o catálogo e vagueia pela beleza da floresta de corças. Um leilão na Sotheby's no ano seguinte, rotulada apenas como itens "da biblioteca de um cavalheiro", vende os livros dispensados e as duplicatas de Dyson e reduz sua coleção a cerca de 150 exemplares.

Os críticos ficaram intrigados com alguns dos livros que ele decidiu manter. "Muitos exemplares amassados, sujos, desbotados e colados têm [sua] ilustre etiqueta de *ex libris*", escreve um deles.[26] Um estudioso que faz uma visita para ver um volume do século XVI da coleção de Dyson descreve a descoberta de que "o texto muitas vezes se tornou difícil de ler, porque as páginas estavam coladas, e a parte de uma folha foi destacada do outro lado".[27] Por mais feliz que Dyson esteja por ter livros importantes em sua biblioteca, sua condição não é o primeiro critério. Os muitos livros de horas do século XV e "a coleção mais romântica de bibelôs charmosos e preciosos"[28] em suas prateleiras também são escolhas improváveis e até questionáveis. Mas suas seleções refletem as duas facetas de seu gosto, moldadas tanto por estudiosos quanto por sua esposa, Kate, que às vezes se junta a ele quando ele visita amigos colecionadores para compartilhar suas descobertas.

Quando Kate sofre um derrame em 1908 que a deixa parcialmente paralisada, as visitas cessam, mas agora há motivos para gastar ainda mais tempo com os livros. O casal pode passar horas admirando as iluminuras dos "encantadores bibelôs" de Dyson com mais facilidade do que com as xilogravuras menos cativantes de alguns de seus primeiros livros impressos "mais importantes". Dyson costuma dizer que coleciona manuscritos iluminados para se sentar perto da lareira com Kate depois do jantar e folheá-los ao lado dela. Anjos e Anunciações. Jardins e o Apocalipse.

Um livro de horas do século XV, anteriormente de propriedade do Duque de Warwick, apresenta uma cena intrincadamente padronizada da Anunciação, com um anjo Gabriel de túnica e asas cor-de-rosa exibindo sua mensagem em uma bandeira branca em forma de cobra.[29] O momento é retratado como um sonho, com a minúscula pomba do Espírito Santo se aproximando do halo acima da cabeça da Virgem Maria e uma pequena imagem do Menino Jesus que sobrevoa em sua direção seguindo o caminho dourado da pomba. Uma curta oração em latim está logo abaixo da gravura, e uma borda larga, rica em folhagens entrelaçadas, contorna toda a página.

O derrame de Kate é o último choque da família. Alguns anos antes, um incêndio começara em Davenham, quando uma vela no quarto de um dos criados incendiou uma gaveta de roupas de linho. O fogo atingiu toda a ala norte da casa, e apenas por sorte salvaram as crianças, que dormiam logo abaixo da ala dos criados. O incêndio foi apagado um pouco antes de atingir a sala ao lado da galeria onde ficavam os quadros da família e a coleção de porcelanas raras de Dyson.

O mundo dos livros, especialmente agora, é uma trégua para Dyson e até mesmo uma fonte de admiração. Sydney Cockerell usa todos os contatos que possui para montar uma célebre exposição, em 1908, de 270 manuscritos iluminados, no Clube de Belas Artes de Burlington (o valor do seguro atual da coleção, estimado por um estudioso, deve chegar a quase meio bilhão de libras).[30] Dyson torna-se famoso como o principal colaborador, cedendo 50 peças, e, naquele ano, é convidado a ingressar na sociedade bibliófila exclusiva do Clube Roxburghe. Cockerell, por sua vez, ganha a direção do Museu Fitzwilliam.

Mas ainda há outro prêmio importante a ser recebido nesse mesmo ano.

* * *

A COLEÇÃO DE R. C. Fisher, com seus muitos exemplares de xilogravuras antigas, havia chamado a atenção de Dyson mais uma vez para os tipos de acidentes e experimentos que impulsionam determinada forma de arte. "A ilustração do livro impresso por meio da impressão da imagem – o enxerto de uma velha arte sobre a nova – sempre me atraiu de forma especial", escreve Dyson no catálogo que produziu sobre as xilogravuras de seus 135 manuscritos ilustrados italianos. "É mais do que interessante observar os pontos de semelhança e de diferença entre a nova forma de livro e a antiga e ver como a habilidade limitada do artesão, o cortador de blocos de madeira, atrelou e limitou os esforços do artista do livro que muito antes atingiu o auge de sua capacidade no Manuscrito Iluminado." A Bíblia de Gutenberg, aquele primeiro grande experimento impresso mecanicamente, mas iluminado à mão, fica na cúspide entre o velho e o novo, precedendo os volumes que serão ilustrados com xilogravuras e gravuras, abrindo-lhes a porta. Isso faz com que esse livro se encaixe em sua estante.

As iluminuras do Número 45 são uma de suas características mais distintas, pois é uma das poucas Bíblias de Gutenberg ilustradas em Mainz, local onde foi impressa. Seus motivos florais são naturalistas, suas linhas, alongadas e delgadas, e a gama de cores é estreita – verde brilhante e rosa-claro, contrastando com cinza-claro, vermelho e um pouco de azul. O tom geral é contido, ao contrário das bordas mais rudes e coloridas criadas na Alemanha durante o mesmo período. Há apenas um exemplo semelhante de iluminura dessa época, uma Bíblia feita por volta de 1472, em Heidelberg, no sul da Alemanha, que parece ter sido decorada pelo mesmo artesão, poucos anos depois. As ilustrações florais do Número 45 têm folhas extensas e bulbos redondos, um estilo comum de pintura no norte da Alemanha dessa época, especialmente em Colônia. Essas são as pistas que entram em jogo quando os especialistas triangulam os detalhes – Mainz fica entre Heidelberg e Colônia – e colocam o iluminador do Número 45 na cidade natal de Gutenberg.

Nada disso era do conhecimento de Dyson, mas é fácil imaginar como, sentado com Kate, ou curvado sobre o Gutenberg em seu escritório, ele pode ter notado os mesmos tipos de variação no trabalho – "Veja como as folhas mudam!" –, o que o estudioso de incunábulos contemporâneo Eberhard König faz, ao analisar a página de abertura do Número 45:

O frontispício contém uma borda elaborada de folhas de acanto encaracoladas, formando um F inicial de um tipo não encon-

trado em outras partes do exemplar. Mas esse primeiro estilo muda na própria página: na margem inferior, folhas mais naturais em cor verde e rosa brilhantes... substituem a borda escura de acanto. Pode-se pensar nisso simplesmente como uma alteração do padrão, se o próprio trabalho da pena também não mudasse, de linhas vermelhas (acantos) para linhas marrons (folhas quase naturais).[31]

Conclusão de König: o livro foi ilustrado por dois artistas diferentes. Seu palpite é que o motivo foi um acúmulo de Bíblias produzidas pela tecnologia de Gutenberg. De repente, havia um grande número incomum de exemplares de um livro muito extenso, todos exigindo serem feitos à mão por rubricadores, que adicionaram letras decorativas e iluminuras. Nenhum ateliê de artistas em Mainz parecia ser capaz de lidar com a tarefa de modo eficiente. O artesão tradicional, cujo trabalho aparece na primeira página do exemplar de Dyson, aparentemente assumiu uma parte do trabalho, mas não conseguiu terminá-lo, e ele pode ter contratado outros artistas para auxiliá-lo, enquanto manuscritos não decorados se empilhavam como peças de porcelana branca, esperando as cores de um pincel.

As £ 2.058 que Bernard Alfred Quaritch aposta para conseguir o Número 45 para Dyson no leilão de Amherst é uma ninharia em comparação ao valor que deve ter custado para obter a biblioteca de Fisher. No entanto, o livro ainda não é uma estrela, em parte porque contém apenas a metade da Bíblia. Nas notícias que antecedem o leilão, o trabalho de Gutenberg é apenas brevemente mencionado, após descrições detalhadas dos Caxton de Amherst, suas peças mais procuradas. Recebe o menor aceite em uma longa lista de itens a serem leiloados na história do *Times* de Londres, e a prévia de venda do *The*

Nation põe apenas duas frases, uma delas comparando-a com os dois volumes da Bíblia em velino da biblioteca de Lorde Ashburnham, que fora vendida ao americano Robert Hoe por £ 4 mil, em 1897. Os relatos sobre a compra de Dyson são igualmente sigilosos.

Poucos anos depois, porém, aumenta a atenção pelo Número 45 e seus outros exemplares na Grã-Bretanha. Quando a coleção de Robert Hoe foi a leilão em Nova York, em abril de 1911, seus dois volumes em velino da Bíblia de Gutenberg, os mesmos que Bernard Quaritch (pai) implorou que Amherst comprasse, são vendidos ao magnata Henry Huntington por US$ 50 mil. Bernard Alfred Quaritch (filho) participa do leilão intenso, mas não consegue acompanhar os lances.

A venda de uma Bíblia de Gutenberg por esse preço em um leilão torna-se manchete em todos os jornais, dispersando 16 mil lotes e totalizando o maior valor de qualquer coleção já colocada à venda, "não apenas nos EUA, mas no mundo", de acordo com o *New York Times*.[32] Lendo a cobertura, muitos colecionadores britânicos, de repente, despertam para uma realidade que alguns afirmam ser óbvia há muito tempo – tesouros bibliográficos estão fluindo para os Estados Unidos em um "triste golpe para o orgulho britânico". Os "Rip Van Winkles* da imprensa britânica", como um jornalista os denomina, detona o êxodo como uma ameaça ao patrimônio cultural da Inglaterra. Já em 1902, o *Times* havia notado que "em toda a Grã-Bretanha agora existe um sentimento de preocupação generalizada – pode-se dizer de ciúme, tão amargos que são os comentários publicados"[33] sobre compradores americanos nos leilões britânicos. Agora o murmúrio

---

* "Rip Van Winkle" é um conto do americano Washington Irving, publicado em 1819, que fala de um homem que vive na América colonial e que conhece misteriosos holandeses, experimenta sua bebida e adormece nas montanhas Catskill. Quando desperta vinte anos depois, o mundo havia mudado, sem que ele pudesse ter testemunhado a Revolução Americana. (N. da T.)

passa a ser um uivo alto e raivoso, enquanto o Século Americano entra em cena, usurpando o patrimônio de livros da Grã-Bretanha.

* * *

A PREOCUPAÇÃO NÃO É EXAGERADA. Mesmo Dyson, o único proprietário particular de uma Bíblia de Gutenberg na Grã-Bretanha e um dos últimos com recursos para competir com instituições e magnatas vorazes como Henry Huntington, não permanecerá ativo por muito mais tempo. Ele continua a adicionar livros selecionados às suas prateleiras nos próximos cinco ou seis anos, especialmente quando bibliotecas célebres são colocadas à venda, e tem um olho perspicaz o suficiente para solicitar por telegrama uma Bíblia do século XIII, que ele vê em um catálogo italiano, por acreditar que sua arte se assemelha à de Brailes, uma região a leste de Shipston-on-Stour, em Warwickshire, Inglaterra. (Na verdade, é o trabalho do famoso iluminador William de Brailes).[34] Mas alguns de seus guias mais confiáveis se foram – Cockerell está ocupado no Fitzwilliam, e Bernard Alfred Quaritch faleceu aos 42 anos, não muito depois da venda de Hoe –, e há mais coisas para ocupar sua atenção. O filho caçula de Dyson, de 14 anos, John Stewart, morre de pneumonia em 1914 e, logo depois, Dyson envia outros dois, James Allan e Charles Francis, para a carnificina da Grande Guerra.

Worcester, como o restante do país, mobiliza todos os homens abaixo de determinada idade e se une para vencer, mas luta contra muitas perdas. O Regimento de Worcestershire envia 130 mil da região de Dyson[35] e perde 9 mil deles, deixando incontáveis feridos. Mil pessoas morreram, ou estão desaparecidas na horrível Batalha de

Somme, que durou 141 dias, em 1916, o que deixou mais de 1 milhão de mortos, feridos ou desaparecidos de ambos os lados.

A Porcelana Royal Worcester se reequipou para o esforço de guerra, trocando seus serviços de chá por porcelana industrial usada em hospitais, laboratórios e escolas. E a Lea & Perrins, apesar de tudo, continua a produzir seu molho tipicamente britânico. Anúncios em uma campanha de curta duração de 1915 mostram dois soldados britânicos em uma trincheira com uma garrafa de Lea & Perrins ao lado de uma caixa aberta do molho. "Um presente de agradecimento", diz o anúncio. "Seus amigos soldados vão apreciar o presente de algumas garrafas de molho Lea & Perrins para usar em suas rações de guerra. Torna a carne enlatada apetitosa e, quando misturado com geleia, é um excelente substituto para o *chutney*." O anúncio oferece o envio de uma dúzia de garrafinhas "direto para qualquer membro da Força Expedicionária na Frente Ocidental com frete pago, por 5 xelins". (Na sequência, um comunicado público de retratação retira a oferta, "devido a um Regulamento Postal que determina que as encomendas que contenham garrafas não podem, no futuro, ser aceitas para envio por encomenda postal" para o *front*.)

Dyson faz inúmeras contribuições para o esforço de guerra, a mais famosa delas quando concordou em guardar uma pequena seleção dos livros impressos mais valiosos do Museu Britânico, secretamente evacuados de Londres, que estava sob ataques aéreos, transportados para Malvern para ficar sob seus cuidados. Esses livros raros vão passar a guerra ao lado da Bíblia de Gutenberg de Dyson.

À medida que a guerra se aproxima do fim, com os filhos a salvo em casa, Dyson faz uma última tentativa mais dramática de expandir a coleção, oferecendo £ 100 mil a Henry Yates Thompson, que colocara à venda seus 100 manuscritos com iluminuras cuidadosamente selecionados[36] – sofisticados livros de horas, clássicos gregos, tratados sobre amor e filosofia –, porque a catarata o impedia de desfrutá-los. Yates Thompson, que Dyson considera seu principal rival, rejeita a oferta, e Dyson compra apenas um punhado de livros.

Isso acaba sendo algo não planejado. A Royal Worcestershire está lutando bravamente. Uma greve trabalhista nacional em 1926 reduz drasticamente os gastos dos clientes, especialmente para itens não essenciais, como porcelana mais cara. A empresa se aventura em cerâmica e estatuetas de nus femininos para ampliar sua oferta,[37] mas os experimentos fracassam. Dyson começa a pagar aos pintores um mínimo de 5 xelins por peça de seus próprios fundos para mantê-los na fábrica. Aumenta o balanço ao comprar (por um valor muito acima do mercado) a coleção das linhas de porcelana da empresa, uma referência inestimável para seus artistas e um registro de sua história. Junto com as próprias peças de porcelana, ficarão na fábrica, ele prevê, preservadas para as futuras gerações.

A empresa entra em concordata, fechando brevemente em 1929, e Dyson reúne seus recursos para reabrir as fábricas, vendendo a Lea & Perrins para a HP Foods com sede em Birmingham e comprando as fábricas de porcelana imediatamente. Deixar a Royal Worcester falir significaria dispersar gerações de talento e *know-how*, e seria praticamente impossível reunir outro grupo com o mesmo nível de conhecimento. Deixar os artesãos sem trabalho está fora de questão, então, reúne uma nova administração e procura um caminho a seguir.

Na corrida pelos negócios, a Royal Worcester converte alguns de seus prédios mais antigos em salões de chá, onde 1 xelim compra um chá "Chamberlain" com sanduíches variados, uma fatia de bolo de frutas e um bule de chá, todos servidos com a louça da empresa, que ele espera que os clientes acabem adquirindo. A Grande Depressão dizima as vendas da Royal Worcester nos Estados Unidos e, em 1934, os pedidos de porcelana são reduzidos à metade. Embora Dyson e a empresa recebam uma menção real de boas-vindas do rei George V no ano seguinte, tais honrarias não pagam o aluguel. A fábrica de porcelana está tendo prejuízos, e Dyson vende sua propriedade de 214 quilômetros quadrados em Ardross para ajudar a cobrir os gastos.

Durante a Segunda Guerra Mundial, a produção de porcelana ornamental é, em grande parte, interrompida na Grã-Bretanha, e a Royal Worcester começa a produzir isolantes para serem usados em rádios de aeronaves e em equipamentos de radar, bem como resistores para equipamentos sem fio. Mais tarde na guerra, a fábrica produz velas de ignição. Ele faz experiências com um punhado de estatuetas durante a guerra, mas a venda é baixa. Diante das dificuldades, Dyson não expressa arrependimentos. "É verdade que perdi muito dinheiro em meu esforço para manter a fábrica funcionando", diz ele, "mas me sinto mais do que recompensado em saber que ao menos atingi esse objetivo e que aqueles cujos interesses eram minha principal preocupação reconheçam e estejam satisfeitos com o que fiz".[38]

Quando os soldados finalmente voltam para casa, a fábrica se prepara para retomar a produção normal. Uma onda de aprendizes entra como uma infusão de energia. Mas, para continuar operando, algumas partes da antiga fábrica precisam de uma ampla reforma. Dyson, agora viúvo e com mais de 80 anos, decide fazer um último investimento na arte que ele ama e nos operários que dependem dele. Desta vez, isso irá lhe custar os seus livros.

O bibliógrafo Seymour de Ricci falou certa vez sobre o papel que colecionadores como Dyson desempenham na vida cultural do país: "As instituições públicas fizeram o melhor, mas, em quase todos os casos, a iniciativa privada lhes indicou o caminho", ele escreveu. "A vaidade pessoal, a mola mestra da coleção, deu lugar continuamente ao orgulho local e nacional. Na Inglaterra, ser um colecionador quase sempre significou ser um patriota."³⁹ Para De Ricci, isso significava construir e manter coleções como uma expressão do domínio cultural britânico, sua refinada "propriedade" e administração do passado. Mas Dyson, diante de uma escolha entre os tesouros históricos e os vivos, escolhe os vivos, um tipo diferente e mais difícil de patriotismo, e talvez um mais significativo, após o trauma de duas longas guerras.

C. W. Dyson Perrins vendeu a Bíblia de Gutenberg para salvar seu negócio de porcelana que enfrentava dificuldades, mas deixou sua assinatura e uma etiqueta de propriedade na capa interna do volume.

❋ ❋ ❋

Quando chega a hora de decidir quais dos seus livros vão embora, Dyson destaca sua coleção de primeiras impressões mais antigas. O Saltério de Gorleston e os outros manuscritos iluminados de valor inestimável que começou a reunir com Cockerell, bem como os preciosos bibelôs que estudou com Kate, ficam com ele até o fim da vida. O restante, incluindo a *Epistolae et Evangelia* do século XV, que o atraiu inicialmente para os primeiros frutos da imprensa, será vendido em quatro datas, entre 1947 e 1948, no que é descrito como o primeiro grande leilão de livros no período do pós-guerra. A arrecadação renderá £ 147.627, equivalente a mais de meio milhão de dólares, e salvará a fábrica de porcelanas, uma das últimas empresas britânicas remanescentes do início da Revolução Industrial a entrar no século XXI.

O preço mais significativo para um único item no leilão de Dyson foi atingido em 11 de março de 1947, quando o lote 564 – o Número 45 – foi vendido. Dessa vez, o primeiro volume da Bíblia de Gutenberg não é mais um item em uma longa lista de tesouros. É uma estrela fulgurante. E seu retorno, de modo inesperado, ao mercado causa, ao mundo dos colecionadores de livros – especialmente nos EUA –, uma grande emoção.

PARTE II

O Século Americano

Capítulo 5

A Poderosa Caçadora de Livros

É IMPOSSÍVEL NÃO VER O NÚMERO 45 no catálogo azul real que a Sotheby's publica para o leilão da coleção de Dyson. O frontispício se abre para revelar uma foto colorida de duas páginas da Bíblia, mostrando a Epístola de São Jerônimo, com suas sutis vinhas de acanto percorrendo as margens e o floreio da letra *F* capitular, pintada em verde e envolta por uma folha dourada. O tamanho do enunciado e a localização daquela foto são mais enfáticos do que qualquer outro exemplar do catálogo, e a expectativa que cria para o leilão é intensa. Nas quatro décadas desde que o Número 45 apareceu pela última vez para venda, ele se tornou um dos primeiros livros impressos mais cobiçados, e agora seu prestígio é incontestável.

Essa mudança e a ávida atenção internacional voltada para o leilão de Dyson refletem um mundo reconfigurado, cuja ordem foi mais uma vez destruída pela guerra, e o novo traçado está sendo refeito em uma época moldada pela comunicação transatlântica, pelas viagens aéreas, pelo início da televisão e a bravata americana. As Bíblias de Gutenberg parecem ter pouco lugar nessa era cada vez mais moderna, mas há muito coroam reis à sua maneira, conferindo a seus proprietários uma importância cultural e uma legitimidade que o dinheiro não pode comprar.

Rastrear o paradeiro das Bíblias ao longo do tempo produz um mapa de valor de influência em transformação, na medida em que os livros se movem dos confins da Igreja Católica para as bibliotecas dos aristocratas da Europa continental e, em seguida, fluem para os construtores do império da Grã-Bretanha, embelezando a reputação de cada um dos sucessivos proprietários. Com Dyson, a classe mercantil mostrou sua ascensão, e agora o centro incandescente do poder passa para os Estados Unidos, onde magnatas-colecionadores, como J. P. Morgan e Henry Huntington, têm atuado no Novo Mundo e, como os aristocratas britânicos antes deles, proporcionando um mercado pronto para as bibliotecas que são vendidas para financiar fugas e a recuperação das agruras da guerra ou um caminho melhor por meio delas. Os novos reis querem as Bíblias de Gutenberg. E, por força de suas personalidades e seus bolsos fundos, eles as obtêm. Os preços disparam, bem como a comissão paga pelo livro, agora alardeado pelos megafones norte-americanos.

O posicionamento começa cedo para o leilão. O colecionador americano Lessing J. Rosenwald (filho de Julius Rosenwald, ex-coproprietário da Sears, Roebuck & Company) anuncia que planeja comprar 84 títulos do catálogo de Dyson e indicou a Bíblia de Gutenberg entre eles.[1]

Também observando com atenção e entusiasmo, está Estelle Doheny, a herdeira, empresária e colecionadora da elite norte-americana, que, na hora do leilão, estará no meio de uma caçada, cuja única conclusão possível será a posse do livro. Onze anos mais nova que Dyson, ela se sentiu atraída a colecionar tanto quanto ele, sem ter sido previamente preparada para isso e, como ele, passou a amar profundamente os manuscritos com iluminuras.

Seu desejo por uma Bíblia de Gutenberg, com a busca de décadas que isso lhe custaria, surgiu, pela primeira vez, em 1911, logo após o surto de compras de livros antigos de Dyson, talvez sem saber, ter atingido um auge. Naquele momento, o surto que ela terá estava por começar.

✳ ✳ ✳

O MARIDO DE ESTELLE é um magnata do petróleo, um multimilionário que construiu sua fortuna sozinho, com origem em uma família católica irlandesa imigrante. A riqueza dispara das torres que Edward Doheny ergueu em Los Angeles e dos poços que perfurou nas terras do México; sua fortuna poderia encher muitos tanques. Fotos de Estelle após alguns anos de casada, vestida com primor para o chá ou em uma festa no jardim, mostram a esposa de um homem rico da sociedade. Mas o espírito independente e a coragem, que irão promover o seu brilho, surgirão diante da câmera que faz a foto no dia de seu casamento em 1900. A nova Sra. Doheny está de pé, a única mulher em um grupo de homens e meninos, na traseira do vagão particular, que servirá como capela nupcial, suíte de lua de mel e casa nos três meses seguintes, enquanto o marido vaga pelo sudoeste, inspecionando seus campos de petróleo e juntando dinheiro para desenvolvê-los. Estelle, aos 25 anos, é a figura vibrante da telefonista, dona da voz que seduzira Edward poucos meses antes. Com um vestido escuro apertando sua cintura estreita – nada de branco para essa noiva – ela se inclina para fora do vagão, a mão sobre o quadril. Embora um cotovelo esteja preso ao braço de Edward, ela estende seu próprio espaço para o outro lado. Seus olhos encaram a câmera. Eles desafiam, de modo suave, porém incisivo. Agora ela é a madrasta de Ned, filho de Edward,* que se tornará o gerente de negócios nos Estados Unidos, guardiã do conceito de lar para um homem que vive seus árduos negócios principalmente na estrada. Ela não é "Senhora" nem "Dona". Ela é uma mulher do interior e, mais tarde, será chamada "Ma Dee".

Edward e Estelle Doheny, no dia do casamento, em 22 de agosto de 1900. O vagão Pullman particular de Doheny, depois batizado de "Estelle", parou no Território do Novo México por tempo suficiente para um juiz de paz realizar a cerimônia. Da esquerda para a direta: Carrie Estelle Betzold, Edward L. Doheny, Albert Canfield e Edward "Ned" Doheny Jr.

---

* Ned, nascido em 6/11/1893, tinha 6 anos quando Estelle se casou com Edward Doheny, em 22/8/1900. Embora não tenha tido filhos, ela assumiu a maternidade em relação ao enteado. (N. da T.)

Na primavera de 1911, ela está com 35 anos e, Edward, aos 54, vale US$ 75 milhões,² que hoje equivalem a US$ 1,8 bilhão. Viagens e entretenimentos são constantes, enquanto trabalham para tecer as conexões que proverão o fluxo de favores e de capital que o negócio do petróleo internacional requer. Dividem seu tempo entre um luxuoso apartamento no centro de Manhattan, suítes de hotéis em Washington, D.C., e uma mansão extravagante no exclusivo bairro de West Adams, em Los Angeles. Logo haverá um rancho de 1,6 quilômetros quadrados, em Beverly Hills, e mais propriedades ao norte da costa.³

Estelle encheu sua residência em Los Angeles com peças de arte que refletem o amor de Edward pelo Oeste americano, a fonte de sua fortuna e o lugar onde se sentem em casa. Nenhum dos dois coleciona livros, mas, naquele mês de março, é difícil não ouvir as notícias sobre o grande circo cultural em torno da venda da biblioteca de Robert Hoe, em Nova York, e, como todo mundo, Estelle fica intrigada. Os jornais trazem novas matérias antecipando preços astronômicos. "Leilão da biblioteca de Hoe pode quebrar recordes", diz a manchete do *New York Times*. "A Bíblia de Gutenberg, vendida por US$ 20 mil, será oferecida no primeiro dia... Muitos livros valem US$ 10 mil cada um."⁴

Uma surpreendente matéria de primeira página, então, anuncia os resultados: "Bíblia de Gutenberg vendida por US$ 50 mil. Comprador Henry E. Huntington a adquire pelo preço mais alto já pago por um livro". O leilão avançou em lances de US$ 1 mil, deixando Bernard Alfred Quaritch para trás quando chegou a US$ 30 mil, e parou, finalmente, vinte lances depois. "Houve gritos de 'Quem é o comprador?' vindo de todos os cantos do salão", narra o jornal *Times* e, a um sinal do livreiro George Smith, que fazia os lances por Huntington, sua identidade foi, enfim, revelada.⁵

Artigos tentam desvendar "O homem que pagou US$ 50 mil pela Bíblia de Gutenberg". Se Huntington desejava a aprovação que acompanha essa publicidade, ou precisava dela, agora ele a tem." O Sr. Huntington não gosta de iatismo como muitos outros homens ricos. Ser dono de velozes cavalos de corrida não lhe traz nenhum encanto. Ele não bebe, não fuma e come com bastante moderação", escreve o *Times*. "Toda a enorme energia que o tornou, em sua época, um homem de negócios extremamente ativo, agora está concentrada em suas coleções".[6] Por quê? A conclusão não diz nada sobre sua profunda seriedade ou intenção filantrópica. A atitude é descontroladamente, notavelmente americana. Ele ganhou seu dinheiro, diz o *Times*. "Agora eu quero me divertir."

Essa venda capta a imaginação de Estelle. Huntington tem uma residência do outro lado da cidade. Ele herdou uma fortuna ferroviária e a expandiu exponencialmente, construindo um sistema de trens interurbanos que corta o território de Los Angeles. Se as circunstâncias fossem outras, Estelle e Edward poderiam pertencer aos mesmos círculos sociais – riqueza herdada, impetuosidade, até mesmo os hábitos abstêmios fazem com que tenham muito em comum. Mas católicos e judeus, particularmente, não são bem-vindos na sociedade de Pasadena, e milhões de novos ricos não facilitam o caminho para a elite do sul da Califórnia, que privilegia a riqueza mais antiga, nem que seja apenas uma geração mais velha. A história dos Doheny – ele passou anos como garimpeiro, viajando com mochila e uma mula antes de encontrar o petróleo; ela era uma telefonista com pouca educação – também não confere *status*, mesmo em uma cidade criada em torno do mito da reinvenção. Edward e Estelle estão construindo seu próprio círculo, fora da órbita de pessoas como Henry Huntington e dentro da comunidade que aceita suas contribuições mais calorosamente, como a Igreja Católica. Talvez, no entanto, haja formas de nivelar o campo.

*Edward e Estelle Doheny no início do casamento,
fotografados na Mansão Doheny, em Los Angeles.*

Estelle levanta os olhos do jornal e se vira para Edward:

– Um dia, você vai comprar uma Bíblia de Gutenberg para mim, querido? – ela pergunta.

Sim – ele responde. – Prometo que sim.

Com o passar dos anos, ela não se esquece dessa resposta.

❋ ❋ ❋

MESMO ENQUANTO A EUROPA SE move em direção à Grande Guerra, os poços mexicanos continuam produzindo, e a casa dos Doheny no número 8 da Chester Place se torna um reflexo de seu sucesso. Eles começam a comprar outras propriedades na rua, gradualmente transformando o terreno em um centro para entreter financistas e petroleiros, visitando aristocratas, músicos, e notáveis (como Einstein e Madame Curie) e vizinhos exuberantes de Hollywood, como os astros de cinema, entre eles, Theda Bara, Fatty Arbuckle e Douglas Fairbanks. O dinheiro antigo pode ser discreto, já o dinheiro novo, pelo menos no caso de Edward, faz um estardalhaço maior. Edward declara sua intenção de transformar toda a Chester Place em um "parque magnífico, bem no coração da área residencial mais cara e exclusiva da cidade, com fontes, calçadas particulares e tudo o que meios praticamente ilimitados podem proporcionar".[7] Eles construíram um parque de cervos e ergueram um enorme conservatório de vidro e aço – a Palm House –, que tem dois terços das dimensões de um campo de futebol, com 15 metros de altura, importando palmeiras imponentes do México e da Venezuela, com milhares de orquídeas raras que cercam uma piscina aquecida, grande o bastante para comportar uma gôndola e uma canoa. Os arquitetos são conhecidos por seu trabalho na cidade, mas Doheny, um cliente difícil, traz a dureza do mundo do petróleo para o processo. Quando ouve uma resposta que não gosta, dá um soco na cara do sujeito e quebra seu nariz.

Casa de Edward e Estelle Doheny, no número 8 da Chester Place, Los Angeles, por volta de 1910.

De uma forma ou outra, ele *conseguirá* o que deseja. Quando banqueiros e investidores imobiliários fazem convenções na cidade, os Doheny os cortejam, oferecendo jantares para 100 ou 200 pessoas, e eles se juntam aos espectadores de Rockefeller no desfile exclusivo de navios na America's Cup, entretendo amigos e clientes em potencial em seu iate movido a vapor, o *Casiana*, com tripulação de 40 marinheiros. Embarcam em um navio de cruzeiro pelo Atlântico infestado de submarinos às vésperas do estouro da Primeira Guerra Mundial (passando sobre o local onde o *Titanic* afundou) para celebrar acordos que convertam navios movidos a carvão para petróleo e estabelecer a britânica Mexican Petroleum Co., para criar a distribuição global do petróleo de Edward.

Em 1914, Edward faz uma breve escala em Nova York, nas galerias de arte da Knoedler & Cia., na Quinta Avenida, onde os magnatas de Wall Street adquirem seus Antigos Mestres, dizendo que quer ver oito pinturas da Escola de Barbizon, aquelas exuberantes paisagens francesas assinadas por pintores como Corot e Rousseau, cujos céus e até mesmo o gado lembram ligeiramente as paisagens do Oeste americano. Ele sai depois de ter desembolsado mais de US$ 150 mil por 22 peças, incluindo duas de Frederic Remington, um romântico que pinta *cowboys* e índios.

Este é o ponto alto da narrativa em que podemos ver um homem desfrutando do prestígio que o reconhecimento cultural traz e perguntando à esposa: "E o que você gostaria, querida? Você não disse algo sobre uma Bíblia de Gutenberg? Eu vou *encontrar* uma para você".

Mas o caminho para cumprir essa promessa a Estelle começa de um modo mais sombrio – como todas as estradas que se aproximam do Número 45 parecem começar –, com uma repentina e dramática mudança de sorte dez anos depois.

* * *

A escuridão chega em junho de 1924, quando pai e filho são acusados de subornar o secretário do Interior dos Estados Unidos, o amigo de Edward, Albert B. Fall, para conseguir termos favoráveis sobre os direitos de perfuração em terras federais. De um lado, os presentes de Edward Doheny para Fall, incluindo um empréstimo de US$ 100 mil, sem juros, entregue por Ned, em espécie, parecem ser suborno. De outro, é apenas a expressão da generosidade de um homem rico para com um amigo de longa data. O caso se transforma no mais notório escândalo político que o país já viu – o *Teapot Dome*. Os Doheny enfrentam acusações de suborno e conspiração, e longos processos cíveis e criminais arrastam-se por quase uma década. A ameaça iminente não é apenas a ruína financeira. Edward poderia ser condenado a passar o resto da vida na prisão.

Edward Doheny, em 1923, no auge de seu poder e seu prestígio, antes dos escândalos do petróleo conhecidos como "Teapot Dome" virem à tona.

Cada reviravolta é coberta pela imprensa, e notícias em cascata mantêm Estelle em contato diário com o advogado criminal da defesa de Edward, Frank J. Hogan, que monta um escritório dentro da mansão dos Doheny, onde fora a pista de boliche de Estelle. "O melhor cliente", diz Hogan aos amigos, "é um homem rico que está com medo". Doheny, muito rico e muito assustado, é o melhor dos melhores. Hogan é fabulosamente carismático, apesar de sua ligeira língua presa, que troca R por L, assumindo o controle de uma plateia com seu olhar penetrante e sua mente afiada. Ele praticamente vive com os Doheny durante os longos anos de processo e passa os dias com Estelle no inverno de 1926, enquanto ela se prepara para prestar um depoimento em defesa do marido.

Habilmente treinada por Hogan, Estelle apresenta-se no tribunal de forma calma e convincente, fazendo um relato detalhado de como o dinheiro foi entregue, com justificativas que parecem uma dissimulação.[8] Seu depoimento foi impresso quase na íntegra na primeira página do *New York Times* e em jornais do mundo todo, e as notícias a descrevem como franca, clara e desembaraçada. O júri acredita nela, e Edward é absolvido.

Mas, logo, há outro processo, desta vez por conspiração, e, à medida que avança, a tensão aumenta a um nível quase insuportável. Estelle e Hogan começam a conversar sobre livros. Livros raros. Livros caros. Os livros, de repente, servem como um escape, na medida em que suas atividades sociais habituais minguam e somem. Estelle e Edward tornaram-se párias desde que os processos criminais começaram, e os verdadeiros amigos são poucos e raros. No entanto, forma-se um círculo estreito de confiança em torno deles, que consegue se manter firme. Os padres. A família. Seus parceiros de negócios, advogados e sócios mais próximos, muitos que vivem no bairro de Chester Place com suas famílias, que fazem parte do clã. Há também amigos verdadeiros que não têm nada a perder por estarem próximos, como o famoso tenor irlandês John McCormack.

Leila Wellborn, vizinha e esposa de um dos advogados cíveis de Edward, é amiga de Estelle desde que ela se mudou para Chester Place e dá à amiga um "bote salva-vidas" na forma de um exemplar de *High Spots of American Literature*,[*] um novo livro popular, que lista cerca de 200 "livros americanos notáveis", de *Moby Dick* a *Rebecca of Sunnybrook Farm*, para ela começar a formar sua biblioteca. Estelle encanta-se com a ideia de ter todos eles e decide que irá se distrair procurando o que puder encontrar das primeiras edições. Ela revela seu desejo aos livreiros da Dawson's, uma loja de livros raros no centro da cidade, e os livros começam a chegar, em pacotes quase diários.

---

[*] Em tradução livre, *Destaques da Literatura Americana*. (N. da T.)

Logo, Hogan entra no jogo, e uma competição se forma à medida que diminui a intensidade do processo, e eles vão completando a lista.

Ao mesmo tempo, a Bíblia de Gutenberg reaparece no noticiário. Com a inflação galopante na Europa e a política do pós-guerra cada vez mais turbulenta, Bíblias há muito escondidas estão ressurgindo, e uma delas acaba de se tornar propriedade nacional – por lei do Congresso dos Estados Unidos. O Dr. Otto Vollbehr, um industrial alemão (e apologista do nazismo), havia aumentado sua coleção de livros raros após a Primeira Guerra Mundial, adquirindo um Gutenberg de três volumes feito em velino, de uma abadia beneditina na Áustria. Ele chegou aos Estados Unidos em 1926 com mais de 3 mil livros do século XV avaliados em US$ 3 milhões e, depois de expor 100 deles na Biblioteca do Congresso, propôs que, se alguém oferecesse os fundos necessários para comprar a metade da coleção, ele doaria a outra parte.

Milagrosamente, durante a Grande Depressão, um congressista do Mississippi, Ross Alexander Collins, levantou os recursos para a aquisição, especialmente da Bíblia de Gutenberg, que ele chamou, entusiasticamente, de "o maior livro da Terra". O Congresso abraçou a proposta, alocando US$ 1,5 milhão para expandir os acervos de livros raros da Biblioteca do Congresso, e, quando Estelle começou a se interessar por colecionar livros, o presidente William Howard Taft assinou a autorização para a compra do livro.

A história alimenta a fantasia de Estelle, mas, primeiro, terá que sobreviver aos processos criminais e cíveis simultâneos. Por fim, após cinco anos de tortura, chegam a um veredicto.[9] Os jurados acreditam nas justificativas hábeis de Hogan e absolvem Edward. Mas seu corréu não é tão sortudo. Fall é enviado a uma prisão federal, o primeiro oficial de gabinete da história dos Estados Unidos a ser preso por corrupção passiva, condenado por receber o mesmo suborno pelo qual

Doheny fora absolvido de ter pagado. (O amargor dessa reviravolta continua vivo no termo cunhado a partir de então como "*fall guy*".)*

Os veredictos contraditórios tornam Frank Hogan famoso, fazendo com que fosse capa da revista *Time*. "No tribunal, se for necessário, ele brigará com uma testemunha, saltará no ar, uivará, chorará, fará qualquer coisa para distrair ou influenciar o júri", diz a *Time* sobre seu estilo de defesa não convencional, embora altamente eficaz.[10] Hogan agora não é apenas o advogado de defesa mais conhecido dos Estados Unidos, ele também ficou muito rico. De acordo com notícias da época, os honorários pelo seu trabalho durante o processo de Teapot Dome totalizaram mais de US$ 1 milhão e, no dia seguinte à absolvição, um Rolls-Royce novinho apareceu na porta de sua casa em Sheridan Circle, em Washington, D.C., como gesto de agradecimento de Doheny.

A vitória é doce, mas ainda há uma tremenda reconstrução física e psíquica a ser feita. Quatro anos depois do esgotante drama do julgamento, em fevereiro de 1929, os Doheny foram surpreendidos por uma tragédia imperscrutável, que o veredicto não poderia apagar. Ned, filho único de Edward, foi baleado na cabeça, à queima-roupa, em seu quarto, por um antigo funcionário da família, no que pareceu ser um assassinato seguido de suicídio. O agressor, um homem chamado Hugh Plunkett, fora arrolado no processo criminal em andamento como possível testemunha. A perda foi devastadora, mas com o ataque contínuo em relação ao julgamento, houve pouco tempo para lamentações. No silêncio que se seguiu, o casal sentiu o trauma que reverberou sobre eles mais alto do que nunca. Estelle está atormentada pela

---

* Fall, sobrenome do ex-secretário americano, em inglês, quer dizer "queda". Numa tradução direta, seria "aquele que leva a culpa", e por isso cai. (N. da T.)

dor, e Edward, inconsolável, um "homem alquebrado e transtornado", que não se importa mais com os assuntos do mundo.[11]

Estelle trabalha para criar um santuário. Ela foge com Edward para seu Rancho Ferndale, em Santa Paula, uma área pitoresca no Condado de Ventura, onde o marido pode descansar em reclusão. A propriedade, inserida na beleza acidentada do chaparral, tem uma vista impressionante das Montanhas Topa e um silêncio que abranda a dor persistente. Estelle adquiriu a propriedade e colocou o arquiteto Wallace Neff para trabalhar acelerado após a morte de Ned, e aquele se tornou um lugar de renascimento, uma fazenda com pomares, um campo de golfe de nove buracos* e um riacho que flui para três tanques de trutas – completado às pressas em apenas seis semanas —, para que Edward, cada vez mais enfermo, possa pescar em sua cadeira de rodas. Neff também projetou um memorial para Ned, uma capela com 32 assentos, com uma gruta de pedra e uma estátua de Nossa Senhora de Guadalupe, a padroeira do México. Todas as manhãs quando estão no rancho, Estelle e Edward assistem a uma missa particular dentro da elegante capela para rezarem pela alma de Ned.

Frank Hogan volta para casa na Costa Leste, mas permanece em contato com Estelle. Hogan começa a colecionar livros com a mesma energia que demonstra no tribunal e, mesmo antes do final do processo, ele dá um salto da lista de *High Spots of American Literature* para o fascínio pelos tesouros que começaram a surgir, conforme os livreiros de Los Angeles o guiavam para suas prateleiras mais caras. Sua primeira grande compra foi um segundo Fólio de Shakespeare, "não tão perfeito". Agora, famoso e com muitos recursos, ele começa a receber as solicitações de quem tem mercadorias para uma clientela com

---

* Os campos de golfe tradicionais possuem 18 buracos, mas podem ter nove, precisando ser circulado duas vezes para completar o ciclo. (N. da T.)

mais dinheiro. Um catálogo de livros raros chega até ele enviado pelo correio e, porque ele pode, leva-o até a Filadélfia para ver um item que fora descrito de forma atraente, um exemplar de *A História de Minha Vida*, de Ellen Terry, cheia de anotações expressivas feitas à margem pelo dono anterior, George Bernard Shaw.[12] Essa visita o apresenta, e por extensão a Estelle, a um reino do mundo de colecionadores de livros que nenhum dos dois conhecia ainda. Ele sai da loja carregando não apenas o exemplar de Shaw, mas também um livro que fora dado de presente a Oscar Wilde e as primeiras edições de *Tom Jones* e *A Sentimental Journey*. Os US$ 10 mil que ele gasta naquele dia chama a efusiva atenção do lendário proprietário da loja, A. S. W. Rosenbach.

Abraham Simon Wolf Rosenbach, conhecido como o "Doutor" por sua graduação em Literatura, é, ao que tudo indica, uma reencarnação de Bernard Quaritch em terras americanas, até mesmo assumindo o manto de Quaritch como o "Napoleão dos leilões". De seu escritório na Filadélfia, ele é o maior responsável que qualquer outro livreiro pelo constante êxodo de itens raros do mercado britânico.[13] Ele foi um dos principais negociadores de Henry Huntington e o licitante que garantiu uma das duas Bíblias de Gutenberg no leilão de Hoe, bem como de outra que chegara ao mercado mais recentemente, um Gutenberg austríaco que pertenceu aos monges beneditinos em Melk. Essa venda, em 1926, foi dramaticamente encenada com os dois volumes encadernados em couro, mantidos por trás de cortinas marrons até a hora do leilão, com as páginas nítidas então reveladas sob holofotes. Belle da Costa Greene, da Biblioteca Morgan, abriu o leilão com um valor de cinco dígitos, mas, quando bateram o martelo, prevaleceu a oferta de £ 9.800 de Rosenbach (com a libra esterlina valendo US$ 4,87; cerca de US$ 48 mil). "Foi divertido pagar um preço tão alto", ele riu, segundo as manchetes na primeira página.[14]

Alguns anos depois, pouquíssimos compradores têm dinheiro para gastar assim, e Rosenbach cumprimenta Hogan, que responde, ansioso, diante de um convite para passar a noite em sua casa para ver sua lendária coleção. As duas personalidades descomunais se identificam imediatamente, com o advogado de Washington, D.C., rapidamente se tornando não apenas uma das valiosas fontes de fundos para Rosenbach no período árido da Depressão, mas também seu amigo e defensor. Durante a primeira visita, Hogan sugere que Rosenbach envie seu livro de memórias *Books and Bidders* [*Livros e Licitantes*] para Estelle, e o livreiro o envia com um bilhete, que diz: "Se eu puder ajudá-la a montar sua coleção, não hesite em me contatar".

Estelle lê cada palavra do livro, repleto de aventuras de Rosenbach com os colecionadores mais ilustres do país, e se debruça sobre as histórias do livreiro de *New York Times*, *Life* e *Fortune*. Ela está encantada e intrigada. Responde modestamente: "Sou uma novata, que, quando alguém acha que poderia mencionar meu nome a você, sinto-me mais tímida do que antes, porque nem conheço os princípios para colecionar livros... Estou ansiosa e espero que, quando passar essa Depressão, eu possa aproveitar a oportunidade de colecionar algo que realmente valha a pena".[15]

Chamar a atenção de um homem como Quaritch ou Rosenbach e ser reconhecido como pessoa de meios e potencial significa ser refinado, educado, seduzido e persuadido de que, na busca de um livro importante, dinheiro não é problema. Estelle será cortejada por uma série de livreiros importantes nos anos seguintes, mas, como observa o biógrafo Edwin Wolf, poucos podem se igualar ao "virtuosismo intelectual de Rosenbach quando ele decidia se insinuar. Ele falava sem esforço, com um desempenho perfeito. Tinha um estoque infindável de anedotas bibliográficas, que davam vida aos volumes que manuseava, e o entusiasmo irresistível de um vendedor convencido de que o que ele estava vendendo era melhor do que qualquer outra coisa no mercado".[16]

Poucos meses depois de seu primeiro contato, com charme, lisonja e uma descrição de catálogo provavelmente escrita tendo Estelle em mente, ele faz a primeira venda: um exemplar, de 1473, de *Imitatio Christi*,[*] um manual espiritual fundamental e uma aquisição inquestionavelmente valiosa, pela qual ela paga US$ 4.650. Embora Rosenbach recebesse o crédito por ter iniciado Estelle no mundo dos incunábulos, este é, na verdade, o segundo. Seguindo sua curiosidade além de *High Spots of American Literature*, ela comprou um fólio de *A Cidade de Deus*, de Santo Agostinho, impresso em Mainz, em 1473, por Peter Schöffer, sucessor de Gutenberg, adquirido dos livreiros da Livraria Dawson.

Alertado por Hogan de quanto ela valoriza sua fé católica, Rosenbach envia cartas enfatizando o significado religioso dos livros raros que ele seleciona para ela, colocando cada volume em um contexto e tentando-a a adicionar outro e mais outro. Lentamente, ela o faz. Ele compartilha fofocas do mundo dos livros, e alimenta sua autoestima como colecionadora séria com gestos, como o telegrama que ele envia, antes do leilão, de um almoço, onde Frank Hogan está presente:

> REUNIDOS EM TORNO DA MESA DE ALMOÇO COM ROSENBACH NÓS COLECIONADORES DE LIVROS AO DISCUTIR O JOGO EM GRANDE ESCALA A CONSIDERAMOS UMA LÍDER E O EXPRESSAMOS NESTA MENSAGEM DE ALTA ESTIMA.[17]

---

[*] *Imitação de Cristo*, em latim no original. (N. da T.)

No início, Estelle, assim como Dyson antes dela, sente-se atraída para várias direções na medida em que cresce seu desejo de colecionar livros. Edward não recupera o vigor de antes do processo e do assassinato do filho e torna-se cada vez mais um inválido. Algumas das coleções de Estelle concentram-se em objetos que ela acredita irão levantar o ânimo dele. Traz para casa livros encadernados com pequenas imagens de marfim nas lombadas, lembranças de volumes semelhantes que ela admirou na biblioteca de William Randolph Hearst. Também procura livros que tenham pinturas nas laterais, um gênero encantador (não "importante"), que traz imagens ocultas nas bordas douradas do livro, até as páginas serem levemente entreabertas para revelar a hábil reprodução de um quadro.[18] Isso, com suas aquisições mais "sérias", fez com que ela gastasse até US$ 1 mil por semana. Com Depressão ou não, dinheiro não é uma preocupação emergente para ela. Sua verba começa com o presente de aniversário que Edward sempre lhe dá: US$ 1 mil para cada ano de vida. O total, em 1931, é de US$ 56 mil. Este é o ano em que, com os livros se acumulando e pedidos de livreiros para acompanhar, ela contrata Lucille Miller, incluindo, depois, mais dois assistentes, para ajudá-la a arrumar as pilhas que continuam aumentando.

Estelle Doheny, que se tornou uma das grandes caçadoras de livros, perseguiu a Bíblia de Gutenberg por décadas. Ela finalmente colou sua etiqueta de ex libris *na capa interna de seu exemplar em outubro de 1950.*

"Colocaram-me para trabalhar em uma pequena sala com uma janela de água-furtada sob o beiral", lembra Lucille, "mas passaram-se vários dias antes de eu conhecer minha patroa. Uma manhã, a porta se abriu, e a Sra. Doheny entrou, com a mão estendida e um sorriso amigável. Ela usava um vestido de crepe branco preguado e um chapéu florido, lembra Lucille, e suas boas-vindas foram calorosas. "Ela olhou para os cartões que eu estava datilografando e deixou claro para mim que o que ela queria não era um tipo de catálogo profissional e complicado, mas um índice de cartão simples que lhe permitisse localizar qualquer livro na casa. Ela estava com pressa – e saiu logo, deixando-me com uma impressão inesquecível de sua vitalidade e seu charme".[19]

O trabalho de secretária de livros, diz Lucille, "a fez rodopiar nos braços de monges medievais, poetas românticos e autores de clássicos de todo o mundo".[20] O trabalho também a colocou em contato com uma próspera e vibrante rede de aficionados por livros e autoridades, todos com currículos impressionantes. Com o tempo, à medida que a vista de Estelle piora, Lucille se torna seus olhos e ouvidos, transcrevendo sua correspondência e fazendo ligações para livreiros de todo o mundo.

❋ ❋ ❋

COLECIONAR É ALGO PESSOAL PARA Estelle. Ela atravessou o fogo durante os processos de Edward, saindo do outro lado transformada, com um desejo de afirmar seu próprio gosto e uma ânsia pelo respeito que o Teapot Dome havia destruído. Intervindo para administrar assuntos que Edward não podia mais gerir, assumiu uma cadeira no conselho da Pan American Petroleum, tornando-se uma das primeiras diretoras de uma grande empresa nos Estados Unidos. Ela convenceu Edward a financiar um memorial permanente para o filho – uma biblioteca de US$ 1,1 milhão na *alma mater* de Ned, a Universidade do Sul da Califórnia. Agora, ela fará algo apenas por si mesma: explorar a beleza dos livros e seguir esse impulso onde quer que a leve. Olhando para trás, para os momentos altos de sua vida com Edward, ela se lembra daquele em que lhe pediu uma Bíblia de Gutenberg, por mais extravagante que pareça, como uma medida do que eles haviam perdido. Eles poderiam ter tido qualquer coisa há tantos anos, até mesmo o *status* e o reconhecimento que um livro como esse pode comprar. Ela quer isso agora mais do que nunca.

Mesmo enquanto Rosenbach a corteja da Costa Leste, outra tutora/mentora/supervendedora está muito mais próxima de sua casa. Em 1933, Estelle é procurada por Alice Millard, uma livreira de Pasadena. Millard, que assumiu o comércio de livros do marido depois que ele morreu, é uma entre as poucas mulheres no mercado de livros dominado por homens, uma "conversadora brilhante" que pode dominar o ambiente com seu conhecimento e amor por livros raros. Única figura feminina significativa que vende livros raros a entrar em contato com Estelle, ela é audaciosa, implacável e conhecida como a "Rosenbach do Oeste".[21]

Alice tem 60 anos, e seu rosto anguloso e seus dentes graúdos lhe dão uma aparência distinta que mantém com cuidado, sempre se vestindo em tons de azul. Ela soube que Estelle está à procura de uma Bíblia de Gutenberg de qualidade e lhe escreveu de Londres, em 17 de agosto, para dizer que havia localizado uma B42 em uma universidade alemã não identificada, acrescentando alguns detalhes obscuros que, ela enfatiza, devem ser tratados com o maior sigilo, já que outro rico americano também está interessado:

> *Este exemplar, em particular, só estará disponível graças à situação nazista. As antigas autoridades, os "obstinados", votaram contra a venda – mas as autoridades que entram com espírito jovem têm pouco respeito por ele e decidiram fazer a coisa mais prática. Não posso falar mais sobre isso agora, exceto que é um dos melhores e mais conhecidos exemplares – em velino, em quatro volumes[22] – em encadernação com pele de porco do século XV...*
>
> *Grosso modo, devo dizer que custará cerca de US$ 75 mil a menos do que o exemplar que o Dr. Vollbehr vendeu à Biblioteca do Congresso e, é claro, talvez, no momento oportuno, alguém possa fazer bem melhor do que isso.[23]*
>
> *Estou de passagem pela Alemanha, a caminho da Itália, no início de setembro e então examinarei o livro cuidadosamente.*

Millard pode estar exagerando a verdade de várias formas. Mas, como muitos outros em 1933, ela precisa de muito dinheiro e de uma comissão razoável. Teve bastante sucesso na década de 1920 e negociou vendas importantes com os colecionadores William Andrews Clark e Henry Huntington. Mas, de acordo com Lucille Miller, a Depressão "quase acabou com ela", e uma transação como essa salvaria sua vida.

Um mês depois, a Sra. Millard telegrafa à Sra. Doheny para dizer que ela "examinou minuciosamente o Gutenberg incógnito", e mais informações viriam. Estelle responde quase imediatamente, dizendo que, embora aprecie a oportunidade, ela não pode considerar a compra. A família ainda está se recuperando de um desastre que ocorrera meses antes, e não é uma boa hora para se pensar em livros.

Houve um terremoto de magnitude 6,4, em Long Beach, enquanto Edward e Estelle estavam jantando no salão em Chester Place, em 10 de março, que derrubou livros e obras de arte, fazendo os Doheny e os empregados procurarem um lugar seguro durante o violento terremoto. Temendo tremores secundários, ou piores, Estelle ordenou que seus empregados carregassem vários carros com seus livros raros e pertences da família mais valiosos e logo partiu em caravana acelerada em direção ao norte, para o Rancho Ferndale, no Condado de Ventura.

Eles saíram ilesos, mas ainda estão restaurando a mansão e as fundações. Estelle também está renovando a decoração a seu gosto, substituindo a velha cabeça de búfalo e a lareira de madeira petrificada por algo mais elegante. Comprar mais livros não está em sua lista de prioridades, ela diz a Millard.

Sem se deixar abater pela notícia, a livreira escreve novamente, desta vez, de Roma:

Claro, a despesa de reconstruir sua casa deve ter sido simplesmente astronômica e é impossível fazer estimativas definitivas com antecipação, e fico imaginando o que isso deva significar – mas eu não estaria de fato cumprindo minha obrigação para com você, se não tivesse investigado cuidadosamente esta oportunidade única e provavelmente a última, de se obter "O MAIOR LIVRO DO MUNDO", especialmente, porque percebi que sua disponibilidade real deve ocorrer num futuro bem próximo.[24]

Em breve, promete Millard, ela retornará a Los Angeles com as malas cheias de itens raros, e avisa à Sra. Doheny para "estar preparada para um banquete!".

Millard cumpre a palavra, chegando a Chester Place com um carregamento substancial: uma concordância e um comentário britânico sobre os quatro Evangelhos do século XII, com quatro ilustrações em miniatura sobre motivos dourados; um missal de 1536; o primeiro Homero impresso (1488-1489); e uma coleção Aldina de 1502 de Sófocles entre eles. Lucille desempacota o objeto e o coloca sobre a mesa de bilhar para a Sra. Doheny examinar mais tarde. "Duvido que qualquer livreiro do mundo pudesse reunir uma oferta comparável", ela observou. "Os preços", refletindo o desespero da Europa antes da Segunda Guerra Mundial, "fariam qualquer colecionador chorar".

O poder da presença física e dos objetos se faz sentir. Com os livros e manuscritos antigos dispostos à sua frente, muito mais vivos do que as mais ricas descrições de catálogo poderiam torná-los, Estelle, de repente, vê as possibilidades que Frank Hogan encontrou na loja de Rosenbach. "A Sra. Doheny sabia que os livros que ela estava olhando estavam em uma categoria diferente de suas primeiras edições americanas", disse Lucille. "Novas perspectivas de coleção de livros se abriram para ela. Ela tomou uma decisão – ficaria com tudo."

No mesmo dia, Estelle preenche um cheque de US$ 34.033 e pede que Lucille o entregue pessoalmente à Sra. Millard, em Pasadena, onde ela mora em uma casa projetada para ela por Frank Lloyd Wright,* conhecida como "La Miniatura".** "Ainda posso ver a Sra.

---

* Frank Lloyd Wright (1867-1959), arquiteto, designer, escritor e educador americano, que inovou o conceito de construção, chamada *arquitetura orgânica*. (N. da T.)
** A Casa Millard, também conhecida como "La Miniatura", é uma casa de blocos têxteis, projetada por Frank Lloyd Wright e construída em 1923, em Pasadena, Califórnia. Ela foi listada no Registro Nacional de Locais Históricos em 1976. (N. da T.)

Millard com aquele cheque", Lucille escreveu mais tarde. "Ela o segurou, com os braços estendidos, e emitiu um gritinho de triunfo."

A relação entre colecionadora e livreira prossegue com a intensidade de uma paixão por, pelo menos, um ou dois anos, com Millard se colocando no papel de tutora particular de Estelle e, como Rosenbach, colocando seus produtos no contexto mais amplo da história e da cultura. Os livros, muitos deles Bíblias, livros de orações e as primeiras obras sagradas, não são apenas bonitos; eles permitem que Estelle segure a história da Igreja nas mãos e absorva a inspiração que uma vez fluiu dessas páginas para monges, padres e papas. Millard torna essa conexão clara e pessoal. Ela é a versão de Estelle de Sydney Cockerell, de idade próxima, confiante em seu gosto, extremamente capaz de persuadir. Millard assume seu papel como livreira como a "forma mais elevada de custódia, em que o orgulho pela posse, a intimidade com o objeto e um sentimento de cuidado e responsabilidade dominariam e seriam passados a seus clientes", como o bibliófilo Robert Rosenthal descreve em um ensaio de 1985.[25] Ela se considera uma árbitra do "gosto erudito".[26]

As aulas de Millard acontecem quase inteiramente por cartas, que Rosenthal descreve como uma ferramenta de vendas multifacetada, uma "campanha educacional, amálgamas de elogios, detalhes bibliográficos e negócios obstinados redigidos com uma prosa alegre e elegante". As notas costumam ser acompanhadas por livros e, dos muitos que chegam a Chester Place, poucos são devolvidos. "A marca registrada da Sra. Millard como livreira era a qualidade. Um livro impresso deve ser puro; uma ligação perfeita; um manuscrito em velino, um espécime superior do estilo e do período."[27]

Como os lendários livreiros tendem a fazer, Millard eleva Estelle a novos patamares de despesas. Seu marido conhecia William Morris, por isso, era inevitável que o grande designer têxtil fizesse parte da coleção de Estelle Doheny. Em 1933, Millard envia de Londres o famoso manuscrito em velino da *Eneida*, de Virgílio (em torno de 1874), com a caligrafia de William Morris e Graily Hewitt. "A Sra. Doheny levou algum tempo para se decidir a comprar esse volume incompleto, porém suntuoso – provavelmente a tentativa mais ambiciosa de recriar as artes medievais de caligrafia e de iluminuras", disse Lucille. "Foi seu primeiro livro de US$ 10 mil – um marco para qualquer colecionador. Normalmente, a Sra. Doheny mergulhava com cautela – ela pagava por isso em prestações mensais!"

Essa etapa é determinante. "Por mais caro que fosse, esse manuscrito ajudou a quebrar a resistência e deu à Sra. Doheny a gratificação de que ela precisava", destaca Robert Rosenthal. Estelle agora possuía uma grande obra de arte, "já aclamada como o maior manuscrito da era moderna".[28]

Estelle sente grande prazer com sua coleção à medida que cresce em tamanho e qualidade. "Amo meus lindos livros e manuscritos o tempo todo", ela escreve a Millard, "e quanto mais eu os amo, mais aprecio tudo o que você fez pela minha biblioteca".[29] Mas, mesmo quando a livreira tenta "incutir direção e até autoconfiança" em sua cliente, como Rosenthal define, Estelle nunca parece à vontade com sua coleção, "exceto pela gratificação pessoal que recebeu da distinção e da beleza de seus objetos". Há um empurra-empurra entre a colecionadora emergente que quer apreciar o que ela gosta e se perder no prazer estético e espiritual que seus livros lhe trazem e a vendedora que vê os objetos de maneira mais fria e racional como um capital cultural.

Existem também outras tensões. O *éthos* audacioso e livre de Millard e sua atitude de vendedora descarada colidem com o catolicismo puritano e o rígido senso de propriedade de Estelle.[30] Estelle deseja um respeito que Millard nem sempre dá. "A intimidade nunca floresceu totalmente entre as duas mulheres", observa Rosenthal, "exceto de forma educada e superficial, evitada pela incapacidade da Sra. Doheny de se comprometer com os entusiasmos insinuantes de Alice Millard".[31] Elas se encontram socialmente apenas uma vez, para um almoço formal, servido na mesa de tampo espelhado sob a cúpula de vidro na Sala Pompeia em Chester Place. Como Lucille observou, elas diferem profundamente em "temperamento, filosofia e personalidade. Estelle é uma católica romana devota, e Millard igualmente devotada à Ciência Cristã. Em quase todos os outros aspectos, estão em polos opostos". E, por fim, a enorme distinção de classe, educação, temperamento e religião torna-se impossível de superar.

Um dia, Millard comete a gafe definitiva, chegando à porta de Estelle com malas cheias de livros em seu carro, mas sem ter sido convidada ou avisar. Estelle a expulsou com suas mercadorias de Chester Place. "A técnica de venda da Sra. Millard era intensa e agressiva, e a Sra. Doheny perdeu a paciência com ela", disse Lucille. "Mais tarde, ficou impossível citar o nome da Sra. Millard para ela. Fiquei triste pelas duas."

Mas as compras que Estelle fez de Rosenbach e de Millard deram sua entrada a um amplo círculo de contatos em ambas as costas: colecionadores, bibliotecários, vendedores, historiadores, artistas, designers gráficos e impressores sofisticados. Estelle e Lucille começam a consultar Robert Schad, o curador de livros raros da Biblioteca Huntington, e encontram nele uma fonte acessível e não condescendente de conhecimento e entusiasmo. Estelle reconhece algo familiar, além de sua experiência, e puxa-o rapidamente para seu círculo de confiança. Schad, como Estelle, não é um acadêmico, nem mesmo recebeu educação formal após o ensino médio. Começou como atendente na Biblioteca Pública de Nova York e teve a sorte de obter um emprego na biblioteca de Henry Huntington, também em Nova York. Exposição, experiência, uma personalidade receptiva e uma mente perspicaz o levaram pelo resto do caminho. Estelle e Lucille sentem-se à vontade para fazer perguntas a Robert Schad que não podem fazer a ninguém: quais os livreiros realmente confiáveis? Quais preços são razoáveis? Como cuidamos de um livro do século XVI?[32]

A coleção de Estelle fica mais demorada após a desavença com Millard, mas isso poderia ter acontecido mesmo se a livreira não tivesse perdido a preferência. A saúde de Edward deteriorou-se rapidamente após 1933 e, ao longo dos dois anos seguintes, ele ficou cada vez mais desorientado e acamado. Estelle concilia as responsabilidades que vêm com a supervisão de seus cuidados e dos negócios e, quando pode, volta sua atenção para a catalogação de seus livros, convocando Schad para organizar o que será sua festa de debutante como colecionadora – uma exposição de um mês na biblioteca de Ned na USC, apresentando 60 de suas melhores obras. Fiel a seus impulsos de colecionadora mais profundos, ela denomina o espetáculo de 1935 como *The Book as a Work of Art* [*O Livro como Obra de Arte*], com um ensaio introdutório, celebrando a beleza dos objetos em exposição.[33] Os destaques, e há muitos, incluem um manuscrito com iluminuras do século XV dos sonetos de Petrarca, um exemplar de 1789 das alucinatórias *Canções da Inocência*, de Blake, e sua *Eneida* de William Morris. Mesmo assim, ela ainda é ignorada como figura significativa na arena dos livros raros e poucas vezes listada entre outros grandes colecionadores com suas próprias bibliotecas particulares. Os clubes de elite e sociedades bibliófilas (Grolier Club de Nova York, *Caxton* Club de Chicago e o Zamorano Club de Los Angeles, entre eles) admitem a entrada apenas de homens.

Seis meses depois da exposição, em 8 de setembro de 1935, Estelle chama os médicos de Edward com urgência. Após examiná-lo, eles lhe dizem que não há mais nada a fazer. Estelle chama a viúva de Ned, Lucy, e os cinco netos para a cabeceira de Edward, e eles estão ao seu lado quando Edward falece às oito da noite. Estava com 79 anos.

O funeral acontece dois dias depois, enquanto o incenso se mistura à fragrância de milhares de flores no santuário ornamentado da Igreja de São Vicente. Oito homens carregam o caixão de bronze de Edward a curta distância da mansão Doheny até a magnífica igreja católica construída com seus milhões. Acompanhada por padres que entoam hinos e amparada pelos dois netos mais velhos, Estelle caminha atrás do esquife, coberto de cravos brancos e lírios do vale. Mais de 1.200 convidados lotam a igreja e outros 2 mil ficam do lado de fora para prestar homenagem ao homem que, como resume o *New York Times*, "passou a juventude em dificuldades, a meia-idade em uma ascensão fenomenal à riqueza, ao poder e à fama, e muito de sua velhice em luto e humilhação".[34] O escândalo de suborno que tomou as manchetes por uma década recebe pouca menção, e Doheny tem permissão para partir do mundo dos vivos com dignidade.[35]

Há um último ritual a ser cumprido por Estelle, um ato enraizado no pragmatismo, na lealdade e no medo. Regressando a Chester Place, ela reúne os registros do império do petróleo que seu marido tirou de terras mexicanas. Com a ajuda da irmã, Daysie May Anderson, vasculha as gavetas e os armários trancados de Edward, coletando centenas de cartas pessoais e documentos comerciais. Em seguida, vão para o porão, onde abrem as portas duplas do cofre de aço que contém os papéis restantes e os acrescentam à pilha. Momentos depois, acendem uma grande fogueira no enorme incinerador da mansão e atiram todos os vestígios da vida de Edward Doheny, legando às chamas o que seria uma história cativante. Qualquer fragmento de prova que pudesse incriminar ainda mais os Doheny e colocar em risco a fortuna de Estelle é reduzido a cinzas antes de as irmãs retomarem o luto. Todas as esperanças de maior exoneração para seu marido e Ned, se é que existiam, também desapareceram.

Com a morte de Edward, Estelle assume um papel ainda mais ativo na administração de seus interesses comerciais, passando as manhãs com advogados e contadores. Documentos jurídicos e financeiros se amontoam em sua mesa, substituindo os belos catálogos de leilão enviados por Sotheby's, Christie's, Manson & Woods ou pelas Galerias Anderson. Agora ela constrói coleções menores e mais pessoais: pesos de papel de vidro antigo, gravuras de Currier & Ives e estatuetas de porcelana.

Estelle Doheny, fotografada na década de 1940, durante os primeiros anos de sua carreira como colecionadora de livros.

Mas, na medida em que considera seus livros de uma forma mais distante, assume um sentido de missão. Durante as muitas conversas com Robert Schad, ele a ajuda a definir um objetivo mais amplo do que simplesmente buscar a beleza ou honrar seu marido e seu enteado: que ela pretenda salvar um tesouro cultural para a posteridade. Fazer isso, diz ele, traz consigo a obrigação de buscar apenas o melhor.

"Isso, logicamente, transporta o colecionador", Schad diz a ela, "do superior aos exemplos supremos". Aderir a esse padrão colocaria sua coleção acima das outras e a conduziria a um processo distinto de colecionar apenas as peças mais dignas de preservação. Todos os anos seguintes, ela ouve os princípios de Henry Huntington do homem que o ajudou a montar a coleção que chamou sua atenção em 1911. Sua visão se consolida. Ela quer preservar o melhor do passado, volumes que representam as primeiras aparições impressas de grandes contribuições para a história e a literatura.[36]

Mais uma vez, ela pensa no Gutenberg. Agora sente sua importância de forma quase visceral. Esse não foi apenas o livro que semeou o seu interesse, mas também é a primeira Bíblia de sua igreja impressa com as ferramentas que espalhariam sua mensagem de forma mais rápida e pessoal do que nunca. A Palavra Viva, graças a Johannes Gutenberg, tocou dezenas de milhões de vidas.

Em novembro de 1938, Estelle experimentou pela primeira vez o gosto de ser dona do trabalho do impressor, comprando oito folhas soltas de uma Bíblia de Gutenberg de Gabriel Wells, um livreiro de Nova York. A ideia de destruir o livro ofende sua sensibilidade, mas partes do volume estão em péssimo estado e ele já está rasgado. Wells vende sua Epístola de Paulo aos Romanos, o livro cujo texto promete a salvação espiritual por meio do Evangelho de Jesus Cristo, por US$ 2.500. Com a comissão de 10% do vendedor, a nota final de venda totaliza US$ 2.750.[37] Quando as folhas chegam a Chester Place, Estelle encomenda ao famoso calígrafo inglês Graily Hewitt um cabeçalho especial para as páginas e uma encadernação de couro marroquino vermelho à empresa londrina Rivière & Son para acomodá-las.

Ela renova seu contato com A. S. W. Rosenbach, na Filadélfia, e passa a década seguinte caçando e comprando uma série de manuscritos incunábulos e iluminados, mais uma vez se beneficiando do tipo de turbulência do pré-guerra que leva livros raros ao mercado antes do avanço dos exércitos. Suas compras são constantes e estelares, enchendo suas prateleiras com exemplares de primeira impressão, como o trabalho de Johann Fust e Peter Schöffer, que assumiu a oficina de Gutenberg e rapidamente refinou sua arte em suas próprias Bíblias, Saltérios e volumes com iluminuras intrincadas, como a impressão das cartas de São Jerônimo, de 1470. É possível até mesmo para um amador interessado ver a arte gráfica evoluir à medida que os primeiros praticantes do ofício testam novas possibilidades nas Bíblias que ela recolhe nas prensas de Estrasburgo e de Delft. Estelle pode se perder em obras anteriores também, manuscritos finos como uma Bíblia francesa de 1410 com iluminuras vibrantes imaginando o reino dos céus antes da criação e o inferno como a boca aberta de um animal; ou um extraordinário livro de horas que cabe na palma da mão, cujas plácidas cenas de contemplação são emolduradas por ramos dourados carregados de flores de macieiras ou de peras maduras.

Como os livreiros oferecem tais tesouros e intermediam as transações para tentar convencê-la, dificilmente há uma carta ou um telefonema que Lucille não coordene. As figuras mais significativas do comércio de livros comunicam-se frequentemente com a "Bibliotecária da Sra. Doheny", e tanto ela quanto Estelle, embriagadas de beleza, estão envolvidas na competição pelos livros raros mais notáveis do mercado, que agora toma o lugar do casamento e dos filhos para ambas.

Quando o primeiro grande leilão do pós-guerra acontece no início de 1947, ambas são cativadas pelo elegante catálogo azul repleto de gravuras coloridas dos livros de C. W. Dyson Perrins. Vem acompanhado de um bilhete do livreiro britânico Ernest U. Maggs, que chama a atenção de Estelle para o item 564 – o Gutenberg – e observa que o Número 45 é "provavelmente a melhor cópia conhecida, em sua encadernação contemporânea".

Estelle fica obcecada com a ideia de comprá-lo, mas se preocupa: será que eu conseguirei? Ela pode pagar, diz a si mesma; por que não poderia tê-lo? Ela medita sobre isso por vários dias com Lucille. O sonho, de repente, pairando, ali, ao seu alcance, desperta uma tristeza que ela imaginava já ter ido embora, bem como a esperança e o consequente medo da perda. Enfim, ela está livre. Sim, é claro que ela quer. Para Edward e para a posteridade. Para Deus. E, inegavelmente, para *si mesma*.

Capítulo 6

O Gutenberg Perdido

A ÚNICA PESSOA QUE ESTELLE CONFIA para ajudá-la a conseguir o Gutenberg de Dyson é seu velho amigo Abraham Rosenbach. Qualquer pessoa que pudesse adquirir um exemplar por meio de uma ligação de rádio do convés do luxuoso transatlântico RMS *Olympic*,[1] e conseguir mais três exemplares ao longo dos anos, seria de fato seu melhor guia. Aos 71 anos, Rosenbach ainda é um titã no mundo dos livros e um campeão sem par para obter um Gutenberg. "Obter a primeira edição da Bíblia de Gutenberg", proclama ele, "é uma conquista". Ele diz de forma direta: "Não há nada mais nobre, nada mais refinado, nada mais belo do que a Bíblia de Gutenberg".[2]

Em 30 de janeiro de 1947, Lucille escreve ao livreiro em seu escritório na Rua 51, nº 15, Leste, em Nova York, para lançá-lo oficialmente na busca do exemplar:

Caro Dr. Rosenbach:

A Sra. Doheny deseja saber se o senhor estaria disposto a representá-la na venda da Bíblia de Gutenberg durante o Leilão de Dyson Perrins, em Londres, no dia 11 de março. Se puder aceitar seu pedido, por favor, diga-lhe sobre o procedimento que ela deverá adotar para assegurar a obtenção do livro. Ela gostaria de saber quanto acredita que a Bíblia poderá custar e qual deveria ser seu lance. Acha que haverá uma grande concorrência pela Bíblia?

Desnecessário dizer, a Sra. Doheny quer manter este assunto absolutamente confidencial. Ela aguarda receber sua resposta o mais breve possível.[3]

O Doutor aceita imediatamente, promete ser discreto e se entrega ao que será sua tarefa mais estratégica: preparar a cliente para um preço assustador. Não ficaria surpreso, ele lhe diz, se os lances fossem muito mais altos do que a estimativa de £ 15 mil que ela recebeu de Ernest Maggs. Ele a previne que a concorrência entre seus pares americanos, além dos "europeus de sempre", pode elevar os lances a novos recordes. Mas não há dúvida de que valeria a pena, ele afirma – vimos esse mesmo volume há alguns anos, e é "magnífico".

"A encadernação é provavelmente a melhor de qualquer exemplar da Bíblia de Gutenberg, estando em uma excelente encadernação de Mainz contemporânea", ele escreve. Há muitas "Bíblias antigas" no leilão de Dyson Perrins, acrescenta Rosenbach, mas a "Bíblia de Gutenberg é a mais emocionante de todas".[4]

Embora Estelle confie totalmente nele, a conversa sobre o custo a faz hesitar. Ela é uma mulher de negócios, não uma especuladora, e não pode se deixar levar pelos caprichos de um mercado selvagem. Ela pensa muito, reza e estabelece seu limite de modo firme: US$ 75 mil.

À medida que a venda se aproxima, Rosenbach fica cada vez mais ansioso, porque US$ 75 mil não são suficientes. Mas décadas de experiência com clientes ricos e temperamentais lhe ensinaram quais pauzinhos mexer e como mexê-los da maneira mais eficaz. Ele convoca Lucille para ajudar a persuadir a Sra. Doheny de que ela jamais se arrependerá de ter ido um pouco mais além para obter este livro: "O Volume I da Bíblia de Gutenberg da Biblioteca Dyson Perrins, que será vendida em 11 de março, no lote 564", escreve ele, "não está apenas na melhor condição possível, mas perfeita em todos os aspectos e é, o que é mais desejável de tudo, a PRIMEIRA IMPRESSÃO DA PRIMEIRA EDIÇÃO DO LIVRO MAIS IMPORTANTE QUE JÁ FOI IMPRESSO. Vi esse grande volume, e ele é tudo o que se pode desejar".

Além de ter uma encadernação excepcional, o Número 45 está especialmente bem conservado. Não faltam páginas, o que é incomum para um livro de sua época. Exceto por um pequeno pedaço rasgado na margem da folha 231 e uma falha no papel original na página 147, manchas nas bordas inferiores de apenas algumas folhas e um ligeiro amarelamento (cor de ferrugem causadas por reações químicas) das primeiras três páginas, nada corrompe sua condição. Grandes iluminuras iniciais, ornamentação de margem com folhagens e figuras, com cabeçalhos das páginas cuidadosamente feitos com capitulares romanos, alternando as tintas em vermelho e azul. As barras vermelhas das primeiras letras das frases são consistentes em cada uma das 324 folhas. "O livro era uma beleza de se ver", resume o Dr. Rosenbach.

Ele não é o único, é claro, que tem esses detalhes em mãos, e há muita especulação de que o preço da Bíblia esteja aumentando a cada hora. Rosenbach insiste na necessidade de se aproveitar o que ele enfatiza ser uma oportunidade única para se obter uma cópia que é "superior a qualquer outra que provavelmente estará disponível para venda".[5]

Na medida em que o leilão se aproxima, ele sugere a possibilidade de um preço muito mais alto do que o lance de Estelle. Seu "agente confidencial em Londres", diz ele, em um telegrama enviado em 27 de fevereiro, estima o preço final entre £ 25 mil e £ 30 mil. Não há consolo em sua garantia de que "as chances de superar £ 35 mil são, em minha opinião, mínimas".[6] Essa cifra de £ 35 mil – US$ 140 mil – é quase o dobro do valor que ela está disposta a pagar.

Em 3 de março, oito dias antes do leilão, Estelle escreve a Rosenbach uma carta de uma página, com 33 linhas, em papel fino, em espaço um, dizendo que quer desistir. "A Bíblia de Gutenberg sempre foi, para mim, o único livro de todos os livros, e até mesmo pensar em garantir um volume desses era emocionante", admite Estelle. "Mas há muitas considerações de ordem prática que não posso ignorar."

Uma de suas maiores preocupações é a privacidade. Ela ainda tem memórias amargas das agonias do caso de Teapot Dome, quando os jornais de todo o mundo dissecaram cada palavra e gesto dos Doheny, os crivaram com charges editoriais e os perseguiram com manchetes como "Sombras sinistras por trás do escândalo do petróleo", "Colocando US$ 100 milhões na cadeia" e "Doheny chora ao declarar no tribunal que o empréstimo cairá". Eles foram cercados por repórteres e cegados por enxames de *flashes* de fotógrafos e, agora, ela diz a Rosenbach: "Eu temo a publicidade. Assim que a Bíblia estivesse em minha posse, o fato se tornaria conhecido e temo que os jornais de

Los Angeles seriam tão sensacionalistas quanto possível ao escrever sobre mim".

E o preço não é pouca coisa. "Quando soube da venda, pela primeira vez, pensei que seria razoável esperar que a Bíblia atingisse cerca de £ 12 mil ou £ 15 mil, mas sua estimativa de £ 25 mil a £ 30 mil muda completamente a situação", ela escreve.

Ela agradece a Rosenbach por tudo o que ele fez para montar sua coleção e pede que envie uma fatura pelo tempo que gastou preparando as bases para a sua oferta. "Eu estava ansiosa para tomar uma decisão sábia e tenho certeza de que estou fazendo a coisa certa ao decidir não fazer lances pela Bíblia", ela conclui.[7]

A mensagem apenas encoraja Rosenbach ainda mais. Ele se considera um casamenteiro literário e acredita que alguns livros estão destinados a encontrar determinados donos. No século II, o gramático latino Terentianus Maurus expressou o mesmo sentimento, ao escrever *Habent sua fata libelli* ("Os livros têm seu destino").[8] Esse exemplar da Bíblia de Gutenberg pertence à Coleção Estelle Doheny. Rosenbach tem absoluta certeza disso.

Ao contrário de muitos de seus contemporâneos do sexo masculino no mercado de livros, Rosenbach gosta do que ele chama de "Poderosas Caçadoras de Livros". Ele gostou de trabalhar com a filantropa nova-iorquina Sra. Edward S. Harkness (que "causou sensação em dois continentes", quando apresentou à Universidade de Yale o exemplar da Bíblia de Gutenberg do mosteiro de Melk que ele havia comprado para ela) e teve prazer em ajudar a montar a coleção de sua cliente favorita, a poetisa e colecionadora Amy Lowell, de Brookline, Massachusetts. Ele se orgulha de ser o mentor de bibliófilas como Estelle Doheny,[9] vendo-se como seu campeão e protetor das maquinações nos bastidores do comércio de livros raros, que ele acredita excederem em muito as das salas de diretoria mais difíceis de Wall Street. Seus esforços podem parecer paternalistas, e são sempre egoístas – afinal, ele tem comissões a receber –, mas nada disso nega seu forte desejo de ver uma Poderosa Caçadora de Livros reivindicar seu prêmio legítimo.

Rosenbach telegrafa a Estelle dizendo que foi informado que os possíveis licitantes de Suécia, Suíça e França ainda não chegaram a Londres. Sem a presença dos "compradores continentais", a Bíblia poderia muito bem ser vendida por menos do que sua estimativa anterior de US$ 100 mil a US$ 120 mil. Ele está confiante de que essa notícia mudará todo o quadro para ela.[10] Ele lembra a Estelle de que havia examinado a Bíblia pessoal e exaustivamente, e esse leilão é uma oportunidade única na vida. "A sensação do papel sempre me fascina, de tão firme que é, de aparência tão bela", ele escreve. "Parece vivo, mas há algo certamente definitivo sobre isso. É como se o papel da Bíblia de Gutenberg tivesse sido concebido desde o início como se nada melhor, nada mais perfeito, pudesse ser concebido."[11]

Ele evoca o poder desse objeto com história e poesia: "Embora a Bíblia de Gutenberg tenha o efeito de um manuscrito redigido de forma meticulosa, não é apenas a mais antiga, mas, na verdade, a mais bela obra de impressão que o mundo já viu. Foi o primeiro trabalho a sair de uma prensa com tipos móveis... a tinta agora, depois de quase cinco séculos, é hoje tão preta e brilhante quanto o cabelo de uma bela japonesa".[12]

Estelle, como ele esperava, resolve reconsiderar. Talvez o Dr. esteja certo sobre o preço. Ele é a autoridade suprema em livros raros, catalisador e facilitador para a criação de muitas bibliotecas famosas. (Na época da morte de Henry Huntington, em 1927, Rosenbach intermediou mais de US$ 4 milhões em compras de livros apenas para aquela coleção.) Ele possui um conhecimento realista e arduamente conquistado no mercado com suas oscilações, e sua previsão para o leilão de Dyson Perrins não poderia estar tão errada. Lucille ajuda a calcular a taxa de câmbio prevista, enquanto Estelle fica obcecada com as cifras. Após uma noite agitada, Estelle telefona a Rosenbach, às 10 da manhã de sexta-feira, 7 de março, em seu escritório em Nova York. Eles conversam menos de 10 minutos, com Lucille fazendo anotações taquigráficas, enquanto ouve em uma extensão:

> *[Sra. D] disse-lhe que estava interessada em fazer uma oferta pelo "lote", e que teve a ideia de que poderia obtê-lo por menos do que o estimado. Ela disse: "Se eu pudesse obtê-la entre 50 e 75, eu estaria interessada nela". Ele disse que achava que havia uma chance de se chegar a 75.*
>
> *A Sra. D disse: "Suponha que eu mande 75 como seu limite, tendo a chance de obtê-lo por 60 ou 70?". O Dr. R. disse: "Você poderia chegar a 76 ou 77?".*
>
> *A Sra. D disse: "Vou lhe dar uma margem de negociação de 1 ou 2 mil até 77, com 77 como meu limite máximo, mas espero que consiga por muito menos. Certifique-se de comprar pela margem negativa, e não na positiva". O Dr. R. aceitou a oferta com o entendimento definitivo de que 77 fosse o limite e disse: "Acho que a senhora tem uma boa chance".*[13]

Rosenbach garante a Estelle que seu nome será mantido em sigilo absoluto e que, se ela obtiver a Bíblia, poderá mantê-la no cofre dele em Nova York pelo tempo que desejar.

As anotações de Lucille também revelam uma reviravolta na necessidade de sigilo de Estelle, um estranho subterfúgio. No início de fevereiro, quando contratou Rosenbach, ela escreveu ao livreiro Ernest Maggs, dizendo que havia decidido não fazer um lance.

Caro Sr. Maggs:
Quero agradecer sua carta de 22 de janeiro com um exemplar do catálogo do leilão de Dyson Perrins. Há muitos livros maravilhosos ali, mas, claro, a Bíblia de Gutenberg é o mais fascinante de todos. Mesmo um volume seria uma posse fabulosa para qualquer biblioteca.
Li sua carta com muito cuidado e, tendo em vista os altos preços que os livros raros têm alcançado agora (o Livro de Salmos de Bay chegou a US$ 151 mil em um leilão em Nova York na semana passada), não ficaria surpresa se a Bíblia atingisse ainda mais do que sua estimativa mais alta de £ 15 mil. Lamento não estar em posição de sequer considerar fazer um lance, mas temo que a concorrência entre os colecionadores americanos alcance um preço recorde.
Com cordiais saudações a você e à Sra. Maggs, e desejando--lhes um feliz, saudável e próspero Ano Novo, subscrevo-me,

Cordialmente,
Sra. E. L. Doheny

As motivações para essa "mentira inocente" não são totalmente claras, mas é possível que Estelle temesse, que, como Maggs a havia procurado, ele não manteria seu anonimato durante o leilão, e ela não apenas teria de enfrentar a atenção da imprensa, como também seu nome e sua fortuna poderiam subir o preço. Melhor ter Rosenbach, a quem ela conhece melhor e em quem confia, licitando sigilosamente em nome dela. Se ela conseguisse comprar o livro, ninguém ficaria sabendo.

Na véspera do leilão, Estelle envia uma carta com entrega especial para Rosenbach, confirmando os detalhes do telefonema e se comprometendo a pagar até US$ 77 mil, não mais que £ 20 mil. "Não é preciso dizer que espero um telegrama seu assim que saiba do resultado da venda", ela escreve. "Se eu tiver sucesso ou não, o fato de eu realmente poder fazer um lance nesse item em particular é a maior emoção em minha carreira como colecionadora de livros."

Rosenbach viaja de trem para seu escritório na Filadélfia, de onde participará do leilão por telefone. Ele telegrafa a Estelle uma última vez, dizendo que conversou com seu agente em Londres e acredita que ela tem "uma chance muito boa" de adquirir o livro. "Fazendo tudo o que posso", escreve ele, "e espero conseguir".[14]

✻ ✻ ✻

Estelle espera.

No início da manhã do leilão, Lucille observa pela janela, enquanto Estelle sai de casa pela porta dos fundos e caminha pelo terreno bem cuidado, desaparecendo no oásis tropical da Palm House, onde fica sua imensa coleção de orquídeas. Edward recolheu muitos espécimes durante suas viagens de trem até o México e teve grande prazer em plantá-los, alguns dos tipos tão raros que ainda não haviam sido batizados pelos botânicos. É aqui que Estelle vai para acalmar a mente ou para pensar. Hoje, o lugar é um refúgio, como costumava ser no passado, quando ela e Edward descansavam entre as flores sob as figueiras ou em uma rede à sombra.

Seu outro refúgio é a igreja. Estelle nasceu em uma família metodista alemã, mas depois que se casou com Edward, vendo-se com frequência sozinha enquanto ele perfurava poços no México, aproximou-se da Igreja Católica e começou a estudar com seu pároco, Joseph Glass. Glass tornou-se amigo e conselheiro, acompanhando-a durante a década e meia em que as riquezas do petróleo começaram a transformar sua vida de forma radical, e foi ele, já como bispo, que oficiou o batismo, no auge de sua vida, em 1918, quando ela formalmente se converteu ao catolicismo na Catedral de São Patrício, em Nova York.

Edward Doheny gastou rios de dinheiro em Los Angeles para construir a Palm House, feita de aço e vidro, com 15 metros de altura, e encheu-a com plantas exóticas, que incluíam 10 mil orquídeas e palmeiras raras importadas do México. A piscina era grande o suficiente para caber uma gôndola e uma canoa.

O lado feminino do catolicismo a atraiu. Ela foi batizada como Carrie Estelle Betzold ao nascer e, desde seu casamento com Edward, ela era apenas Estelle, que significa "estrela". Ela acredita profundamente que Nossa Senhora seja a Estrela do Norte da Igreja e a chama ardente de seu coração. Quando os líderes católicos lhe ofereceram a oportunidade de expressar, de forma concreta, a sua fé, apoiando a construção de uma nova igreja, ela convenceu Edward a arcar com o custo total da Igreja de São Vicente, que seria erguida a apenas um quarteirão de sua casa em Chester Place. Estelle insistiu que se fizesse uma homenagem à Nossa Senhora com um "altar com um nicho ornado de ouro com colunas espiraladas, anjos com trombetas e corações ornamentais". Rodeada por um halo de neon, Nossa Senhora é retratada sozinha, envolta em uma capa azul com raios de luz que saem de suas palmas viradas para cima.[15] A igreja de US$ 2 milhões, com sua rotunda de azulejos largos, surgiu nos dias mais sombrios durante o caso de Teapot Dome, um contraponto à narrativa do escândalo, ou, como um historiador a descreve, um "escudo religioso" para um "rico devoto em sua hora de maior necessidade".[16] Mas inquestionavelmente também era uma expressão da devoção de Estelle.

Um presente encomendado para a Igreja de São Vicente rendeu aos Doheny todos os privilégios com os quais a igreja recompensa a fé e um patrocínio polpudo. As capelas em suas casas e as missas particulares que eram rezadas regularmente ali, com a hóstia consagrada, eram uma expressão disso. Os títulos eram outro privilégio. Em 1925, logo após a inauguração da Igreja de São Vicente, os Doheny foram nomeados Cavaleiro e Dama da Ordem Equestre do Santo Sepulcro – Sir Edward e Lady Estelle. Eles podem ter ficado deslocados no meio social de Los Angeles, mas, dentro da igreja, eram nobres. Representantes da Igreja, como o bispo Francis Clement Kelley e John Joseph Cantwell, estavam lá para dar conselhos e estreitar laços de amizade em jantares fechados durante o escândalo, e deram conforto aos dois após a morte do filho Ned. Em agradecimento pela lealdade que encontraram em outros poucos lugares, os Doheny destinaram grandes doações às ordens de São Vicente e suas freiras, seus missionários e educadores.

Depois que Edward faleceu, Estelle se aproximou de William J. Ward, o principal padre da Igreja de São Vicente, que havia servido como seu capelão particular em Chester Place. Ele se tornou seu confidente e a ajudou a planejar e administrar seus muitos dons filantrópicos. Em suas conversas com ele, Estelle teceu os fios mais importantes de sua vida que a motivaram em direção à compra que estava tentando fazer hoje em Londres.

Em 1939, Ward sugeriu que o tributo final a seu marido, sua igreja e sua grande coleção de livros seria construir uma biblioteca em nome de Edward, que desse acesso de seus livros a estudiosos no novo Seminário de São João, em Camarillo, a 75 quilômetros a noroeste de Los Angeles. Seria seu legado, um presente à civilização ocidental, que preservou seus tesouros para as gerações futuras, como Robert Schad havia sugerido. E, em um seminário, suas muitas Bíblias, seus livros de horas, saltérios e outras belas obras de fé e arte alimentariam a pesquisa – e as almas – daqueles que mais valorizariam sua importância para a vida cristã.

Biblioteca Memorial Edward Laurence Doheny, no Seminário de São João, em Camarillo, Califórnia, 1940. Estelle Doheny compartilhou fortuna e escândalo com seu marido e começou a colecionar livros em parte para ajudar a restaurar o respeito e a honra da família.

Novamente, ela contratou o arquiteto Wallace Neff, que projetou a biblioteca em seu distinto estilo colonial espanhol, criando um prédio de dois andares, de 33 metros de extensão, com uma entrada ornada, flanqueada por altas galerias e colunas graciosas no telhado. A Sala do Tesouro, onde os livros de Estelle ficariam, tinha paredes revestidas com estantes de livros por trás de grades de bronze. A Sala Oeste continha a coleção Californiana dos Doheny, com suas pinturas de Frederic Remington e murais de nativos americanos e a vida no Oeste de Detlef Sammann e Charles Russell. A peça central era uma homenagem a Estelle que Edward encomendara nos primeiros dias do casamento, um piano de cauda Steinway com acabamento em laca e folheado a ouro, decorado com imagens de musas e de Orfeu, o mítico músico grego, que atravessou os portões do Inferno para encontrar a mulher que ele amava. Um retrato de Estelle como uma jovem em frente ao número 8 da Chester Place foi pintado na parte inferior da tampa do piano.

A Biblioteca Memorial Edward Laurence Doheny continha o melhor de Estelle, o melhor que ela queria legar. Ela considerou a data da inauguração, 14 de outubro de 1940, o dia mais importante de sua vida.

Ela não havia prometido à biblioteca uma Bíblia de Gutenberg, mas há muito considerava que esse seria o ponto culminante de sua vida como colecionadora, não apenas pelo seu significado histórico indiscutível, mas também como uma resposta definitiva aos homens que não concordavam que ela entrasse em seus clubes de livro e os livreiros que haviam recebido seu dinheiro, mas falado com ela com um tom de desprezo, como se ela não soubesse o que estava fazendo.

Em 14 de outubro de 1940, os padres da igreja se reuniram para a inauguração da Biblioteca Memorial Edward Laurence Doheny no Seminário de São João, em Camarillo. Estelle Doheny chamava a biblioteca de sua "pequena joia" e a amava mais profundamente, disse ela, do que qualquer uma de suas outras benfeitorias.

Em 1939, o Papa Pio XII concedeu-lhe o título honorário de condessa papal, em reconhecimento à sua filantropia e à doação de sua biblioteca.[17] Embora Estelle agora sinta as dores da velhice e esteja praticamente cega, poderá ter a chance de tornar seu presente completo. A condessa poderia, afinal, adquirir o *livro dos livros*.

✻ ✻ ✻

Do outro lado do continente, e a um oceano de distância, uma multidão enorme se aglomera nos grandes salões da Sotheby's, na 35 New Bond Street, para o leilão das onze da manhã. Os concorrentes mais sérios estão sentados a uma mesa em forma de ferradura, forrada com um pano estendido diante do leiloeiro, que está em um pódio por trás de um púlpito de madeira. Atrás da plataforma elevada, uma série de nus masculinos a carvão espera pelos licitantes ao final do dia, criando um curioso pano de fundo, enquanto a Bíblia de Gutenberg aparece para ser exibida.

A Bíblia de Gutenberg, no leilão em Londres, em 11 de março de 1947. Estelle Doheny fez um lance durante o leilão, mas perdeu para o livreiro Ernest Maggs, que pagou um preço recorde por um colecionador de livros britânico não identificado. Na época, o volume era a última Bíblia de Gutenberg conhecida ainda entres donos particulares.

Um atendente com um casaco de algodão de mangas compridas abre o livro alto e pesado com as mãos sem luvas e o segura contra o peito, caminhando devagar diante dos licitantes. Os pescoços se tensionam, enquanto os homens se acotovelam para ver melhor. O representante de Rosenbach está lá. Ernest Maggs também. À sua esquerda, está uma das duas mulheres presentes em meio à multidão e, à direita, está o livreiro londrino Charles Dudley Massey, diretor administrativo da Pickering & Chatto e o pai de Stephen Massey, que mais tarde ficará famoso na série de televisão "Antiques Roadshow".

O lance, conduzido por um leiloeiro calvo e de óculos, envergando um terno escuro, começou em £ 5 mil e aumentou rapidamente, à medida que Maggs concorria com dois oponentes principais, o agente londrino de Rosenbach e um homem identificado pelo *New York Times* como Sr. W. H. Robinson. O preço ultrapassa a estimativa original de Maggs de ₤ 15 mil e quase imediatamente atinge ₤ 20 mil. A licitação continua, mas, ao atingir o limite de Estelle, o representante de Rosenbach é forçado a se retirar.

Um minuto depois, o leiloeiro bate o martelo e o atendente fecha o livro com delicadeza. Uma salva de palmas contidas marca o fim do leilão e, em um instante, a Bíblia está nas mãos de um assistente de tórax largo, que se vira e desaparece rapidamente. Ernest Maggs, cuja assistência Estelle havia recusado, adquiriu a Bíblia de Gutenberg de Dyson Perrins em nome de um cliente não identificado por um novo preço recorde[18] – ₤ 22 mil, um valor que equivalia, nos EUA, na época, a US$ 89 mil.[19]

Maggs é convidado a levar a Bíblia aos estúdios da BBC,[20] onde é vista pela primeira vez na televisão, a estrela do século XV brilhando no século XX. O lendário livreiro, radiante, insiste em que sua foto seja tirada, enquanto ele vira as páginas do livro sagrado. A imagem em preto e branco resultante do agente livreiro barbudo e da relíquia que ele acabou de adquirir vai para seus arquivos. Em breve, servirá a seu propósito.

Por mais que Estelle tenha desconfiado da discrição de Maggs, ele se cala quando questionado por repórteres sobre a identidade do comprador. "Comprei a Bíblia para um colecionador particular, mas não posso divulgar seu nome", diz Maggs. "Permanecerá na Inglaterra, acredito", ele acrescenta. Isso é tudo o que ele diz.[21]

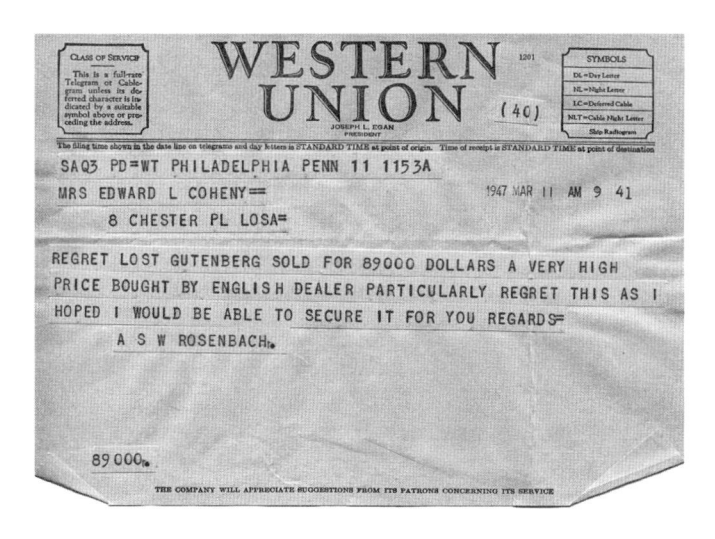

Telegrama do livreiro americano A. S. W. Rosenbach para Estelle Doheny informando-a de que a Bíblia de Gutenberg que ela cobiçava fora para outro livreiro (Maggs), março de 1947.

  Notícias dos "entusiastas literários" que "lutaram para alcançar esse preço recorde" serão estampadas nas primeiras páginas na Europa e nos EUA no dia seguinte, e até mesmo jornais regionais tão distantes quanto o *Decatur Herald* e o *Galveston Daily News* darão destaque à venda, com muitos comentários sobre como o Número 45 agora está avaliado em 44 vezes as £ 600 libras que Dyson Perrins pagou por ele.

  Estelle recebe as notícias de Rosenbach quase seis horas após a conclusão do leilão, mas antes que chegue à imprensa de Los Angeles. Ela recebe o telegrama às 9h41, horário da Costa Oeste:

LAMENTO GUTENBERG PERDIDO VENDIDO POR US$ 89 MIL, PREÇO MUITO ALTO COMPRADO POR LIVREIRO INGLÊS LAMENTO-O PARTICULARMENTE POIS ESPERAVA ASSEGURÁ-LO PARA VOCÊ ATENCIOSAMENTE

                ASW ROSENBACH[22]

Um "nevoeiro sombrio" paira sobre Chester Place, quando Estelle recebe a notícia.[23] Ela critica a si mesma por ter agido de modo tão estúpido e de ter colocado um limite muito baixo para o lance. Viúva, dona de uma fortuna de oito dígitos, ela havia perdido o livro por causa de uma diferença de US$ 14 mil.

Ela proíbe Lucille de ler para ela qualquer notícia sobre a venda, mas nenhuma delas responderia à sua pergunta mais premente – a identidade do arrematador. "Não sabíamos quem o comprou, nem tínhamos ideia de quem o arrematou, ou para onde fora", disse Lucille.[24] Estelle pressiona Rosenbach para saber para quem ela havia perdido o livro. Seria um europeu? Um americano rico? Um grande colecionador com uma valiosa biblioteca? Apesar de seus extensos contatos, Rosenbach não conseguiu descobrir. Tudo o que ele pode fazer é garantir que nunca revelará que ela o perdera.

"Não posso lhe dizer o quanto aprecio a confiança que deposita em mim dando-me esse lance", ele escreve. "Mantive isso em sigilo absoluto e ninguém jamais saberá, no que me diz respeito, sobre seu interesse."

Ele também expressa sua profunda decepção com o fracasso do seu lance. "Quando os compradores continentais não apareceram em peso, pensei que pudéssemos adquiri-lo para você, mas provavelmente foi comprado para um colecionador particular na Inglaterra e, sem dúvida, ficará por lá. Embora existam oito exemplares em bibliotecas públicas na Inglaterra, esse é o único que pertence a um particular".[25]

Por mais próximo que tivessem chegado, o Número 45 estava perdido.

* * *

Em 26 de março, quinze dias depois do leilão, chega uma carta de Londres – de Ernest Maggs. Lucille salta da cadeira para ir ao encontro de Estelle. No bilhete, Maggs, educadamente, confirma o envio de um pedido anterior da Sra. Doheny para uma "esplêndida coleção de três volumes" de livros de primeira linha. Mas é o *post-scriptum* escrito à mão que chama a atenção de Lucille. Ele diz: "P.S. Eu comprei o Volume I da Bíblia de Gutenberg por £ 22 mil".[26]

Estelle faz Lucille ler e reler aquelas palavras. O próprio Maggs está com a Bíblia? A compra para um cliente não identificado seria apenas um truque, talvez esperando mantê-lo até obter um preço mais alto? E quanto mais iria querer por isso, se fosse o que estava insinuando? Ele devia estar esperando por uma oferta. Senão, por que mencioná-lo?

O livreiro de Londres, Ernest Maggs, olha para as páginas da Bíblia de Gutenberg, após o leilão em 1947. Os marcadores de polegar de velino usados para designar seções da Bíblia são visíveis ao longo da borda do livro.

Imediatamente, Estelle se sente revigorada e encorajada. Se a Bíblia de Gutenberg de Dyson Perrins estiver agora à venda, seria uma reviravolta fantástica.

"Ela me fez ligar por telefone imediatamente", lembra Lucille. "Desta vez, não houve discussão sobre o preço. Ela estava absolutamente determinada a consegui-lo".[27]

Estelle volta agora toda a atenção para Maggs. Em 2 de abril, ela lhe escreve fazendo uma pergunta discreta, porém direta. Ela o parabeniza pela compra e conversa amigavelmente sobre ter ouvido falar a respeito da venda no rádio. Tomando cuidado para não parecer muito ansiosa, pergunta se adquirira a Bíblia para si ou para um cliente e, se fosse para si, por qual preço ele a venderia. Ela promete guardar tudo o que ele disser em sigilo absoluto.[28]

A resposta de Maggs não lhe dá nenhuma pista real. Tudo o que ele diz é que fez um lance pelo livro por um grupo particular na Inglaterra e lamenta não ter o livro "em estoque" para vendê-lo para ela. Ele encerra a nota acrescentando que o restante da biblioteca de Dyson Perrins será vendido em junho, e haverá outros volumes disponíveis, incluindo Bíblias altamente desejadas dos séculos XVI e XVII.

Em 6 de maio, Maggs envia outro breve bilhete, incluindo duas fotos em preto e branco tiradas no leilão de 11 de março. Um o mostra com seu cavanhaque branco e seu óculos de arame, fingindo folhear as páginas da Bíblia de Gutenberg. A outra é uma única imagem do livro alojada em uma caixa de vidro na casa de leilões. Seu bilhete a Lucille diz que ele pensou que a Sra. Doheny gostaria de receber as fotos. Lucille responde, em seguida, fazendo uma anotação a lápis no canto inferior esquerdo no verso de uma das fotos: "Agradecida em 12/05/1947 LM".

As duas fotografias apenas obscurecem o humor de Estelle. Não faz sentido que Maggs tenha enviado as fotos, se o comprador não identificado não estiver disposto a vendê-la. Estranhamente, ele ainda não faz referência a uma possível venda, nem mesmo qualquer sugestão de que poderia considerar uma oferta. Isso só aumenta a impaciência que continua aumentando desde o leilão. A Bíblia de Gutenberg é o único livro que completaria sua biblioteca, e haviam sido vendidos apenas cinco desde 1930, ano em que ela começou a colecionar livros a sério. Ela completará 72 anos em poucos meses e, possivelmente, não aparecerá outra no mercado até o final de sua vida. Correndo contra o relógio, ela pode ter deixado passar a última oportunidade de comprá-la. Agora Maggs, o oblíquo, o irritante Maggs, está zombando dela.

❋ ❋ ❋

O MISTERIOSO COMPRADOR É, NA verdade, Sir Philip Beaumont Frere, de 50 anos, um conhecido advogado de Londres, um homem alto, de olhos azuis penetrantes, que tem um rosto marcado por uma cicatriz que ganhou durante a Primeira Guerra Mundial. Distinto e bem-educado, Frere trabalha nos círculos intelectuais de Londres, mas sua riqueza pessoal não se compara à dos donos anteriores da Bíblia. Ele gerencia a Frere, Cholmeley & Nicholson, uma empresa familiar fundada em 1750,[29] que tem uma longa história de representação dos interesses legais das grandes propriedades rurais. Sir Philip encontrou seu nicho atuando como advogado para as principais figuras literárias da época, incluindo os Sitwell (Osbert, Edith e Sacheverell) e Bryher (nome literário da romancista Annie Winifred Ellerman).

Osbert Sitwell, que se tornou um dos amigos íntimos de Frere, defendia a poesia e o jornalismo polêmico e se orgulhava de sua origem aristocrática e suas conexões com a realeza, que se estendia há seiscentos anos.[30] Frere acabou no meio de uma intriga literária, quando Sitwell lhe pediu para abordar as questões legais envolvidas na separação de Sitwell de seu amante de longa data, David Horner. (Horner aparentemente abandonou Sitwell quando este desenvolveu Mal de Parkinson.) A homossexualidade era um crime na Inglaterra até 1967, embora Sitwell fizesse pouco esforço para esconder seu relacionamento. De acordo com o biógrafo de Sitwell, Frere teve que passar o caso para outro sócio no escritório de advocacia, porque ele "descobriu que sua amizade com ambas as partes tornava muito constrangedor para ele poder atuar".[31]

Frere administra para Bryher as finanças pessoais relativas a uma propriedade avaliada em cerca de £ 10 milhões e, em suas cartas à escritora, Frere descreve uma ampla gama de interesses em relação às artes.[32] Tudo isso pode parecer lançar Frere, que se aposentou da prática advocatícia em 1954,[33] como alguém que poderia comprar uma Bíblia de Gutenberg para aumentar seu *status* nos círculos literários de alto nível que ele frequenta. Porém, curiosamente, parece que ele nunca disse a ninguém que deseja a obra-prima, e é provável que ninguém além de seu livreiro soubesse que ele a comprou. Embora não tivesse vergonha de anunciar suas realizações, jamais menciona a compra nas centenas de cartas pessoais que escreve durante esse tempo. É possível que tenha comprado o livro para um de seus clientes endinheirados, mas não há nada no registro que demonstre isso. Ou pode ter comprado como investimento para seu escritório de advocacia, que, em 1947, passou por uma reforma e reorganização.[34] Mas não há nenhuma indicação de que algum dia tenha estado em posse da empresa ou sido mantido ali por segurança.

Também é possível que Frere estivesse guardando a Bíblia de Gutenberg em sua casa na Queen Street, em Mayfair, mas também não há registro disso. O paradeiro mais provável do livro é dentro de um cofre, em Londres, na Maggs Bros., já que Frere provavelmente espera que seu valor aumente com um índice exponencial. Outra teoria é que Frere tenha comprado o livro para reter os fundos e mantê-los longe do alcance de algum credor.

Mas Frere não diz isso, nem Maggs, e o Número 45 desaparece de vista.

CAPÍTULO 7

A Condessa e seu Gutenberg

NÃO IMPORTA QUANTO ELA TENTE, Estelle Doheny não consegue ignorar a Bíblia de Gutenberg, depois que ela perde o Número 45. Em novembro de 1947, a Biblioteca Pública de Nova York expõe o seu exemplar, comprado por James Lenox, cem anos antes, a primeira a chegar aos Estados Unidos. Lenox a obteve em um leilão tido como um "evento bibliográfico inigualável", pagando um "preço absurdo" de US$ 2.600,¹ e, desde então, o livro passou a maior parte do tempo trancado. Mas o público está doido pela Bíblia, e uma grande comoção cerca a exposição.

A exposição da Biblioteca Pierpont Morgan durante as férias, chamada "A Bíblia", abre um mês depois, apresentando uma amostra da exuberante coleção de Morgan de Bíblias antigas e modernas – e há outra Bíblia de Gutenberg.² Esta é mais tarde escoltada por uma segurança armada ostensiva para o principal salão de exposições da prefeitura, o Grand Central Palace, onde bandas marciais, exibição de aviões e de tecnologia atômica, desfiles de moda e outras obras de importância histórica convergiram para a Exposição do Jubileu de Ouro de 1948, comemorando o 50º aniversário da consolidação dos cinco bairros de Nova York. Uma multidão faz fila para ver a Bíblia em sua caixa de vidro à prova de balas, segurada pela prefeitura por meio milhão de dólares.

O livro reaparece, ao menos simbolicamente, em janeiro de 1949, quando o Presidente Harry S. Truman é empossado para um segundo mandato em um dia frio e nublado. Uma foto da cerimônia que aparece no *Los Angeles Times* mostra Truman beijando uma Bíblia de Gutenberg (na verdade, uma réplica criada para que a original não fosse mal manuseada). Com a mão esquerda erguida, Truman fez o juramento solene de posse da presidência com a réplica da Bíblia de Gutenberg, com a mão direita sobre o texto do Êxodo 20, que corresponde aos Dez Mandamentos.[3]

Estelle tem a chance de comprar uma folha da Bíblia de Gutenberg que contém esse mesmo trecho em maio de 1950. O preço de uma única página rasgada de uma Bíblia corresponde a exorbitantes US$ 3 mil, mas ela pede a Rosenbach para examiná-la e comprá-la por ela, se estiver em boas condições. Uma descrição da folha indica que os Mandamentos estão impressos em papel com a famosa marca d'água que contém uma cabeça de touro e uma cruz.

Rosenbach telegrafou de volta para dizer que a folha já havia sido vendida pela Livraria Chiswick em Nova York, e, com essa decepção, Estelle se cansou de procurar a Bíblia, ou mesmo partes dela. Pagar US$ 3 mil por uma folha de um livro com cerca de 650 delas seria uma indulgência que não se justificaria. Ela poderia facilmente pagar um preço astronômico, mas, como sente o fim da vida se aproximando, tem outras prioridades.

A primeira delas é uma fundação que decidiu criar para apoiar o avanço da educação, da medicina, da religião, da saúde e do bem-estar das crianças e dos necessitados, as causas mais importantes para ela. Planeja doar à fundação os US$ 35 milhões (que equivale a mais de US$ 350 milhões hoje) que ela havia recebido recentemente da venda de sua participação em 72 poços de petróleo produtores em quase 12 quilômetros quadrados de terras da Califórnia, um presente que garantirá que sua filantropia continue por muito tempo depois que ela se for. Também, em certo sentido, permitirá que ela se complete. Estelle deixou de usar o primeiro nome quando se casou, por compartilhá-lo com a primeira esposa de Edward. Mas esse esforço refletirá seu legado, sua melhor contribuição, e ela deseja trazer cada parte de sua identidade para isso. Ela a chama de Fundação Carrie Estelle Doheny, resgatando o nome Carrie como em um halo de néon.

Separadamente, com uma doação de US$ 227 mil, ela cria o Instituto dos Olhos Doheny e trabalha em estreita colaboração com um grupo de médicos para estabelecer um centro de pesquisa pioneiro sobre doenças oculares. Sua visão piora constantemente com o glaucoma que escureceu uma vista, depois que uma hemorragia cegou a outra, mas seu instituto ajudará a salvar os olhos de muitas pessoas.

Ela continua a trabalhar e a pôr seus negócios em ordem em 1950. Quase cega, e cada vez mais presa em casa, ela escreve para um de seus padres favoritos da Igreja de São Vicente:

Caro Padre Flavin:

Tenho pensado sobre as Missas a serem rezadas para mim depois que eu morrer. Nunca saberemos quantas foram rezadas para meu marido sem chegar ao nosso conhecimento, e muitas foram rezadas aqui sem que fizéssemos registro.

...Levará muito tempo até meu inventário ser terminado. Estou enviando um cheque de US$ 2.500. Por favor, abra uma conta para as Missas que serão rezadas pelo repouso da minha alma no dia seguinte à minha morte?

Ma Dee[4]

Embora ela continue a acrescentar livros à sua coleção – que chegou a ter quase 7 mil exemplares – a caça à Bíblia de Gutenberg parece passar ao largo, como se pertencesse a outro tempo, a outro mundo.

* * *

E, DE REPENTE, NÃO.

David Randall, chefe do Departamento de Livros Raros da Livraria Scribner, na cidade de Nova York, escreve para dizer a Estelle que a Scribner deve, em breve, colocar à venda "uma das melhores Bíblias de Gutenberg que existem, completa e perfeita". O preço, ele informa, "não será inferior a US$ 150 mil". Ele se dispõe a lhe enviar mais informações, porém diz que, se ela não estiver interessada, deverá "ignorar esta carta. Eu não gostaria que muitas pessoas soubessem que existe um exemplar disponível".[5]

Randall, um dos muitos livreiros com quem ela mantém um relacionamento contínuo, soube de seu interesse pela Bíblia meses antes, quando Estelle mencionou que havia sido a pessoa que fez a oferta de valor inferior ao oferecido por Dyson Perrins para a aquisição da Bíblia de Gutenberg. Percebeu quando ela acrescentou que lamentava muito tê-la perdido e que ainda esperava encontrar uma, embora parecesse improvável que ainda houvesse uma chance. A conversa pôs Randall em movimento. "Aqui estava eu com uma cliente para O LIVRO, e eu deveria, a todo custo, tentar fazer algo sobre isso", escreveu ele mais tarde. "Perguntei a todos os colecionadores particulares sobre as possibilidades de compra de seus exemplares e recebi um 'não' geral." (O dono de uma Bíblia de Gutenberg, Carl Pforzheimer, pigarreou com arrogância: "Afinal, eu não teria uma biblioteca sem ela, não é?") Randall também alertou seu colega John Carter, na Inglaterra, de que ele tinha um comprador apto, se houvesse um exemplar disponível.

Randall e Carter tiveram uma chance quando souberam que o Seminário Teológico Geral de Nova York tinha um projeto de construção em andamento e poderia considerar a venda de sua Bíblia de Gutenberg com dois volumes para financiá-lo. Randall se reuniu com os diretores do seminário, ressaltando que a transferência poderia ser concluída "sem publicidade de qualquer tipo". O que acha de US$ 150 mil? Seria o preço mais alto até agora por uma Bíblia de Gutenberg, e o comprador pagaria ao seminário diretamente, bem como a comissão de 10% à Scribner. O seminário concordou em prosseguir. Nenhum documento foi assinado, mas, de acordo com Randall, não foi necessário nenhum.

Essa é a notícia que ele traz a Estelle. O livro é "perfeito", diz ele, e impressionante em sua encadernação azul marroquina com molduras douradas. Havia pertencido ao colecionador britânico Sir John

Thorold, que o comprou para sua biblioteca em Syston Park, e fora vendido em 1884, e novamente em 1898, quando Bernard Quaritch o comprou para o seminário por £ 2.950. E agora Randall estava pronto para colocá-lo no caminho de Estelle.

"É o sonho de todo vendedor de livros descobrir uma Bíblia de Gutenberg, ou, na falta disso, figurar em alguma transação que envolva uma", declara Randall. "Existem muitos livreiros em diversos países e muito poucas Bíblias de Gutenberg, então a maioria dos sonhos sobre elas continuarão sendo sonhos." Mas este parece pronto a se materializar.

Tudo o que está entre Estelle e a Bíblia é a aprovação do conselho de curadores do seminário. Randall está confiante de que eles têm o direito legal de vendê-lo e que desejam vendê-lo. Mas Lucille está desconfiada. Há "algo suspeito" em todo esse caso – parece bom demais para ser verdade. "Por que diabos o seminário desistiria desse precioso livro?", ela pergunta. Com o passar dos dias, ela recebe mais material de Randall sobre a Bíblia e sua procedência, mas a informação só aumenta suas dúvidas se o seminário realmente a venderá. Lucille guarda seus pensamentos para si mesma, mas fica cada vez mais ansiosa, enquanto ajuda Estelle a coordenar os detalhes.

Estelle pede a Robert Schad, da Biblioteca Huntington, que inspecione a Bíblia,[6] enviando-o a Nova York para confirmar se a avaliação de Randall está correta. Schad fica chocado ao descobrir que uma folha no volume 2 é um fac-símile feito manualmente à tinta. É tão bem executado, que apenas um exame mais cuidadoso poderia distinguir a substituição do original, mas é uma falha significativa. Schad não acha que seja um problema – Estelle pode não ter outra chance de encontrar uma Bíblia como essa – mas isso prejudica a afirmação de Randall sobre a perfeição do livro.

Em 11 de agosto de 1950, Randall escreve a Schad no Waldorf Astoria, explicando que não sabia sobre o fac-símile da folha e pergunta se a Sra. Doheny gostaria de examinar a Bíblia ela mesma. Ele, então, oferece baixar o preço. Embora o comitê permanente do seminário decida o valor final, Randall diz que recomendará que este seja fixado em US$ 137.500, que ele considera justo.[7] O livro será vendido WAF (com todas as falhas), em reconhecimento à descoberta de Schad.

A visão de Estelle a impedirá de inspecionar o livro, mas Schad recomenda que ela aproveite a chance. Randall toma providências para que o livro seja enviado para ela e marca uma reunião em Los Angeles na qual Estelle pode discutir a compra com Lucille, Schad e outros consultores mais próximos. Randall voa para comparecer ao encontro e, em suas memórias, relata a experiência desta forma:

> *O grande dia chegou. Fui recebido em meu hotel por um motorista, levado à propriedade da Sra. Doheny no centro de Los Angeles, parado no portão com guardas, como de costume etc., e me encontrei após o almoço com a "Condessa", como alguns a conheciam, ou "Ma [Dee]", como outros a chamavam, O LIVRO, e alguns personagens variados, reunidos em torno de uma pequena mesa na biblioteca.*
>
> *A confissão veio primeiro: a joia tinha uma falha. Isso não desconcertou "Ma [Dee]" nem um pouco. Mas seus conselheiros, que não queriam, percebi imediatamente, que ela comprasse o livro, viram uma rápida saída. Ela foi lembrada, por um lado, da nova ala que o hospital infantil precisava, por outro, que a situação fiscal era difícil (ela acabara de se desfazer, de acordo com os jornais de Los Angeles, de algumas terras petrolíferas*

por US$ 40 milhões) e ainda, que por ser imperfeito, O LIVRO não seria digno dela etc., ad nauseum.

Foi uma reunião curiosa. Todos os seus conselheiros – financeiros, religiosos, jurídicos (com a honrosa exceção da Srta. Lucille Miller, sua bibliotecária) – concordaram que não era para ela. "Volte para Nova York, filho, e leve sua isca com você – vá pescar em outro lugar", fui aconselhado (não exatamente nesses termos).

A "condessa" ouviu com atenção e depois falou. "Lembro-me [em 1911] de quando o exemplar de Robert Hoe da Bíblia de Gutenberg foi vendido por US$ 50 mil a Henry Huntington. Ed e eu estávamos tomando café da manhã quando li sobre isso no jornal, e eu perguntei: 'Um dia, você compra uma Bíblia de Gutenberg para mim, querido?'. Ele disse: 'Prometo que sim'. Era uma promessa impossível para ele naquela época. Senhores, estou comprando este livro como se fosse um presente dele para mim."

Fim da discussão.[8]

Randall voa de volta para Nova York animado. O advogado de Estelle, Olin Wellborn III, redige o contrato de quatro páginas e, em 5 de setembro, uma oferta formal de compra da Bíblia por US$ 137.500 é enviada por correio aéreo. A Bíblia de Gutenberg, entretanto, é enviada de volta e mantida no cofre da Scribner.[9]

A resposta do seminário à oferta é rápida e esmagadora. Uma carta com duas frases do conselho de curadores informa, sem cerimônia, a Estelle que sua oferta foi apresentada ao comitê permanente e que esta foi rejeitada por unanimidade.

"Foi tudo terrivelmente constrangedor", disse Randall. "Senti que havia decepcionado a Sra. Doheny e o Seminário decepcionara a Scribner, e uma senhora muito gentil foi desnecessariamente magoada." Randall afirmou que nunca ninguém lhe disse por que o seminário mudou de ideia, mas em suas memórias, publicadas em 1969, ele escreveu que acreditava que seu rival, Abraham Rosenbach, torpedeara a venda convencendo a diretoria de que o preço estaria baixo demais.[10]

Randall também afirma que foi pego de surpresa pela página do fac-símile, embora fosse de conhecimento geral entre bibliógrafos e o pessoal do seminário desde 1916, quando foi descoberta. Uma nota na página inicial do volume até chama a atenção para a substituição.[11]

Quer a supervisão de Randall ou a interferência de Rosenbach tenham minado a venda ou não, a triste verdade permanece: Estelle Doheny agora havia perdido a Bíblia de Gutenberg duas vezes.

❋ ❋ ❋

MAS, TALVEZ, COMO ACREDITAVA ROSENBACH, todo livro *tem* seu destino. Se ele ou Randall impediram que Estelle encontrasse uma Bíblia, eles também, inadvertidamente, abriram o caminho para o exemplar que ela deveria possuir – o Número 45.

Quase no mesmo instante em que a negociação no seminário está sendo desfeita, Sir Philip Frere, o misterioso novo proprietário do Número 45, aparece na loja de Ernest Maggs. Ele precisa vender seu Gutenberg imediatamente, diz ele e, em troca de dinheiro rápido, está disposto a receber não muito mais em libras do que pagou há três anos e meio.[12]

O mercado de livros está vivendo uma crise causada, em parte, pelas condições econômicas tensas na Europa do pós-guerra, e um leilão provavelmente não trará um preço mais alto do que Maggs pode conseguir simplesmente vendendo a um particular. E, claro, ele tem a compradora perfeita em mente.

Ele escreve imediatamente a Estelle e, em uma página com as palavras *BÍBLIA DE GUTENBERG* digitadas com letras maiúsculas vermelhas, descreve a reviravolta dos acontecimentos:

"Nós a vendemos a um colecionador inglês, que agora decidiu revendê-la por nosso intermédio e gostaria de receber £ 25 mil, o que, ao preço atual, equivale, aproximadamente, a US$ 72 mil. Assim, em dólares, custa US$ 17 mil a menos do que ele pagou. Gostaria de saber se ainda estaria interessada." A carta está datada de 14 de setembro de 1950, poucos dias depois do fracasso com o seminário.

Dessa vez, Estelle não hesita, movimentando fundos rapidamente e emitindo instruções para a transferência da Bíblia. Enquanto finalizam os detalhes, Estelle pede a Maggs para usar a palavra-código *commode* em vez de *Bíblia* em suas comunicações para manter a transação em sigilo, e Lucille silenciosamente se contorce com todas as referências à "comodidade" de Maggs. A Sra. Doheny pensa que essa palavra é apenas a abreviatura de *commodious*, como uma cômoda alta, e, sem perceber, parece que excentricamente ela decidiu se referir à sua preciosa Bíblia como "*vaso sanitário*".

Mas mesmo a piada não intencional capta seu desejo predominante de não querer perder *essa* oportunidade. Não há discussão sobre preço, e Estelle dispensa qualquer inspeção – ela comprará o livro como ele está, e resta torcer que não tenha sido modificado. Maggs, ela confia, teria mencionado se isso tivesse acontecido.

Depois de todas as falsas iniciativas, essa transação chegou no momento perfeito, para criar o desconto que Maggs menciona em seu bilhete. Em 1949, a Grã-Bretanha desvalorizou a libra esterlina em 30%, reduzindo a taxa de câmbio de uma libra de US$ 4,03 para US$ 2,80. Isso significa, que, mesmo pagando £ 3 mil a mais do que Frere havia pagado no leilão de Dyson, ela está recebendo o livro por 23% menos.

Quando sua tão esperada Bíblia de Gutenberg finalmente é entregue, Estelle fica em êxtase. O livro, catalisador da jornada de colecionismo que a transformou, chega, por acaso, enquanto ela se prepara para comemorar o 10º "aniversário" da biblioteca do seminário de Camarillo, que será o cenário definitivo para sua joia da coroa.

Ela descreve a emoção de recebê-lo em uma carta para Maggs com data de 17 de outubro de 1950:

"Chegou por volta das três horas da tarde no sábado, 14 de outubro, que, por acaso, foi o 10º aniversário da inauguração da Biblioteca Memorial Edward Laurence Doheny. Eu havia planejado fazer um pequeno almoço naquele dia para celebrar a ocasião, mas eu sabia, por experiência própria, que o 'commode' não chegaria a tempo, então, mudei para o domingo.

O Sr. Schad, da Biblioteca Huntington, veio com a Sra. Schad e o filho Jasper, que está rapidamente se tornando famoso como fotógrafo. Miss Miller esteve aqui, e minha acompanhante Miss Rose Kelly, completou nossa festa. Não abri o pacote até que estivéssemos todos juntos e então cada um cortou o barbante com uma grande tesoura, para que todos pudéssemos dizer: 'Eu abri a Bíblia de Gutenberg'".

Ela promete a Maggs um suvenir dentre as fotos do dia, acrescentando: "Embora não ache que ficarão especialmente boas, porque estamos todos olhando para o livro em vez de para a câmera, no entanto, vou lhe enviar uma. O que fizemos foi para o futuro e não para o presente, porque estou tão ansiosa quanto o vendedor para que seja mantido em sigilo, e é por isso que estou me referindo a ela como a 'Bíblia de Mainz'. Mas, mais tarde, quando souberem que a tenho, essas fotos poderão ser interessantes".

Estelle Doheny e sua bibliotecária, Lucille Miller, examinam a Bíblia de Gutenberg, na mansão Doheny, em Los Angeles, logo após ser desembrulhada, em 15 de outubro de 1950. Quando o livro, finalmente, chegou às suas mãos, Estelle praticamente não enxergava mais.

Estelle também retransmite a estimativa de Robert Schad sobre sua compra. "Quando o Sr. Schad examinou o livro minuciosamente, disse que era o exemplar mais bonito que se poderia ter e era magnífico em todos os aspectos – tamanho, encadernação, iluminuras, qualidade do papel e procedência."

A euforia e o orgulho que ela sente são evidentes: "No momento em que vi o livro em suas perfeitas condições, tive vontade de me levantar e beijá-lo", ela disse a Maggs. "Ele se sentirá perfeitamente em casa com as demais grandes impressões de Mainz que existem na coleção Estelle Doheny."

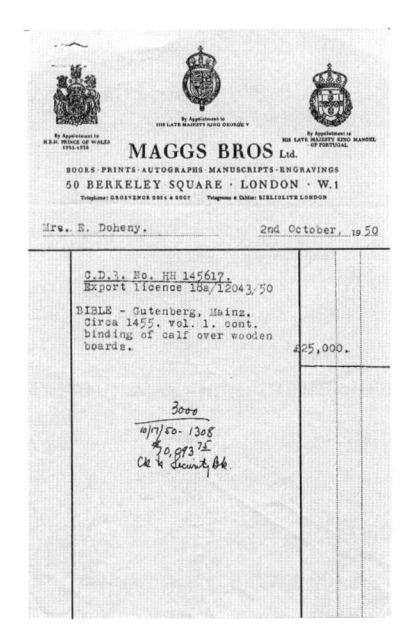

A nota fiscal de venda da Bíblia de Gutenberg, de 2 de outubro de 1950. Estelle Doheny desistira de ter a Bíblia quando o exemplar que havia perdido de repente ficou disponível. Graças a uma cotação do dólar excepcionalmente forte, ela pôde reivindicar um dos grandes artefatos da civilização por uma pechincha.

* * *

EXISTE UM FATO SUPERVENIENTE IMPROVÁVEL para a saga da Bíblia de Gutenberg de Estelle. David Randall, que nunca soube da transação sigilosa entre Estelle e Maggs pelo seu Gutenberg perdido, continua a procurar outro exemplar. E, apesar da crença predominante de que provavelmente não haveria outro, em 1951, ele encontra um deles.

Um sócio de John Carter, da Quaritch, localizou o chamado exemplar de Shuckburgh, que estava desaparecido desde 1824. Encadernado em dois volumes, com capas de marroquim carmesim, pertencera a Sir George Shuckburgh, um bibliófilo britânico do século XIX, e foi milagrosamente localizado na biblioteca de um descendente de Shuckburgh. Mas talvez "milagrosamente" seja um termo muito forte, pois o descobridor foi o velho amigo de Dyson Perrins, Sydney Cockerell, o especialista em livros britânico que sempre teve um olho para raridades e um talento para se manter por perto delas.

Cockerell foi convidado para ver uma coleção de livros recentemente herdada por Lady Christian Martin e observou, em seu diário, que a biblioteca incluía "uma Bíblia de Mazarino ligeiramente imperfeita", bem como vários outros livros de grande valor. Com seu jeito inigualável, acrescentou que "foi um prazer ver uma coleção tão extraordinária, da qual a dona, uma mulher corpulenta e comum, ignora completamente".[13]

Dois homens de Quaritch o encontraram quando se preparava para ver os livros, e quando David Randall começou a trabalhar para Estelle, cerca de dois anos depois, eles se lembraram de como Cockerell mencionara que estava indo ver uma Bíblia de Gutenberg. Cockerell os colocou em contato com a dona, e Quaritch segurou o livro para Carter e Randall. Por sua ajuda instrumental, Cockerell recebeu uma comissão de revenda como taxa de localização.

Com o "novo" Gutenberg em mãos, Randall escreve a Estelle dizendo que ele se sente "moralmente comprometido" em dar a ela o direito de preferência após ter perdido a Bíblia do seminário. "E como eu disse à Srta. Miller, eu estava determinado a não abordá-la novamente, a menos que tivesse todos os direitos para lhe vender o volume imediatamente." Uma grande venda de livros envolve uma grande teatralidade, e Randall oferece: "...se não fosse pelo seu interesse pela Bíblia", ele escreve, "seria muito improvável que um dia tivesse sido descoberta. Foi por um sexto sentido muito grande de que outro exemplar estaria disponível em algum lugar, que coloquei nossos agentes londrinos no encalço, com os resultados que já sabe".[14] Mas a hipérbole não é realmente necessária. Os fatos já são incríveis por si sós. Randall deve ter ficado bastante surpreso ao ler a concisa resposta de Estelle em telegrama de 3 de junho de 1953:

TELEGRAMA RECEBIDO. NÃO INTERESSADA.

— SRA. E. L. DOHENY[15]

Há coisas piores, no entanto, do que ser "onerado" com uma Bíblia de Gutenberg, cuja descoberta se torna manchete de primeira página no *New York Times*. A descoberta é saudada como o "45º" Gutenberg, e seu reaparecimento inesperado cria uma sensação mundial, prendendo a imaginação dos caçadores de livros de todos os lugares. Os colecionadores revistam os sótãos e porões na esperança de encontrar uma primeira edição valiosa, esperando que eles também possam ganhar uma pequena fortuna.

Scribner decide pagar £ 40 mil para comprar o livro e deixá-lo no estoque, e depois vende-o para o livreiro H. P. Kraus, que enviará os dois volumes ao Museu Gutenberg, em 1978. Custa US$ 1,8 milhão à instituição para trazer a Bíblia para casa, em Mainz.[16]

* * *

ESTELLE CONSEGUE CONTORNAR A PUBLICIDADE que tanto temia ao adquirir o Número 45, mas logo decide que não faz sentido manter seu Gutenberg trancado, em segredo, em casa. As condições de temperatura controladas na Sala do Tesouro da Biblioteca Memorial Doheny se adaptam melhor ao livro antigo, e muda a Bíblia para lá, onde está alojada em uma bela caixa de vidro feita sob medida. Estudiosos de Europa, Oriente Médio e Japão fazem a jornada para ver o volume histórico e assinar o livro de visitas da biblioteca, e equipes de jornalistas vêm a Camarillo para compartilhar o Gutenberg com o mundo. Por fim, o Número 45 parece ter encontrado seu lugar de descanso de direito, um local equivalente à Biblioteca Pública de Nova

York, ou ao grande museu de Henry Huntington, onde pode ser estudado e admirado por várias gerações.

Quando Carrie Estelle Betzold Doheny morre em 30 de outubro de 1958, sua propriedade foi avaliada em US$ 37.500.730, sem incluir sua coleção de livros raros. Na avaliação de qualquer um, ela agiu corretamente com os bens de Edward Doheny, habilmente fazendo malabarismos com complexos ativos de petróleo e negócios durante o declínio de seu marido e após sua morte. Uma análise forense detalhada estimou que ela aumentou a fortuna do marido em torno de 733%.[17] Mais do que isso, a caçadora de livros que não teve permissão de ingressar no clube local de colecionadores de livros de Zamorano por ser mulher entrou para um grupo de elite: o clã cada vez menor de pessoas que, não só podiam reunir os livros mais importantes do mundo, mas também juntar os recursos – pessoais e financeiros – para adquirir um Gutenberg. Ela está ao lado dos grandes colecionadores do Oeste americano, bibliófilos como Huntington e William Andrews Clark Jr., bem como os ambiciosos britânicos que anteriormente tiveram o Número 45.

No entanto, ao contrário dos donos anteriores do livro, Estelle se esforçou para garantir que sua coleção não se espalhasse depois de sua morte ou fosse vendida para salvar um futuro dono de problemas. Ela legou seu precioso Gutenberg e o resto de sua coleção – inclusive a da casa dos livros, aberta a visitantes, a Biblioteca Comemorativa Doheny – ao Seminário de São João, criando uma doação para cobrir seus custos operacionais perpétuos e estipulando que nada fosse vendido por 25 anos. Um quarto de século, ela raciocinou, é tempo suficiente para permitir que a biblioteca se estabeleça e para que seu Gutenberg se torne tão identificado com o lugar que ninguém pensaria em removê-lo. Afinal, o seminário terá um grande interesse em manter a integridade da biblioteca, uma de suas características proeminentes.

Mais pessoalmente, a igreja tem sido o santuário espiritual e emocional de Estelle Doheny durante os momentos mais difíceis de sua vida. Quem melhor para confiar a manutenção de sua biblioteca intacta, protegida e bem cuidada para as gerações futuras?

✻ ✻ ✻

O status e o preço de um Gutenberg continuam acelerando após a morte de Estelle. Apenas vinte anos depois, as Bíblias estão ocupando seu lugar entre os livros mais caros de todos os tempos. Isso se torna aparente em 1978, quando três são colocados à venda, no que um importante livreiro descreve como "uma coincidência imponderável da História".[18]

A maioria dos livreiros projeta um valor na faixa de US$ 2 milhões para cada um dos três (dois volumes) exemplares em papel. O preço parece estonteante, mas uma única folha foi vendida recentemente na Sotheby's por US$ 4.750. Extrapolando esse número, um B42 de dois volumes poderia render mais de US$ 3 milhões.

Antes das vendas, os especialistas desenvolvem um sistema de pontuação que classifica cada Gutenberg oferecido, resultando em uma "pontuação total" baseada em distinções tipográficas, artísticas e textuais. O primeiro B42 à venda, que seria vendido em março, recebe 1.471 pontos; o segundo, no leilão, em abril, obtém 1.801 pontos; e o terceiro, a ser vendido em junho, recebe 2.318. É um concurso de Miss Universo para B42s. Como em tal concurso, ser julgado com uma "aparência convencional" não é um elogio, e "Miss Março" é, por esse motivo, considerada em "condição inferior". "Miss Junho" ocupa o primeiro lugar, por causa de sua "decoração extravagante e bonita". E, assim por diante, com as primeiras peças substanciais de impressão, e os arautos de nossa era moderna, sendo pontuados em seus *looks* como concorrentes de maiô.

Duas dessas Bíblias surgiram na pesquisa de Estelle Doheny. O livro oferecido em março é o que David Randall vendeu a H. P. Kraus quando Estelle o rejeitou.[19] O exemplar colocado à venda em abril é o mesmo que o Seminário Teológico Geral não quis vender a Estelle, que vai para o Württembergische Landesbibliothek, em Stuttgart, por US$ 2,2 milhões, quebrando o recorde de preço para um livro, estabelecido no ano anterior por *The Birds of America*, de John James Audubon. A venda de junho traz o exemplar do banqueiro de investimentos e colecionador de Nova York Carl Howard Pforzheimer Jr., para a Universidade do Texas, em Austin, onde está atualmente em exibição. Seu preço, US$ 2,6 milhões, estabelece mais um recorde mundial de preço para um B42.[20]

Os preços atraem uma cobertura de notícias contínua e fazem com que as Bíblias de Gutenberg se tornem celebridades. Pessoas de todas as classes sociais agora reconhecem a Bíblia de Gutenberg não apenas como um livro caro, mas como o "livro mais raro e mais importante do mundo", e se aglomeram para vê-lo, formando longas filas dentro do Grande Salão da Biblioteca do Congresso, onde sua edição incomum de três volumes, impressa em pergaminho, está em exibição permanente. O termo *Bíblia de Gutenberg* entra no vocabulário cultural, e os 12 exemplares nos Estados Unidos ultrapassam todos os outros itens colecionáveis em dólares e nível de desejo.

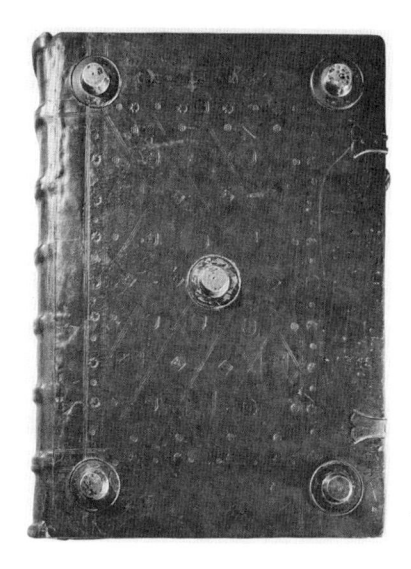

A capa da Bíblia de Gutenberg da Coleção Doheny em sua encadernação original do século XV, feita de pele de bezerro escurecida pelo tempo, esticada sobre pesadas tábuas de madeira.

* * *

DEIXADA PARA CUIDAR DO TESOURO de Estelle na calmaria antes de a Bíblia de Gutenberg se tornar um nome familiar nos Estados Unidos, está Lucille Miller, que, em 1960, foi escolhida para ser a primeira curadora da Coleção Estelle Doheny na Biblioteca Memorial Edward Laurence Doheny. Como Robert Schad, Lucille não teve educação universitária ou treinamento formal em humanidades, mas, no final, poucos podem igualar sua amplitude de conhecimento sobre a coleção, para a qual ela compila três catálogos.

Lucille permaneceu em Chester Place como a bibliotecária principal da Sra. Doheny até o fim e ficou muito abalada com sua morte. "Ela foi a pedra fundamental da minha vida", disse Lucille. "Aprendemos juntas o jogo de coleção de livros. Ela sempre quis saber o que eu pensava. Ela perguntava, se houvesse escolha, qual [livro] eu preferiria?" Em suas quase três décadas como caixa de ressonância de Estelle, como intermediária e seus olhos, Lucille foi cortejada pelos mais renomados livreiros da Europa e dos Estados Unidos, que estavam "ansiosos por sua aprovação", e ela aprendeu com personalidades lendárias do mercado de livros.[21]

Essas são as qualificações que ela traz para a biblioteca, onde ela não é apenas a principal administradora e protetora do Número 45, mas também a guardiã de sua história. Quando importantes estudiosos vêm ao *campus* do seminário para estudar a Bíblia, Lucille retira o fólio real de sua caixa, carrega-o para a mesa polida da Sala do Tesouro e – se o visitante for inteligente o bastante para envolvê-la com sua conversa – ela apresenta um pedaço da história.

Questionada por um jornalista se ela gostaria de ter trocado de vida com Estelle Doheny, a "bibliotecária" de longa data não se arrepende de como tudo se deu. "Eu estava perfeitamente satisfeita em meu lugar", disse Lucille. "Pensei que estivesse perdendo uma boa parte da minha vida por não me casar, mas eu fui feliz fazendo aquela coleção."[22]

Estelle não foi mesquinha. Lucille recebeu de presente de aniversário uma aquarela de 1740 de uma magnólia luminosa do artista alemão G. D. Ehret, que brilha na parede da sala de visitas do pequeno bangalô que Lucille dividiu com a mãe até sua morte. O dinheiro deixado pela Sra. Doheny permite que ela se mude daquela casa e compre uma casinha na Rua Francis, no Condado de Ventura. Fica a uma curta distância de carro da biblioteca de Camarillo, onde ela trabalha, até que uma doença ocular degenerativa tira sua visão, como tirou a de Estelle.

Lucille Valeria Miller, a segunda bibliófila excepcional e a poderosa caçadora de livros da família Doheny, devotou a maior parte de sua vida à biblioteca de Estelle. Ela morreu em 27 de setembro de 1989 e, quando foi enterrada, cinco dias depois, no Ivy Lawn Memorial Park, a cerimônia ao lado do túmulo foi breve e diminuta. Estavam presentes apenas três pessoas: o Reverendo Daniel Fox, da Igreja Nossa Senhora da Assunção de Ventura, o zelador do cemitério e a intrépida nova curadora da Coleção Estelle Doheny, uma ávida amante de livros, Rita S. Faulders.

Capítulo 8

Os Bibliófilos Nucleares

A Biblioteca Memorial Edward Laurence Doheny não é tão isolada quanto o mosteiro europeu onde o Número 45 provavelmente passou o início de sua vida, mas é um lugar tranquilo, sem a influência das coleções mais requisitadas que estão nos lugares de maior destaque – a Biblioteca Huntington, a Morgan e a Biblioteca do Congresso, entre eles – que guardam as outras Bíblias de Gutenberg nos Estados Unidos.

O Seminário de São João é minúsculo, com cerca de 100 alunos, e a biblioteca, supervisionada por Rita Faulders, mantém o ambiente pessoal de quando Estelle e Lucille a montaram. Quarenta anos depois de sua inauguração, ainda é o tipo de lugar onde Rita, que foi secretária do curador da biblioteca que sucedeu Lucille, poderia ascender e supervisionar a coleção. A paixão pelos livros na Sala do Tesouro, especialmente pela Bíblia de Gutenberg, é tão valorizada quanto a formação acadêmica, e a burocracia que pode cercar as principais bibliotecas são mais tênues aqui.

O que pode ajudar a explicar o Número 45, de todas as Bíblias de Gutenberg do mundo, passa a ser o primeiro tema importante de pesquisas pioneiras que traçam uma linha entre um físico, um historiador, um bibliotecário e o próprio grande livro ao feixe de prótons de um cíclotron.

❋ ❋ ❋

O professor Richard N. Schwab, da Universidade da Califórnia, em Davis, especialista sobre a história do início da impressão, conhece Rita durante suas viagens de pesquisa à biblioteca em Camarillo no final dos anos 1970 e início dos anos 1980. Ele aproveita para inspecionar o Número 45 e percebe o quanto Rita é meticulosa na hora de protegê-lo, mantendo uma marcação precisa para garantir que, quando o livro é exposto, as páginas sejam viradas de modo regular para não estragar a encadernação. Como Lucille antes dela, Rita conhece bem os livros sob seus cuidados e está atenta aos detalhes, uma qualidade tão essencial no trabalho de Schwab. Rita tem outro dom que é sempre útil: consegue abrir o caminho com um sorriso e um charme que derretem a resistência dos prelados do seminário.

Rita S. Faulders, uma ávida amante de livros, serviu como curadora da Bíblia de Gutenberg quando ela estava na Biblioteca Memorial Edward Laurence Doheny, em Camarillo, Califórnia. Ela desempenhou um papel fundamental para lançar essa relíquia no avançado reino da física de partículas, ajudando a desvendar seus segredos.

Nada disso está na mente de Schwab, enquanto ele resolve o quebra-cabeça de sua pesquisa inicial, mas um historiador sempre arquiva observações para referência posterior. Ele retorna ao assunto em questão – um estudo de uma década de um dos projetos mais ambiciosos do Iluminismo, uma enciclopédia francesa de 28 volumes, editada por Denis Diderot, que visava conter o conhecimento do mundo em meados do século XVIII. Apesar de sua imensa extensão e complexidade, a *Encyclopédie* era muito popular e amplamente pirateada, e algumas das falsificações são extraordinariamente bem feitas. Parece haver uma biblioteca cheia de pequenas variações nos exemplares falsificados, algumas das quais são tão sutis que só podem ser encontradas com uma lupa. (Uma falsificação bem conhecida usa asteriscos de cinco pontas, por exemplo, onde o original tinha seis.)

De volta à sua residência em Davis, durante um jantar com uma de suas ex-alunas, uma estudiosa de literatura francesa chamada Ginny Cahill, e o marido, Tom, diretor do Laboratório Nuclear Crocker, Schwab lamenta as frustrações de eliminar as imitações. Os três são amigos de longa data e companheiros de trabalho, e os Cahill estão familiarizados com o projeto, mas, desta vez, algo sobre as frustrações de Schwab com o estudo daquelas manchas pretas no papel toca Tom de outro modo. Cahill tem estudado a poluição atmosférica no laboratório nuclear, e seu trabalho também pode ser descrito como o estudo de manchas escuras no papel – com a ressalva de que também envolve o uso de um acelerador de partículas de 300 toneladas, uma máquina conhecida como cíclotron ou destruidor de átomos. Seu equipamento, com vários graus de magnitude mais sofisticado que uma lupa, é uma versão reconstruída do cíclotron inventado pelo Prêmio Nobel de Física Ernest O. Lawrence e usado como parte do Projeto Manhattan para isolar o plutônio pela primeira vez, o que ajudou a criar a primeira bomba atômica.

A máquina foi projetada para acelerar as partículas atômicas a velocidades extremamente altas – um terço da velocidade da luz no laboratório Crocker – e direcioná-las para partículas-alvo para explodi-las, liberando partículas subatômicas ainda desconhecidas, ou para levá-las a absorver partículas e mudar de forma, potencialmente criando novos elementos. Mas Cahill descobriu como converter o dispositivo de um destruidor de átomos em algo mais parecido com um acelerador de átomos, reduzindo os prótons a velocidades mais baixas e criando um feixe de prótons menos poderoso. Pesquisadores suecos descobriram que, quando apontavam para um fluxo de prótons de baixa intensidade no material estudado, em vez de explodir e espalhar os elétrons para fora das órbitas, apenas os empurrava para fora, e outros elétrons acorriam para substituí-los. A energia criada nesse processo é liberada na forma de raios X.[1]

Cada substância colocada sob o feixe libera raios X de energia diferente, sua própria "assinatura", que pode ser lida e analisada por um computador. O processo de identificação por meio de raios X é chamado de emissão de raios X induzida por prótons ou PIXE (pronuncia-se *pixie*). Cahill estava fazendo coleta de fumaça em filtros de ar e usando o PIXE para identificar os poluentes nas partículas reunidas.

Naquele jantar em 1978, ele conta a Schwab como seu grupo está procurando novas aplicações para o PIXE, e Schwab, que lamentou a impossibilidade de detectar as páginas falsificadas da *Encyclopédie* entre as verdadeiras, tem um *insight* quando chega uma sobremesa flamejante. E Cahill também. "Seus livros e meus filtros de ar não são tão diferentes", diz o físico ao amigo. "Ambos são feitos de papel, e meu lixo é chamado de poluição atmosférica e seu lixo é chamado de tinta." O próximo passo, lembra Schwab, vem "como uma revelação durante a flambagem". Eles verão o que o PIXE tem a dizer sobre os livros de Schwab.

Cahill acha que o *spray* de raios X emitido depois que os prótons colidem com os átomos na tinta e no papel de um livro pode ser distinto o suficiente para diferenciar uma *Encyclopédie* autêntica de uma falsificação. Mas descobrir não será fácil. Eles estão falando sobre focar o feixe do cíclotron em artefatos frágeis que têm centenas de anos e não há chance para errar. Afinal, como Cahill aponta, o feixe de prótons do cíclotron, em configurações mais altas, tem o poder de fazer um furo em uma placa de aço espessa,[2] quebrar o material com o qual ele interage ou torná-lo radioativo. Antes de apontar o feixe para um livro, ele precisava ter certeza de que a interação seria não invasiva, e o livro permanecesse inalterado.

Ali eles possuem uma grande vantagem. A fumaça, o foco do trabalho de Cahill, acaba sendo um material delicado que é facilmente degradado, e Cahill descobriu como calibrar o feixe de prótons, para que ele não se quebre nem altere quaisquer elementos dos seus componentes. Mas isso será um pequeno consolo para os donos de livros raros, que querem ver provas convincentes de que o que é bom para a poluição atmosférica não seja nem um pouco letal para o papel e a tinta centenários. Cahill e Schwab precisarão demonstrar que o teste do PIXE está isento de riscos. Eles começam colocando o jornal do *campus* sob o feixe de prótons, mas seu papel de jornal barato é tão simples que "o projeto quase se extinguiu", lembra Cahill, porque "o jornal era tão desinteressante química quanto editorialmente". Felizmente, ele acrescenta, "tínhamos alguns pedaços de papel muito antigo". Pequenos fragmentos são perfeitos para o trabalho, porque Cahill irá expô-los ao feixe de prótons dentro de uma câmara de vácuo, em uma moldura de lâmina de vidro que não pode acomodar nada além de 5 centímetros quadrados.

Essas amostras são quimicamente complexas. "Quando as analisamos, descobrimos que, vejam só, elementos como manganês, cloro e enxofre haviam se espalhado para todo lado. Essa era a chave de que algo interessante estava acontecendo", lembra Cahill.

Schwab corre para casa e resgata um livro do século XVIII de sua biblioteca – vamos sacrificá-lo pelo bem da ciência. Pequenas amostras das bordas de 32 páginas sequenciais vão para o cíclotron em seguida, e os padrões de raios X que o PIXE produz revelam algo inesperado: o papel parece mudar de composição a cada oito páginas. Cahill não sabe o que fazer com a descoberta, mas fica instantaneamente claro para Schwab. Na produção tradicional de livros, uma grande folha de papel era dobrada várias vezes para formar um conjunto de oito páginas seguidas, constituindo um caderno. Para criar um livro acabado, muitos desses cadernos dobrados foram empilhados e encadernados. O PIXE está captando pequenas diferenças na composição de diferentes cadernos.[3] A análise mostra que "cada lote de papel, ou melhor, cada folha de papel" tem uma identidade química única, diz Cahill.

"Nenhum de nós havia imaginado que a análise seria tão sutil que pudesse distinguir entre folhas diferentes, aparentemente até mesmo dentro do mesmo lote de papel da mesma cuba do papeleiro", explica Schwab. Isso torna possível determinar onde os livros começam e terminam, selecionar páginas que foram adicionadas posteriormente e coletar os "perfis" químicos do papel de uma época ou região conhecida para facilitar a comparação entre livros e identificar melhor suas origens. Como esperado, os dados do PIXE oferecem novos *insights*. E, para grande alívio dos pesquisadores, o feixe de prótons passa no teste de segurança: as amostras de papel emergem inalteradas após serem testadas no cíclotron.[4] "Descobriu-se", Cahill ponderou, "que os livros antigos são muito mais estáveis do que a recente poluição atmosférica da Califórnia".

Isso os deixa com a questão de como, exatamente, testar um livro como a *Encyclopédie*. Não será possível colocar uma folha inteira na janela deslizante de duas polegadas do cíclotron, e a ideia de cortar até mesmo a menor amostra de um livro de 300 anos é impensável. A solução, Cahill percebe, é modificar a máquina. "Como não podíamos levar os livros para o feixe de cíclotron selado a vácuo, levaríamos o feixe até os livros", ele explicou. Ao ar livre, as páginas do livro podem ser testadas inteiras.

Descobrir como tirar o feixe de prótons com segurança do cíclotron e focá-lo precisamente sobre um livro delicado custa tempo e dinheiro. Começando com uma bolsa universitária de apenas US$ 2.200, Cahill e sua equipe deram início ao trabalho. Os feixes de prótons são operados no vácuo, em primeiro lugar, porque, quando colidem com as moléculas de ar, podem viajar apenas cerca de 10 centímetros antes de perder energia e se desfazer. Então, a equipe começa a projetar um dispositivo que aproveitará ao máximo o alcance de 10 centímetros do feixe. Dez centímetros, por acaso, é bastante espaço para colocar uma folha de livro na frente de um feixe de prótons, deixar o feixe passar por ele para um detector de raios X do outro lado e capturar os prótons quando eles saem.

Em última análise, Cahill apresenta uma sonda milimétrica que pode ser apontada com um laser e focar o feixe de prótons sobre um ponto com um décimo do tamanho de um ponto. Esses prótons "desempacotados" não representariam perigo para o livro ou as pessoas. A energia que eles liberam é "aproximadamente equivalente à de uma lâmpada de 100 watts a 50 cm de distância", escreve Schwab mais tarde, "muito menos que a luz do sol".[5]

Cahill repete vários testes para ter certeza de que o feixe não causa danos não intencionais ou latentes. Ele aponta para páginas de outros livros antigos, incluindo manuscritos medievais, e até faz um teste em um de seus próprios livros – a folha de um manuscrito de 1080. A página do Livro dos Reis escrita à mão em latim não é apenas historicamente importante. Dado a ele pelo seu pai, também tem um significado pessoal profundo. Se vai pedir a outras pessoas que arrisquem seus livros insubstituíveis, ele fará o mesmo. Ele não se surpreende, mas fica aliviado, no entanto, quando a página sai sem ser danificada.

À medida que o trabalho avança, os experimentadores percebem que seu método está fornecendo níveis de detalhes não apenas sobre o papel, mas também dados científicos até então desconhecidos sobre tintas antigas. "Descobrimos que essas [tintas] variam quase tanto quanto as impressões digitais", disse Schwab, "de era para era, de região para região, e até mesmo de escriba para escriba e de prensa para prensa, de modo que ajudam a determinar a data, a comprovação e a autenticidade". Os experimentos iniciais são tão promissores, que Cahill e Schwab começam a lançar as bases para um novo ramo da bibliografia focado nos perfis químicos de materiais de escrita e impressão. Eles estão convencidos de que mesmo os artefatos mais frágeis podem ser submetidos ao feixe de partículas sem danos. E cada vez mais as pessoas estão dispostas a acreditar neles. Até conseguiram pegar emprestado e testar várias folhas de diversas Bíblias de Gutenberg desmontadas da Universidade da Califórnia em Riverside e Santa Bárbara.

Os testes trazem informações reveladoras sobre a tinta usada pelos impressores, uma mistura única, à base de óleo, com altas concentrações de cobre e chumbo – mais semelhante às tintas a óleo usadas pelos artistas da época do que com as tintas posteriores. "Descobrimos poucos segundos depois de nossa primeira análise da tinta que ela é excepcionalmente rica em compostos de chumbo e cobre", disse Cahill. Todas as outras tintas do período tinham "escurecido" à medida que o carbono havia oxidado, mas a tinta de Gutenberg ainda é brilhante e intensamente escura depois de quinhentos anos. "Todo mundo disse que a tinta era à base de carbono. Isso era dado como certo", explica Cahill. "Estava todo mundo errado."[6]

As descobertas eletrizam o mundo dos livros.

"Nesse ponto", como lembra Cahill, "a pessoa certa entrou em nossas vidas". Um dos melhores impressores dos Estados Unidos, Adrian Wilson, de São Francisco, lê sobre os testes com o cíclotron em um jornal local e liga imediatamente para Cahill e Schwab. Wilson não é apenas um designer de livros e um estudioso, mas também um visionário, cuja palavra tem peso entre os conhecedores de impressão.[7] O que eles precisam agora, ele insiste, é de um volume completo da Bíblia de Gutenberg para que o PIXE possa analisá-lo, página a página. Um exame atômico, diz ele, poderia revelar segredos dos problemas enfrentados por Gutenberg, ajudar a desvendar mais mistérios da tinta eternamente nova da Bíblia e oferecer *insights* mais profundos sobre as origens da impressão. Eles não haviam considerado um projeto tão ambicioso, mas Wilson é convincente. (Seu incentivo e seu conhecimento acabaram por levar a uma "bolsa genial" da Fundação MacArthur, que auxiliará a financiar seu trabalho.) Porém, há um obstáculo importante. Pegar emprestado folhas de uma Bíblia que já foi desmontada é uma coisa. Mas quem estaria disposto a emprestar um B42 inestimável e em perfeito estado para esse teste com um equipamento conhecido principalmente como catalisador de destruição em massa?[8]

* * *

A PRIMEIRA PARADA DELES é a Biblioteca Huntington, que contém uma das duas únicas Bíblias de Gutenberg encadernadas na Califórnia. A resposta é um não rápido e enfático.

Mas Schwab sempre foi bem recebido na Biblioteca Doheny. "Então, naquele ponto", diz ele, "Tom e eu fomos de carro até Camarillo e tentamos conversar com a bibliotecária e o reitor – Rita Faulders e o Monsenhor Eugene Frilot".

O reitor está cético, mas Rita está intrigada com os segredos que o cíclotron pode revelar. "Acho que ela foi convencida de que seria uma coisa excelente a se fazer pela história do mundo acadêmico", lembra Schwab, "e um crédito para a Biblioteca Doheny. Não era tanto pelo seu ego, mas uma decisão inteligente de que isso seria algo que valeria a pena".

Talvez sua curiosidade e sua franqueza tenham algo a ver com conviver com um engenheiro. O marido de Rita, Dr. Charles R. Faulders, é um especialista em aerodinâmica da empresa norte-americana Rockwell, com graduação avançada em engenharia mecânica pela UC Berkeley e pelo MIT. Ela e o monsenhor ainda têm muitas perguntas sem respostas no fim da reunião, mas ninguém fecha a porta para a possibilidade de emprestar a Bíblia. Eles mantêm a conversa, mesmo depois de receberem um não nervoso dos representantes da Igreja na primeira vez que abordaram o assunto.

Então, Schwab e Cahill montam uma campanha que Schwab descreve como delicada "diplomacia de pesquisa". Eles escrevem memorandos detalhados explicando seus métodos e técnicas, destacando seu histórico com testes anteriores e ressaltando as descobertas de seu trabalho até aquele momento. O PIXE é totalmente não invasivo, eles asseguram, e protegerão a Bíblia de Gutenberg o tempo todo em que estiver sendo testada, um processo que não levará mais do que 48 horas. O projeto será sigiloso, e nem mesmo os operadores da sala de controle saberão a verdadeira identidade do livro sob o feixe de prótons.

É impossível saber o que teria acontecido se tivessem abordado a biblioteca alguns anos antes, antes de Rita se tornar a curadora da coleção, mas a sorte está do lado deles: Rita acredita verdadeiramente no experimento e está em posição de convencê-los. Após longas discussões com o conselho de curadores, em 26 de julho de 1982, a Igreja dá a Cahill e Schwab um sinal verde para prosseguir – e Schwab dá a Rita um crédito significativo por fazer isso acontecer. "Ela era provavelmente a única pessoa nos Estados Unidos, e possivelmente no mundo, que poderia fazer isso." Os cientistas terão a Bíblia por quatro dias e três noites durante a primeira semana de outubro.

O seminário paga uma apólice de seguro multimilionário para o Número 45, e uma Rita ansiosa prepara o livro para a viagem. "Se alguma coisa acontecesse com a Bíblia de Gutenberg, eu estaria frita", ela lembra. Enquanto se ocupa em embalar a Bíblia, sua maior preocupação é a segurança. Os planos detalhados que ela orquestra para manter o livro em sigilo e seguro durante a viagem parecem saídos de um romance de John le Carré, para o deleite do fã de livros de espionagem, Tom Cahill. Rita e a equipe de pesquisa trocam cartas volumosas e memorandos detalhando procedimentos para o que os pesquisadores chamam de "A Grande Expedição de Pesca do Gutenberg". Em todas as suas comunicações, o Número 45 é referido pelo codinome "BALEIA", escolhido, como explica Schwab, porque, para os pesquisadores, aquela Bíblia era "a maior pesca de todas".

À medida que o "Dia G" se aproxima, a equipe de pesquisa trabalha com Chuck Faulders para projetar um púlpito coberto de espuma de borracha macia e feltro branco para segurar a Bíblia diante do feixe de prótons. Em consulta com especialistas em livros raros, eles projetam um berço personalizado para não colocar mais pressão sobre o livro do que em uma exposição na biblioteca.

Finalmente, na quarta-feira, 6 de outubro, chega a hora. O itinerário de Rita para o dia começa com "6h-6h30: Pegar o equipamento de pesca", e ela, Chuck e Jim Hawkins, o gerente de negócios do seminário, chegam à biblioteca para retirar o Número 45 do cofre e empacotá-lo para a viagem. O livro recebe uma embalagem de papel à prova de fogo e desaparece dentro da caixa acolchoada que Estelle Doheny mandara construir por encomenda trinta anos antes. Eles colocam a embalagem em uma caixa à prova de fogo marcada como BEBIDA, põem bolinhas de isopor para encher os espaços vazios e amarram o pacote lacrado com um cordão branco pesado.

A caixa vai para o compartimento traseiro da perua Mercury de 12 anos dos Faulders, que pode ser vista pela janela de trás. Chuck conduzirá os funcionários da biblioteca – Rita, Monsenhor Frilot e Hawkins. Um segundo veículo, dirigido por um policial à paisana da UC Davis, fará a segurança. O oficial Shad Canington tem uma arma presa ao tornozelo e um revólver no banco de passageiro de seu carro sem placa.

Davis fica a cerca de 600 quilômetros ao norte de Camarillo, uma viagem que leva mais de seis horas. Os dois carros fazem contato por rádio em intervalos predeterminados e param para abastecer e almoçar, estacionando em frente a uma grande janela no restaurante Denny's, onde todos comem cheeseburgers rapidamente, sem tirar os olhos do Mercury da família Faulders. Na UC Davis, eles levam a BALEIA direto para o departamento de polícia do *campus* – escolhido, não por sua segurança, embora isso seja uma vantagem, mas porque sua sala de provas é o único local onde podem armazenar o livro no *campus* sem *sprinklers* automáticos. O Número 45 passa a noite em uma gaiola trancada ao lado de uma pilha de revólveres, sacos de maconha e outros contrabandos confiscados pela polícia universitária.

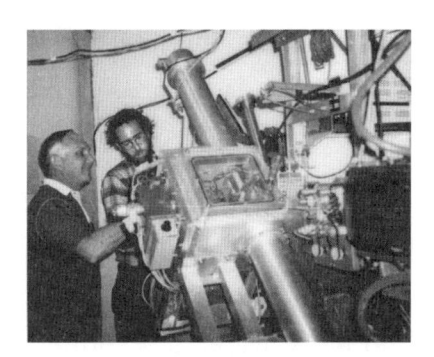

ACIMA À ESQUERDA: *o historiador Richard N. Schwab e Bruce Kusko posicionam a Bíblia de Gutenberg de forma que a tinta e o papel de suas páginas possam ser testados pelo feixe de prótons de um cíclotron.*

ACIMA À DIREITA: *Uma equipe de cientistas/engenheiros e um estudioso de livros usaram a mesma máquina que primeiro isolou plutônio para a bomba atômica para resolver os mistérios de quinhentos anos que cercam a Bíblia de Gutenberg e as origens da impressão moderna. Da esquerda para a direita: Richard N. Schwab, Rita S. Faulders, Charles R. Faulders, Thomas A. Cahill e Bruce Kusko.*

* * *

Tom Cahill está estranhamente nervoso enquanto dispara o cíclotron no dia seguinte. Ele tem feito testes em amostras cada vez mais valiosas por quatro anos e está confiante de que nada acontecerá com o livro insubstituível que está agora em suas mãos. Mas confrontado com a Bíblia de 500 anos que vai colocar sob o feixe de prótons por cerca de 41 horas, ele não consegue ignorar o que está em jogo. Se algo der errado, os custos serão altíssimos.

À medida que o zumbido abafado da máquina se intensifica, também aumenta sua ansiedade. "Nunca fizemos algo assim antes", diz ele. Nem mais ninguém. "Aquele livro antigo estava agora cara a cara com um acelerador nuclear moderno, o ápice da ciência moderna."

Ele checa e checa novamente as configurações, consciente de que "se, de algum modo, eu cometesse um erro em meus cálculos físicos, poderia fazer um furo permanente em uma das páginas da Bíblia de Gutenberg de Doheny".

Dick Schwab está igualmente nervoso, tendo acordado com a lembrança fugaz de um "sonho sobre Gutenberg".

Eles se consolam ao saber que Cahill tem um botão vermelho de pânico instalado na sala, apelidado de "Caverna do Norte", que abriga o cíclotron. É uma salvaguarda contra um roubo armado, caso haja um. "Eu poderia apertá-lo", diz Cahill, "e um carro da SWAT estaria ali em 2 minutos. Tínhamos consciência do valor do que estava em nossas mãos". Mas não haveria *backup*, se os prótons se rebelassem e dizimassem o livro. A tensão é grande, mas a equipe permanece aparentemente calma.

A equipe que prepara os computadores na sala de controle, cujo conjunto de telas e equipamentos faz com que pareça uma versão reduzida do Centro Espacial da NASA, em Houston, foi poupada do nervosismo em relação ao Gutenberg. Eles foram informados de que irão analisar uma Bíblia do século XVII que pertenceu e foi anotada por Martinho Lutero, o compositor Johann Sebastian Bach e o professor de teologia Abraham Calovius, um livro conhecido pelos especialistas como a Bíblia de Calov. A equipe da sala de controle não tem ideia de que está testando uma das grandes obras-primas da civilização.

Rita e Chuck Faulders ajudam Schwab e Cahill a equilibrar o Número 45 em seu suporte. Fotos do dia mostram o pesado livro apoiado ali com segurança, com aparas de feltro segurando-o firme no lugar. O aparelho[9] é todo construído para ficar inclinado, de modo que uma única folha fique solta e repouse sobre uma placa de análise em frente ao feixe de prótons. Eles atravessarão a folha por trás, e o plano é primeiro testar os dois lados das folhas – as superfícies que ficariam voltadas para o verso do livro fechado – e então virar o livro de cabeça para baixo e analisar o máximo possível da frente de cada folha no tempo determinado. O feixe será cuidadosamente direcionado a cada vez para um ponto onde há apenas tinta de um lado da folha. (No texto, eles usarão a convenção dos livreiros de dar o mesmo número de página a cada folha, então a primeira folha será referida como "1, frente e verso", em vez de "páginas 1 e 2".)

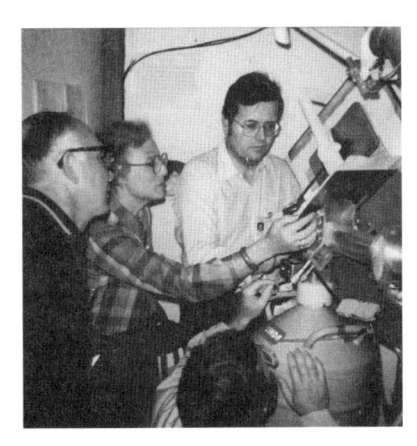

Richard N. Schwab e Rita S. Faulders juntaram-se ao físico Thomas A. Cahill durante o teste da Bíblia de Gutenberg na UC Davis em outubro de 1982.

Quando a primeira folha está no lugar, Cahill sinaliza para que o teste comece. Cada folha leva alguns minutos e, quando uma está terminada, os braços de feltro soltam a folha para tocar uma nova página. Cahill remove cuidadosamente cada uma que é finalizada e posiciona a próxima em seu equipamento, sempre de olho no relógio. Ele também fica atento aos dosímetros que medem a radiação. O processo será seguro desde que as configurações estejam corretas, mas, se não estiverem, o feixe é "totalmente mortal se for atingido por ele", diz Cahill.

Depois de quatro horas, o grupo é rendido por um novo turno de técnicos. Não é econômico ligar e desligar a máquina, então três turnos funcionarão ininterruptamente, em segmentos de quatro horas, até que o trabalho seja concluído, ou o prazo acabe. Rita observa com fascinação enquanto o processo se estabelece em uma rotina suave e os pesquisadores começam a conversar com a Bíblia. "Deixe-me virá-la", eles murmuram baixinho, dizendo para o colega, "Tome cuidado agora". Colocá-la em posição nem sempre é fácil. O Número 45, Rita observa, é como um gato que "busca a posição mais confortável e resiste a mudanças ou a ser movido". A equipe decide que essa Bíblia é feminina e começa a ser referida como "ELA".[10]

Os computadores do andar de cima plotam instantânea e continuamente a análise química que o PIXE está produzindo em tempo real. Altas concentrações de qualquer elemento aparecem como picos altos no papel milimetrado que sai da impressora. Ao comparar uma área da página com tinta com uma área sem tinta, os pesquisadores podem determinar o que há na tinta em uma página específica.[11]

Rodadas de turnos de quatro horas levantam uma grande quantidade de dados e, quando o teste finalmente deve terminar, Ginny Cahill dá uma festa para o grupo exausto. Rita leva para casa um presente da equipe, um moletom, que diz: "Sobrevivi à Grande Corrida de Gutenberg". Cumprido o dever, o livro logo está de volta à Sala do Tesouro. Mas, para Cahill e Schwab, o trabalho apenas começou.

* * *

Para obter uma visão geral dos dados do PIXE, Cahill espalha impressões pelo chão de concreto do laboratório, análises químicas página por página que sua velha impressora matricial cuspiu como cobras de papel de 2,50 metros a 3,50 metros de comprimento. Ele e Schwab estão procurando as histórias que a tinta pode contar, muitas delas capturadas em gráficos simples que mostram as quantidades relativas de cobre e chumbo – os ingredientes da fórmula de Gutenberg – em cada página. Uma mudança na proporção cobre/chumbo indica uma mudança na formulação da tinta, algo que provavelmente viria com a impressão de um novo lote. Com base em seu estudo anterior das folhas de Gutenberg, eles esperavam que houvesse variações, mas estão surpresos com a quantidade que encontram. Cahill começa a suspeitar de que Gutenberg deve ter misturado uma nova resma de papel quase todos os dias. "Ele parece ter preparado sua tinta como uma avó faz tortas de maçã", disse Cahill, o que significa que as medidas de Gutenberg pareciam mais aproximadas do que precisas.

Ao estudar essas proporções, a equipe pode identificar quais páginas têm tinta quimicamente correspondente e presumir que foram impressas ao mesmo tempo. Isso lhes dá uma noção inesperadamente detalhada do processo de produção da Bíblia.

Chamam especial atenção quatro páginas em que as relações cobre/chumbo são bem mais altas do que as mais próximas. Eles apelidaram essas páginas de "Estrelas Polares", todas impressas em um único lote distinto de tinta em um mesmo dia, que não foram usadas em nenhum outro lugar. As Estrelas Polares não são sequenciais – elas caem em páginas separadas (o verso das páginas 74, 114, 201 e 273). O palpite de Schwab é que cada página com tinta especial marcou o início de uma seção diferente da Bíblia sendo executada ao mesmo tempo que as outras. "Essas páginas únicas", ele escreveu mais tarde, "sugerem que, na gráfica de Gutenberg, ao menos quatro sequências do volume 1 da Bíblia estavam sendo impressas simultaneamente".[12]

Cahill e Faulders estudam os resultados dos testes com o cíclotron. A análise permitiu aos pesquisadores Cahill e Schwab determinarem os componentes da tinta característica que Gutenberg usou para a Bíblia. Suas descobertas pioneiras representam um salto à frente nos estudos sobre Gutenberg e geraram um novo campo de investigação forense na história do livro.

A prova disso se aprofunda quando localizam outro grupo de páginas com uma relação cobre/chumbo incomum na tinta. Eles chamam essas páginas de "Torre" e procuram ver onde elas caem em comparação com as Estrelas Polares. A distância entre as Estrelas Polares e suas Torres mais próximas é consistente – 60 ou 61 páginas – e, dentro de cada uma dessas unidades de 60 páginas, a mesma sequência de relação cobre/chumbo se repete, folha a folha.[13]

Schwab está ansioso para ver como suas descobertas se harmonizam com o trabalho do estudioso de Gutenberg, Paul Schwenke, que analisou as variações na impressão e no papel das Bíblias e, em 1923, publicou uma das descrições mais confiáveis de como, quando e em que ordem as seções provavelmente foram impressas.[14] Pronto, eles haviam encontrado um parâmetro. Os dados das Estrelas Polares e da Torre do PIXE se alinham quase perfeitamente com o que Schwenke detalhou, e os novos dados também permitem que corrijam e elaborem suas teorias. (Schwenke acreditava, por exemplo, que os três cadernos contendo os Salmos foram impressos um após o outro, mas as formulações da tinta mostram que dois deles foram impressos ao mesmo tempo.)[15]

Essas são descobertas revolucionárias. À medida que Schwab e a empresa continuam a minerar os dados PIXE, a evidência de tinta prova ser um meio incrivelmente preciso de rastrear a ordem de impressão. Permite que vejam quando provavelmente ocorreram acidentes ou atrasos e como foram retificados (com páginas substituídas ou reimpressas, por exemplo). Eles também podem detectar mudanças que provavelmente resultaram de uma nova organização ou de distribuição do trabalho na oficina. A equipe PIXE é até capaz de inferir quando os trabalhadores de Gutenberg em uma unidade de impressão se atrasaram em sua produção e depois alcançaram os demais.[16]

O grande estudioso americano de incunábulos Paul Needham, vendo a nova prova de tinta, página a página, dia a dia, combinada com o trabalho de Schwenke e seus próprios estudos aprofundados das marcas d'água, tipografias e provas de composição nas Bíblias de Gutenberg, começou a escrever: "Quase se pode ouvir, ao longo dos séculos, o leve rangido da prensa conforme os tipos com tinta eram colocados sobre o papel".[17]

A oficina de Gutenberg parece ter sido muito mais sofisticada do que muitos imaginavam. Como os tipógrafos estavam trabalhando em páginas bem separadas, eles teriam que saber onde cada uma começava, embora centenas de páginas intermediárias não tivessem sido impressas. Essa intrincada organização ecoou na forma como os tipógrafos que trabalharam no projeto foram designados. Schwab será capaz de reunir todo o processo quando a equipe PIXE estudar mais tarde dois B42s completos e analisar as páginas de toda a Bíblia, adicionando seus perfis e leituras do Novo Testamento aos dados do Antigo Testamento da Bíblia de Gutenberg de Doheny.

"Podemos confirmar, sem sombra de dúvida, que a Bíblia foi produzida em seis unidades composicionais, compostas e impressas ao mesmo tempo", escreve Schwab em seu diário.[18] Os livros de Números, Crônicas II, Isaías, Juízes, Ester e Mateus – cinco do Antigo Testamento e um do Novo Testamento – mostram a mesma sequência de relações cobre/chumbo, por exemplo, sugerindo que compreendiam uma das "unidades de composição", que, então, tinha que ser montada na ordem certa para criar uma Bíblia, da primeira à última página.

Schwab insiste veementemente, no entanto, que isso não significava que houvesse seis prensas. Duas ou três prensas poderiam ter feito a impressão.

Depois de muita análise, ele é capaz de elaborar um fluxograma, mostrando como Gutenberg confeccionou suas Bíblias. "Nossos dados de tinta demonstraram, nos mínimos detalhes, a genialidade de organização de Gutenberg", diz ele. "À sua maneira, Gutenberg era uma espécie de Henry Ford do século XV, organizando uma forma inicial de produção em massa, usando peças intercambiáveis. Isso, é claro, prefigurou os padrões de produção característicos da Revolução Industrial, que se tornaram possíveis a partir da invenção da imprensa."

Graças ao PIXE e ao trabalho aprofundado que começou com o Número 45, ele diz: "Praticamente, nós deciframos o código do dia a dia ou a organização página por página da Bíblia".

O estudioso de livros raros Richard N. Schwab posa com Rita S. Faulders enquanto ela delicadamente embala a Bíblia de Gutenberg durante o encontro histórico com o cíclotron.

* * *

O físico Tom Cahill sai dos testes impressionado, talvez, mais do que tudo, com a tinta de Gutenberg. Embora seu trabalho tenha identificado ao menos alguns dos elementos principais que fazem as letras da Bíblia tão brilhantes e escuras, ele não possui uma receita para reproduzi-la. Um químico do grupo de Cahill desenvolve uma fórmula possível, supondo os elementos usados por Gutenberg, e Adrian Wilson, o designer gráfico, a reproduz com sucesso em sua editora de São Francisco. Mas a tinta continua sendo um mistério. "Minha teoria é que a maior descoberta de Gutenberg não foi o tipo móvel. O tipo já era conhecido", disse Cahill aos jornalistas, anos depois. "Foi a tinta. Ela aderia ao tipo de metal. Acredito que, quando ele abandonou o projeto, levou consigo o segredo da tinta."[19]

* * *

O encontro do Número 45 com o cíclotron produz mais uma descoberta. Uma folha anteriormente não detectada da Bíblia de Estelle, a 134, foi cortada e substituída, provavelmente na oficina.

Schwab zera na folha 134, porque os dados do PIXE mostram que a tinta tem uma relação cobre/chumbo que não aparece em nenhuma outra página do Número 45. Ela deveria ser semelhante à da folha 133, porque as duas caem na folha mais interna de um caderno não costurado. Elas são conjugadas, o que significa que são – ou deveriam ser – duas metades de uma folha de papel dobrada, dividida pela dobra. Mas as leituras do PIXE mostram que não apenas a tinta é incomum, mas também o papel da folha 134 não corresponde à composição química da folha 133, ou a de qualquer um dos quatro tipos de papel comuns usados na Bíblia.

Schwab viaja para Camarillo e se senta com Rita à mesa da Sala do Tesouro para olhar de perto a página substituída do Número 45. Em um exame atento, eles podem ver que, de fato, as folhas 133 e 134 não estão diretamente ligadas entre si. Elas estão, em vez disso, presas separadamente a lados opostos de uma dobradiça de papel conhecida como "par de pinos paralelos".[20]

A folha substituta difere de várias formas de suas vizinhas. Sua tinta praticamente não tem chumbo, e Schwab e Rita podem ver imediatamente que é muito mais opaca do que a das outras páginas, não dando ao seu tipo nada do brilho daquele impresso com a fórmula característica de Gutenberg. Ninguém sabia exatamente o que dá brilho ao texto, mas agora parece provável que o chumbo seja um fator-chave. Os furos nas bordas da página, usados para alinhamento na prensa, também são diferentes daqueles nas páginas adjacentes – há seis em vez de dez, e os furos são maiores, mais toscos e mais próximos do que em qualquer outra parte do livro.

Par de pinos paralelos.
Figura 1.

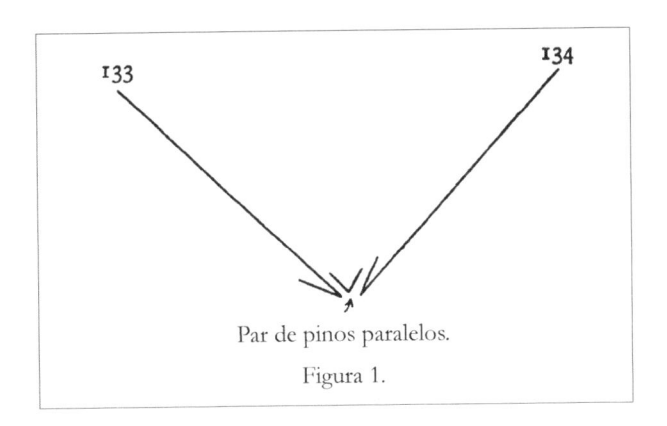

Um "par de pinos paralelos", essencialmente uma dobradiça de papel, permitiu que os impressores da Bíblia substituíssem, no livro, a página 134, impressa posteriormente com tinta diferente.

Quando Schwab tem a oportunidade de comparar o texto da folha 134 com o da mesma folha em outras Bíblias, ele tem uma rara chance de verificar a margem de manobra que os impressores tiveram para compor a grafia, o espaçamento, as combinações de tipos, as abreviações e o arranjo de palavras, desde que o tipo fosse adequado. A oficina havia definido o tipo uma vez para a primeira tiragem e redefinido, com pequenas variações, quando precisava de mais exemplares na última hora conforme o aumento da demanda, então tinha que fazer tudo de novo, na hora, para compor a página substituta. Enquanto ele estuda a substituição e compara-a com outras versões daquela página, ele observa 38 lugares onde seu tipo difere da primeira configuração, 69 ocorrências em que difere da segunda e 73 lugares onde a grafia, o espaçamento ou o arranjo de palavras não corresponde a nenhum deles. O impressor da página substituta, às vezes, soletra o nome Benjamin com um I – *Beniamin* –, como o impressor da segunda configuração fez, e às vezes coloca um Y – *Benyamin* –, como fez o impressor da primeira configuração.[21] Ambas as grafias foram aparentemente aceitáveis na solução improvisada da oficina.

O impressor "não estava, de forma alguma, amarrado à primeira impressão... mas seguia sua própria inclinação e seus hábitos de operação quando desejava", escreve Schwab.²² Na oficina de Gutenberg, criar uma página de tipo era tanto uma arte quanto uma ciência.

* * *

Richard Schwab considera seu trabalho com os dados do cíclotron o destaque de sua carreira como historiador, abrindo caminho para estudos de mudança de paradigma do trabalho de Gutenberg e da história da impressão usando tecnologia muito mais criteriosa do que o olho humano. Ele e a equipe do PIXE ainda se maravilham com a cadeia acidental de fatores que impulsionaram seu projeto central – a ligação improvável de Schwab com Thomas Cahill por meio de Ginny Cahill, seu acesso ao volume de Gutenberg por meio de Rita e a disposição de todas as partes de abandonar suas trajetórias habituais e correr o risco de colocar uma marca registrada das humanidades em rota de colisão com a física atômica.

"Foi muito divertido ser um historiador e ser incentivado a usar um cíclotron por um físico nuclear interessado em História e que tinha um instrumento incrível à sua disposição", disse Schwab.

Cahill fica especialmente impressionado com a forma como "todos colocam suas vidas e suas carreiras em risco" para descobrir novas revelações sobre a tinta e o esquema de produção de Gutenberg.

Ambos ganham fama mundial por suas técnicas, e as descobertas do PIXE, que fluem do encontro do Número 45 com o cíclotron, abrem uma nova era de pesquisa provocada pela ciência na compreensão de antiguidades. O destruidor de átomos recondicionado de Cahill examina um manuscrito grego antigo, uma espada de samurai do século XVI, uma pintura a óleo de Renoir de valor inestimável e um meteorito do espaço sideral.[23] Talvez o item mais conhecido do mundo antigo a divulgar seus segredos ao feixe de prótons é um grupo de sete fragmentos dos Manuscritos do Mar Morto.[24] O *New York Times* observa: "Poucos instrumentos científicos continuaram a fazer descobertas deslumbrantes por um período tão longo quanto o cíclotron usado para decifrar as técnicas de impressão de Johannes Gutenberg".[25]

A partir do momento em que o Número 45 deixou o laboratório, Schwab esperava trazê-lo de volta para terminar de testar as páginas laterais que eles tiveram que saltar quando o tempo se esgotou. Ele começou a tentar uma segunda rodada quase imediatamente, escrevendo a Rita em novembro de 1983 para dizer:

"Estou ansioso por uma espécie de modelo de descrição bibliográfica da Bíblia de Gutenberg que nós dois iremos produzir, que incluirá uma característica única, a descrição química bibliográfica completa de cada página. O que acha disso? Isso envolveria o desafio, a diversão e a colaboração de outra 'Expedição de Pesca', porque agora é evidente que a chave para várias das questões específicas importantes da produção do dia a dia da oficina de Gutenberg está em ter uma análise de todas as páginas. As seções onde temos as relações cobre/chumbo para as frentes e os versos mostram que informações vitais são encontradas em ambos os lados de cada folha...".

Mas a viagem de volta não acontecerá.

Não é que o projeto não tenha dinheiro ou apoio. O impressor Adrian Wilson reserva US$ 15 mil de seu subsídio da Fundação MacArthur para financiar sessões adicionais de cíclotron. Rita está entusiasmada, e o reverendo Monsenhor Eugene Frilot, que testemunhou o PIXE no laboratório, tornou-se um defensor apaixonado. "Viemos aqui por causa do conhecimento e da verdade", disse ele na época. "Você não teria ciência; você não teria um homem na Lua sem a invenção de Gutenberg. Este é um estudo para determinar algumas questões históricas sobre a invenção da imprensa. Isso abre todo um mundo de conhecimento."[26]

Mas nem ele nem os demais participantes da Grande Corrida de Gutenberg podem interromper a sequência de fatos que acabará por eclipsar o estudo e deixar ocultos os mundos que ele esperava decodificar. O Número 45 está prestes a encontrar uma força tão poderosa e perturbadora, à sua maneira, como qualquer coisa no *bunker* do cíclotron de Tom Cahill: a política mercurial da Igreja Católica.

PARTE III

O Século Asiático

Capítulo 9

A Traição Inesperada

O aumento do interesse mundial em relação ao Número 45 e no projeto PIXE chega em um momento vulnerável para a Bíblia de Estelle e a Biblioteca Doheny no Seminário de São João. O outono de 1983 não é apenas a temporada em que o livro encontra o raio de prótons. Dia 30 de outubro também é o jubileu de prata da morte de Estelle – data que inicia uma mudança nos termos de seu legado. Até agora, sua herança estava protegida por uma cláusula que determinava que nenhuma parte poderia ser vendida, mas o prazo está prestes a cortar os liames legais que mantêm a biblioteca íntegra – e, na Arquidiocese de Los Angeles, uma intrincada estratégia está sendo silenciosamente urdida para separar a coleção.

Segundo Rita Faulders se recorda,[1] está claro que, já em 1981, as bases estão sendo criadas para uma venda que dissolveria os bens de Doheny e enviaria o Número 45 ao seu dono seguinte. A primeira prova disso é o surgimento de um homem não identificado, que vem à biblioteca para fotografar os dois enormes murais de Charles Russell, pendurados na sala oeste do museu. Ele a visita novamente em 1981 e 1982, testando filmes e exposições para tentar obter impressões que combinem perfeitamente com as cores das pinturas que Edward Doheny encomendou para contar a história do Oeste americano. O Monsenhor Frilot serve de guia, que supervisiona o projeto sob a direção de um clérigo da chancelaria da Arquidiocese de Los Angeles.

Por fim, as fotos são aprovadas e duas cópias, cada uma com 6 metros de largura por um metro de altura, são montadas sobre cinco folhas de isopor de 2,5 metros e entregues na biblioteca. O custo de impressão, montagem e laminação é apenas de cerca de US$ 15 mil – mas ninguém diz qual será a utilização das réplicas. Os pôsteres caríssimos ficam guardados em um armário.

Dois anos depois, em 1984, um corretor de Londres, que representa a biblioteca do Museu Jean Paul Getty, torna-se um convidado frequente do Monsenhor Frilot. O Museu Getty havia estabelecido recentemente um novo departamento de manuscritos iluminados com uma compra em lote de 144 livros e de folhas medievais e renascentistas e, antes da inauguração, o chefe do departamento veio a Camarillo para estudar os livros de Estelle. Agora, o representante do Getty traz a Frilot uma lista de 25 itens da biblioteca – "os preferidos entre os escolhidos",[2] como Rita enfatiza para o monsenhor – e faz uma oferta de pagamento em espécie. Uma equipe de quatro pessoas do museu passa um dia fotografando esses itens, além de uma série de outros, e o monsenhor, rindo, diz a Rita que o representante do Getty lhe disse para manter a "encantadora Senhora Dragão" fora do caminho.

Nenhuma venda foi concretizada, mas os chefes do monsenhor estão claramente investigando para descobrir quanto os livros podem render. Em seguida, vem um importante livreiro de Nova York que chega depois do expediente com o diretor de um museu local e as esposas dos dois homens. Com a aprovação do monsenhor para olhar "qualquer coisa que quisessem ver", eles "fuçaram todos os cantos", observa Rita.[3] Ela está ficando cada vez mais preocupada. Diz ao prelado que essas visitas são "impróprias e prejudiciais aos melhores interesses do Seminário... Não se pode permitir que os compradores em potencial percorram toda a casa para escolher o que quiserem comprar", diz ela, especialmente sem um planejamento do que vai ficar e do que vai sair. Ela o incentiva a pensar no futuro da coleção em vez de permitir que possíveis licitantes circulem à vontade e vendam itens aos poucos, mas Frilot não está inclinado a ouvir.

Enquanto essas expedições de compras aumentam, não há consulta aos curadores da biblioteca, aqueles que representam os interesses e as intenções de Estelle. No entanto, no mundo das instituições, de negociantes e colecionadores, lembra Rita, "a notícia foi dada e se espalhou como um incêndio".

No início de 1985, alguém que afirmava representar o que ele chamou de Hall da Fama dos Caubóis, na cidade de Oklahoma, vem fazer uma prospecção. Um homem alto com botas e chapéu de caubói, ele quebra o gelo para a igreja, intermediando a primeira venda da Biblioteca Doheny. Os funcionários do Seminário concordam secretamente em se desfazer das obras de arte de Charles Russell e Frederic Remington em troca de US$ 6 milhões.[4] O negócio, no entanto, só pode ser feito de forma sigilosa. É impossível para os alunos perderem a partida de *História do Oeste I* e *II*, as duas pinturas panorâmicas de Charles Russell, cujas réplicas fotografadas estão prontas há muito para esse momento. Um grande caminhão chega à biblioteca, e os funcionários empacotam os originais de Russell para removê-los. Mas, quando descobrem que os painéis são muito longos para poderem ser carregados pela escada em curva da biblioteca, os funcionários têm que construir um andaime ao lado de uma janela do corredor no segundo andar e passá-los para fora através de uma grade estreita e, em seguida, baixá-los até o chão com grossas cordas.

Os alunos perguntam a Faulders o que está acontecendo, mas ela foi instruída a não responder. Os Russell, ela descobriu, não vão para o Hall da Fama dos Caubóis – e o corretor não é o que parecia ser. Outros comerciantes a alertaram de que o homem não estava mais ligado ao museu, e um editor da *National Geographic* ligou para se certificar de que o Seminário sabia que o jovem sedutor com chapéu de caubói planejava comprar as pinturas para revendê-las a um cliente particular. Mas nada disso foi suficiente para convencer o monsenhor a mudar de ideia. Os murais vão para a coleção particular de um executivo de gás natural em Oklahoma, e Rita corre para pendurar as cópias. Porém, elas são muito brilhantes, e nunca ficam alinhadas, então também são removidas, e os funcionários trazem duas obras de arte menores para colocar no lugar. Onde quer que os US$ 6 milhões irão parar, não é no Seminário.[5]

Os administradores da biblioteca não são avisados sobre as negociações secretas. Os membros do conselho recebem uma breve nota informando somente depois que um deles soube da transação e telefonam ao Monsenhor Frilot para reclamar. (Rita ouve o fim da conversa do monsenhor, em que ele diz: "Não lhe dissemos?")[6] O conselho responde à notícia com manifestações de choque e raiva. A venda pode ter sido legal, mas claramente violou o espírito do legado de Estelle. Ela encomendou e doou um edifício projetado por Wallace Neff para homenagear o marido com uma vitrine com sua coleção de arte e de livros. Não parece provável que ela pretendesse que os beneficiários vendessem seu conteúdo.

Outra evidência foi a doação feita por Estelle Doheny para manter a biblioteca de modo permanente, com fundos para cobrir preservação, manutenção, reparos, segurança, administração, impostos e seguro para os livros e o prédio, bem como o salário para o curador da coleção de livros. Os pagamentos têm sido feitos regularmente há décadas, mas, quando o seguro da coleção de livros venceu logo depois que a *História do Oeste* foi retirada de caminhão, os curadores, afrontados, se recusam a pagar a conta de US$ 6 mil. "Agora ela é sua", disse o secretário do fundo, Arthur E. Thunell, ao Seminário.

A resposta reflete um efeito da venda que é muito mais abrangente do que o desaparecimento da arte das paredes da biblioteca. Estelle tentou garantir que sua coleção fosse mantida em lote, estipulando que o fundo fiduciário da biblioteca seria encerrado se alguma coisa fosse vendida antes de esgotado o prazo de 25 anos após sua morte. Mas a venda foi concluída em abril, seis meses antes do lapso de 25 anos, quebrando irrevogavelmente o fundo e encerrando seu apoio.[7] Fosse por acaso ou de modo premeditado, a igreja se defende para vender as coleções de Estelle: agora pode argumentar que fossem caros demais para serem mantidos pelo Seminário.

À medida que 1985 avança, o esforço da Igreja para trocar os livros e as obras de arte da biblioteca por dinheiro se intensifica. Depois que Roger Mahony, um bispo de Los Angeles, é elevado a arcebispo, ele inicia uma reorganização da liderança do Seminário para resolver o dilema que está crescendo em toda a Igreja: ordenar padres suficientes para preencher as posições que estão cada vez mais desocupadas. O homem que ele colocou no comando das mudanças no Seminário de

São João é o Reitor Charles Miller, um homem atarracado, de cerca de 50 anos, cuja principal função é ensinar aspirantes a sacerdotes como oficiar cerimônias religiosas. Miller favorece uma abordagem ascética ao culto e à educação católica e considera o complexo da capela do seminário arrogante, os murais religiosos e as decorações pintadas à mão impróprios. Ele pressiona para que os grandes espaços sejam pintados de branco cobrindo as artes. Em uma tentativa malsucedida, Rita Faulders diz: "Seria uma profanação, como pintar a Mona Lisa".

O Reitor Miller não vê sentido em abrigar uma coleção de livros raros e de arte no Seminário. Essas coisas não têm lugar na educação dos padres, diz ele a Rita. Além disso, não há necessidade de a Igreja se envolver na preservação do tipo de história e de arte dos livros de Estelle – instituições seculares, ele argumenta, podem fazer isso melhor que eles.

O antecessor do Arcebispo Mahony, o Reverendíssimo J. Francis McIntyre, avaliou a biblioteca em termos espirituais, dizendo, em uma reunião do Clube Zamorano, realizada na Sala do Tesouro, que o valor dos livros "é muito maior que sua raridade". O que eles representam em termos de essência e de história, ele disse, eleva o leitor "tão acima dos conceitos materiais da vida que facilmente nos elevamos às alturas, onde os valores partem da linguagem da compensação e entram na esfera do insubstituível".[8]

Mas sob Mahony e Miller, "compensação" é a nova *lingua franca*. Miller, que dirige o Seminário de São João no final de 1985, instala um conselho de diretores e um comitê de biblioteca que discretamente endossa a retirada do presente de Estelle. Liderando o grupo, está Gerald Lynch, um gerente aposentado da Ford e um executivo aeroespacial, que defende a venda dos "ativos inertes" da biblioteca – ou, em outras palavras, sua razão de ser – em leilão. A ideia de que uma coleção possa ter sua própria integridade, ou um valor para a comunidade que transcenda o dinheiro, não parece entrar na discussão.

Rita se prepara para um questionamento completo sobre a necessidade da biblioteca e elabora um relatório para Miller que quantifica as visitas de acadêmicos e as solicitações de informações, passeios, exposições especiais e projetos como o PIXE. Ela também tenta defender o caso, incluindo um artigo de uma publicação católica leiga que cita John Quinn, o Arcebispo de São Francisco, dizendo: "A arte representa o esforço dos seres humanos pelo divino... A Igreja usa a arte para levantar nosso olhar para Deus, para exaltar o que há de mais nobre no ser humano".[9]

Miller não responde, mas Rita persiste, pedindo-lhe permissão para solicitar endossos da coleção de estudiosos ilustres familiarizados com seus acervos. Miller diz que irá permitir, desde que ela apenas peça endossos e não mencione os planos de venda. Mas ela não precisa. Richard Schwab diz a Faulders que está horrorizado com o que seu pedido implica. "Só consigo pensar na tristeza da perda real para o melhor das coisas que ainda existem na terra", diz ele.[10] Outros escrevem cartas calorosas sobre o que a coleção significou para eles e como avançaram em suas pesquisas. Para o conhecimento de Faulders, o único membro do corpo docente do Seminário de São João a protestar contra a ideia de uma venda é o Padre Douglas Slauson, que envia uma carta diretamente a Mahony, condenando a grande perda para o mundo acadêmico.

Nada disso retarda a marcha em direção ao leilão. Lynch, o ex-funcionário da Ford que chefiava o conselho da biblioteca, passou pelo escritório de Rita duas vezes no mesmo dia em meados de junho de 1986, primeiro com dois executivos da Christie's, depois com dois da Sotheby's. Ele estabelece as regras de contratação: cada empresa terá sua própria semana na biblioteca durante as férias escolares para avaliar, catalogar, fotografar e apreciar a coleção – 8.500 livros, 3.500 manuscritos e centenas de objetos de arte. Em seguida, cada um apresentará uma proposta, delineando seus planos para a produção de um leilão que maximizará a receita para a Igreja.

Rita auxilia zelosamente as equipes que entram, prestando atenção nas idas e vindas na sala e fazendo anotações em seu diário. "Certo dia, quando John Plummer, Professor Emérito de Princeton e diretor de livros raros da Biblioteca Morgan, estava na Biblioteca, trabalhando como consultor para a Christie's, o Sr. Lynch veio para ver como as coisas estavam indo", ela escreveu. "O Sr. Plummer estava sentado à grande mesa, examinando um dos primeiros livros impressos. O Sr. Lynch olhou para baixo e perguntou: 'Quem iria querer comprar um livro velho desses?' Fez-se um grande silêncio na sala... Plummer hesitou, sem saber se fora uma pergunta séria ou uma piada."[11]

"Ele julgou corretamente", ela comenta, "e explicou, cuidadosamente, que muitas pessoas e instituições adorariam ter aquele mesmo livro, que, como ele, cobiçava um exemplar para a Biblioteca Morgan, mas não havia nenhum disponível, devido à sua raridade."

O conselho se reuniu no início de setembro, depois que a igreja selecionou a Christie's, para decidir, formalmente, se realizará o leilão, e Rita é convidada a falar em favor da manutenção da coleção. Mas ela sabe que o convite é apenas *pro forma*. No final do mês, alguém retira a placa de madeira que indica a biblioteca. Finalmente, dois dias antes do Natal, ela recebe um memorando, dizendo que a Coleção Doheny será fechada em 15 de fevereiro de 1987.

Quando a notícia da venda vazou para a imprensa, no final de fevereiro, os escritórios da biblioteca já estavam vazios.

* * *

O Arcebispo Roger Mahony fica diante das câmeras durante uma coletiva de imprensa matinal com a participação de inúmeros repórteres, em 3 de março, para anunciar que a coleção de livros raros e as obras de arte serão vendidas em uma série de leilões nos próximos dois anos. A Christie's estimou que o Número 45 e seus companheiros de prateleira renderão mais de US$ 20 milhões, que Mahony diz que serão usados como uma doação para recrutar e treinar novos sacerdotes. A necessidade é muito grande, diz ele. Nos últimos doze anos, apenas em torno de dez padres foram ordenados na arquidiocese e, no ano anterior, o número caíra para seis.[12]

O caso da venda é explicado em uma brochura elegante de 12 páginas com uma sobreposição de tecido, impressa com uma réplica do livro de Estelle. "Você fará tudo o que estiver ao seu alcance para ajudar a realizar as inúmeras novas direções que nossa Arquidiocese deve tomar para ser fiel ao espírito do Evangelho em nossos dias?" está escrito na capa. A cópia e as fotos dentro têm o cuidado de descrever a biblioteca, sem jamais evocar a riqueza interior surpreendente dos livros de Estelle. Uma foto não identificada mostrando um canto de uma página da Bíblia de Gutenberg representa a coleção – porque mesmo uma pequena amostra dos santos e anjos nas prateleiras da Sala do Tesouro criaria um enorme desejo por eles.[13]

Embora Mahony descreva a coleção como predominantemente secular, ela contém alguns dos melhores exemplares da Bíblia de qualquer lugar, não apenas o Número 45, mas também uma rara Bíblia Complutense Poliglota, a primeira Bíblia completa em vários idiomas a ser impressa, bem como bons exemplares de edições aldinas em grego, do Coverdale e da tradução em inglês da Bíblia do Rei James, entre centenas de outras.[14] Kevin Starr, o notório historiador da Califórnia, descreveu a coleção como um dos melhores tesouros bibliográficos da

Igreja Católica Romana já reunidos na região, transbordando com "a riqueza de mil anos de monasticismo europeu... retirados das bibliotecas de cardeais e de bispos".[15]

Mas a brochura ignora essas avaliações e defende o caso que Rita vem ouvindo há meses: "Os livros e obras de arte raros... contribuem muito pouco para a formação sacerdotal" e são caros para serem mantidos. "Para manter a coleção de forma adequada, determinamos, com base nas despesas de instituições comparáveis, que o custo seria próximo a US$ 300 mil por ano, o que se traduz em... US$ 822 por dia". (No entanto, os registros indicam que a doação cobriria isso e muito mais.) Um gráfico compara essa quantia à receita que pode ser gerada a partir de US$ 20 milhões em receitas do leilão: até US$ 38.461,54 por semana, a uma taxa de 10%.

A Sra. Doheny nunca pretendeu que a coleção fosse um "tributo permanente a si mesma", argumenta a brochura – ela desejava que a igreja fizesse o que achasse melhor. E a igreja acredita que seja a hora de vender.

À medida que a cobertura da imprensa aumenta, a igreja ouve uma miríade de argumentos para manter a coleção, de estudiosos, historiadores e bibliófilos atordoados. Alguns já tentaram dissuadir os sacerdotes da Igreja de prosseguir, sem sucesso. Martin Ridge, chefe de pesquisa da Biblioteca Huntington, insiste dizendo que a biblioteca é um tesouro do Sul da Califórnia que não deve ser destruído: "Você não pode atribuir um valor pecuniário à coleção", disse ele ao *Los Angeles Times*. "O conjunto é muito mais valioso do que as partes... No Sul da Califórnia, somos tão recentes, que tudo o que temos se torna muito precioso e importante para nós."[16]

Um colecionador de livros local disse ao *Times* que acha que a comunidade estaria disposta a fazer doações suficientes para criar o fundo de US$ 20 milhões que Mahony quer, sem precisar vender os livros. "Eu pessoalmente teria contribuído", diz ele.[17] Outro escreve para o jornal para denunciar a decisão de "saquear" a coleção como terrível e imperdoável. "Por que a ignorância deve sempre prevalecer?", ele pergunta. "Devemos olhar para trás para essa hipocrisia e nos surpreender com a estupidez e a falta de previsão por parte da arquidiocese atual e seus apoiadores? Ou devemos impedi-los?... Quem passou essa tocha de destruição e antignose ao arcebispo e seus companheiros algozes?"[18]

Mahony reconhece a difícil troca entre "cultura e necessidade", mas diz que o custo de educação dos padres aumentou de menos de US$ 10 mil por ano para quase seis dígitos. Todo o caso, como ele coloca na brochura, requer uma "redistribuição" dos bens da igreja.[19]

Um cético Nicolas Barker, bibliotecário de livros raros do Museu Britânico, chama a venda de "outro triste exemplo de falha frequente da igreja – de qualquer igreja – em compreender ou respeitar o que os livros fizeram ou podem fazer pelo Cristianismo". Ele brinca que a brochura de Mahony dava a impressão de ser "um empréstimo duvidoso em nome da empresa" e faz uma das perguntas mais pertinentes naquele momento: "O dinheiro comprará os sacerdotes?".[20]

Um aspecto da brochura alarma Rita e os protetores da coleção. É a forma como a arquidiocese interpreta a cláusula de "vinte e cinco anos" do legado de Estelle como definindo a intenção de fazer de sua biblioteca um "presente irrestrito", depois de ter expirado esse prazo. Essa linguagem, que foi modelada no texto do legado de J. P. Morgan, destinava-se a manter a coleção "como ela a estabeleceu, verdadeiramente refletindo seus interesses" por vinte e cinco anos, antes que as mudanças fossem feitas, diz Rita.

Lucille Miller relatou em seu depoimento sobre a história que Estelle gostava do modelo de J. P. Morgan e acreditava que as mudanças depois de um quarto de século simplesmente refletiam a necessidade de um curador de atualizar livros de referência ou de substituir os livros da coleção por exemplares melhores, se estivessem disponíveis. Se isso era bom o suficiente para J. P. Morgan, Estelle raciocinou, seria bom o bastante para sua "pequena biblioteca". Mas a linguagem foi sua ruína, diz Rita, e "a própria frase que ela pensava que garantiria a permanência e o crescimento foi usada para dar uma brecha legal para a venda dos seus livros raros. Foi uma distorção da verdade e uma completa abnegação de sua doação".

A intenção de Estelle nunca foi posta em dúvida, acredita Rita, e um folheto para visitantes há muito distribuído na biblioteca conta uma história oficial que sugere que ela está certa: "Em 1939, quando o Arcebispo Cantwell perguntou se a Sra. Doheny gostaria de construir uma biblioteca para o recém-fundado Seminário", diz o texto, "ela aceitou a oportunidade de homenagear seu amado marido, bem como de estabelecer um local para sua crescente coleção de livros e de objetos de arte e de continuar a tradição de sua igreja como preservadora da civilização ocidental fazendo do Seminário o repositório de tantos manuscritos finos e tesouros de impressão".[21]

* * *

EM RETROSPECTIVA, TALVEZ O MAIOR erro de Estelle Doheny tenha sido sua decisão de não doar a coleção a uma universidade. Grandes escolas da Costa Leste, como Harvard e Yale, deram um salto de quase dois séculos em relação às universidades públicas e privadas do Ocidente, e seu sucesso foi alimentado por bibliotecas de classe mundial.

Faria sentido dar à sua coleção o máximo de visibilidade, segurança e importância em uma instituição local proeminente – e, de fato, esse provavelmente fosse o plano dela. Há muito parecia quase inevitável que os livros de Estelle fossem para a Universidade do Sul da Califórnia, onde a família Doheny já havia construído a Biblioteca Memorial Edward L. Doheny Jr., em 1932. Mas a trapalhada de um administrador, o presidente da USC, Rufus B. von KleinSmid, estragou o plano.

Um dos presentes de Estelle para a USC foi a coleção de livros do historiador da Califórnia J. Gregg Layne, que ela determinou que deveria ficar na Biblioteca Memorial Doheny. Mas Von KleinSmid, alheio ou despreocupado, fez com que a coleção Layne fosse retirada da biblioteca e integrada à coleção principal da universidade, usando o espaço liberado para expandir seu próprio escritório. Estelle ficou tão furiosa quando soube da mudança que "a USC deixou de ser o principal foco da sua generosidade", escreveu Kevin Starr. "Raramente um presidente desajeitado, ambicioso por um espaço de escritório melhor, custa a uma instituição mais em dólares do que Von KleinSmid custou à USC por seu tratamento arbitrário do legado de Doheny."

O atual bibliotecário da USC, Charles R. Ritcheson, disse ao *Los Angeles Times,* após o anúncio da venda, que ele espera que pelo menos uma parte substancial da coleção de Estelle possa ser mantida intacta e permanecer no Sul da Califórnia, talvez indo para uma importante biblioteca de pesquisa. "A dispersão dessa coleção é um caso muito triste em termos culturais", disse ele.[22]

Mahony e a empresa discutem o leilão com a imprensa de forma que, às vezes, demonstram uma familiaridade casual e nebulosa com aquilo de que estão se livrando. Rita ouve o arcebispo dizer a um entrevistador que um exemplar autografado de um livro de Mark Twain "provavelmente renderá US$ 10". (Ela observa que o item mais barato de Clemens é um cartão postal com um preço estimado de US$ 300.) Questionado se o impressor da Bíblia de Gutenberg era católico, Mahony disse, talvez brincando: "Não, ele era luterano".[23] A curadora, horrorizada, para não fazer pouco da História, corrige os fatos em seu diário: "A data da Bíblia de Gutenberg está determinada em 1456. Martinho Lutero nasceu em 1483. Acho que se pode dizer que a Bíblia de Gutenberg seja católica".

Miller, o reitor do Seminário, que apoiava a venda, resume a mentalidade predominante da diocese, ao dizer aos seminaristas que suas novas Bíblias americanas, recentemente revisadas, são "intrinsecamente mais valiosas" do que a de Gutenberg.[24]

Não há como voltar atrás. A biblioteca recebe seus últimos visitantes públicos na sexta-feira, 13 de março de 1987. William Doheny Jr., neto de Ned, vem com a esposa e os dois filhos pequenos para se despedir – mas o mais raro dos livros raros, incluindo o Número 45, já foi embalado.[25]

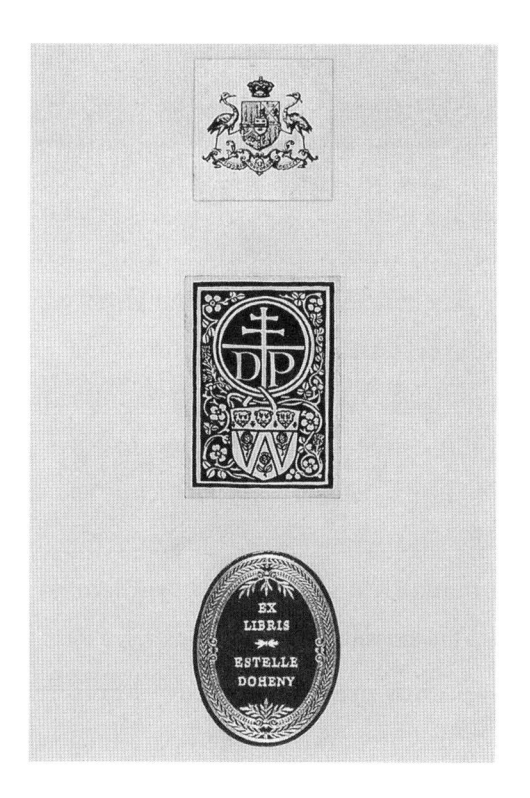

*As etiquetas de propriedade do livro dos três últimos donos
conhecidos da Bíblia de Gutenberg ornam a capa interna deste livro raro.*

* * *

HAVERÁ SEIS LEILÕES PARA A venda da Coleção Estelle Doheny. O primeiro, que contará com o Número 45 e os livros do século XV de Estelle, está marcado para 22 de outubro de 1987, e Stephen S. Lash, o efusivo vice-presidente executivo da Christie's, diz à Associated Press que a Coleção Doheny será "o maior conjunto de livros em termos de valor e volume que já chegou ao mercado".

O momento parece oportuno. Amparado por uma economia robusta na década de 1980, colecionadores agressivos inundam o campo. A demanda é tão forte, que os estudiosos estão chamando de uma nova era de ouro da coleção de livros, com recordes de vendas batidos leilão após leilão. Mas "de certa forma", diz Lash, "sentimos que todas essas outras vendas foram ensaios gerais, pode-se dizer, para a venda da Coleção Doheny".[26]

Os veteranos comparam a venda à colossal dispersão da coleção de Robert Hoe, em 1911, em que o magnata das ferrovias Henry Huntington comprou muitos de seus volumes mais notáveis, incluindo o Gutenberg que colocou Estelle em uma busca pelo seu exemplar. John Fleming,[27] um conhecido negociante de Nova York que avaliou a coleção de Estelle na década de 1970, com seu mentor, A. S. W. Rosenbach, declara que o leilão será "a maior venda de livros e manuscritos da última metade do século".[28] O Número 45 sozinho, diz ele, deverá render, pelo menos, US$ 2 milhões.

É necessário um pequeno exército de profissionais especializados para catalogar e preparar os livros para leilão. A maior parte da coleção fará uma viagem através do país, de Camarillo a Nova York, ou até Londres, locais onde ocorrerão as vendas, exceto uma. A equipe da Christie's, que inclui Stephen Massey, então chefe do departamento de livros, e sua colega Hillary Holland, começa a trabalhar na segunda-feira, 9 de março. Eles montaram mesas dobráveis nas duas salas de livros, e Rita observa enquanto a biblioteca se desintegra rapidamente "por implosão".[29] A estratégia da empresa, ela observa, é "começar os leilões com um 'Big Bang'" no outono e no inverno – primeiro, os incunábulos, depois uma venda, em Londres, da coleção mais preciosa de manuscritos com iluminuras de Estelle em dezembro – e essas são a prioridade dos embaladores.

Os embaladores levam o armário personalizado que contém o Número 45 para fora do cofre e para a Sala do Tesouro, onde Rita destranca a caixa com sua pequena chave. Massey remove o livro pesado e o enfia na capa acolchoada de couro marrom. É retirado da lista de adesão, marcado, numerado e rotulado com a data do leilão. A Bíblia é seguida por um fluxo de livros do cofre e das prateleiras que continua por quatro dias. A *Rationale divinorum officiorum* de Guillaume Durand, de 1459, a *Epistolare* de São Jerônimo, de 1470, e um exemplar, de 1470, da *Summa Theologica* de São Tomás de Aquino estão alinhados na mesa, depois as primeiras edições de *As Aventuras de Huckleberry Finn*, de Mark Twain, e *Folhas de Relva*, de Walt Whitman. Cada volume precioso é processado, envolto em tecido e plástico bolha e embrulhado em papel branco, fechado com fita adesiva e, em seguida, colocado em uma caixa de papelão. Uma montanha de caixas cresce na varanda da biblioteca.

Em 12 de março, 42 caixas de livros, no valor de US$ 11,8 milhões – os títulos que seriam vendidos primeiro –, são duplamente montadas e colocadas de lado, e, doze dias depois, equipes de transporte chegam para fazer 21 contêineres de madeira e colocar as caixas dentro. Massey usa um marcador preto para indicar a caixa que contém a Bíblia de Gutenberg. Agora ela é A-31/1, CAIXA 21. Monsenhor Francis J. Weber, o autor e arquivista da Arquidiocese, pega o marcador para se despedir de Johannes e o entrega a Rita. Ela hesita, então desenha um coração partido e acrescenta suas iniciais.

Ela fica debaixo do arco rococó da biblioteca, observando, incrédula, enquanto as demais caixas são etiquetadas e transportadas para a calçada de tijolos do prédio assinado por Wallace Neff, onde os embaladores as encaixotam e carregam no caminhão. Ela e Weber permanecem desamparados no meio-fio, enquanto o caminhão sai à 1h19. Em uma doca especial de carregamento no Aeroporto Internacional de Los Angeles, as caixas vão para um jato da TWA em um único contêiner à prova de água e fogo, feito de fibra de vidro sobre rodas. Eles voam durante a madrugada e chegam a Nova York às 6 da manhã. Por volta do meio-dia, Massey liga para a Arquidiocese para informar ao Monsenhor Weber que todos os livros, incluindo o Número 45, estão sãos e salvos.

Alguns dias depois, porém, descobrem que um livro está faltando. Rita Faulders corre até o cofre para ver se ele foi esquecido e, de fato, *A Morte de Arthur*, ilustrado por William Morris, está ali sozinho no seu lugar de sempre.[30] Todos respiram aliviados, e o suntuoso volume de Morris é embalado e enviado para Nova York.

O interesse pelos itens oferecidos é tão alto que os executivos da Christie's decidem enviar as estrelas do leilão em uma excursão de primeira classe. A prévia do leilão é como uma turnê de concerto, tocando para multidões em Tóquio, Munique e Londres, antes da exibição final em Nova York. Além do Número 45, há uma variedade impressionante de itens de destaque: um largo fólio que já pertenceu ao Papa Alexandre VI, no século XV,[31] uma impressão única da "Bula de Demarcação", que separou as terras do Novo Mundo entre Espanha e Portugal, *A Queda dos Príncipes*, de Giovanni Boccaccio, de 1494,[32] e uma cópia das obras de Aristóteles em grego, impressa por Aldus Manutius. Fazem parte da excursão algumas das bíblias extremamente raras de Fust e Schöffer, de Estelle, obras de Geoffrey Chaucer, impressas pela Kelmscott Press de William Morris, e *Canções da Inocência*, de William Blake.

Um ensaio manuscrito assinado por Mark Twain sobre Gutenberg e a arte da impressão é um companheiro particularmente adequado para a Bíblia de Estelle. Escrito em 1900 para funcionários do museu para comemorar a inauguração do Museu Gutenberg em Mainz, está dito, em parte:

A conquista de Gutenberg criou uma terra nova e maravilhosa, mas, ao mesmo tempo, também um novo inferno. Durante os últimos quinhentos anos, a invenção de Gutenberg forneceu à terra e ao inferno novas ocorrências, novas maravilhas e novas fases.

Esta encontrou a verdade livre sobre a terra e deu-lhe asas; mas a inverdade também se espalhou, e a ela foi fornecido um duplo par de asas.

O que o mundo é hoje, bom e mau, ele deve a Gutenberg. Tudo pode ser rastreado até essa fonte, mas devemos homenageá-lo, pois o que ele disse em sonhos ao anjo irado foi literalmente cumprido, pois o mal que sua colossal invenção trouxe é mil vezes ofuscado pelo bem que a humanidade recebeu.[33]

A Christie's cria um catálogo de oito volumes para os leilões que apresentarão esses itens e todo o resto. É um livro colorido encadernado em couro vermelho que pesa mais de dez quilos. O Volume 1, que engloba a venda "Big Bang" inicial, é o mais opulento, com 23 páginas dedicadas ao Número 45, sua procedência e seu lugar entre os Gutenberg restantes do mundo. Uma folha dobrável e seis reproduções coloridas adicionais mostram o tipo distinto da Bíblia e os toques leves de um dos iluminadores do livro, e uma página mostra a tinta acinzentada da folha substituída que Richard Schwab descobriu. Por meio das próximas 300 páginas do catálogo, é possível ver a história da Igreja, a da impressão e a da ilustração se desenrolarem como em um rolo de filme.

Incluídos no lote estão quase uma dúzia de exemplares das primeiras prensas de Mainz, Bíblias e textos religiosos, com seis impressos em pergaminho. Existem cópias do *De officiis*, de Cícero, datado de

1466; e a *Rationale*, de Guillaume Durand, de 1459; e o *Epistolare*, de São Jerônimo, de 1470, com suas brilhantes iluminuras, considerada uma das publicações mais ambiciosas de Peter Schöffer. O que mais chama a atenção, em termos de impacto visual, é o Lote 73, a *Biblia pauperum*, um fino livro holandês, de 40 folhas, do final do século XV, cujos painéis distintos se espalham pelos dois lados de uma folha dobrável e em uma página adicional (mais o frontispício), parecendo nada mais do que uma história em quadrinhos do século XV sobre a Bíblia. Eva confronta uma cobra de sua altura na página de abertura, e a história continua, a partir daí, cheia de cenas coloridas em tons laranja, amarelo e verde. O livro foi uma adição posterior à coleção de Estelle, comprada em 1951, por US$ 30 mil. Seu preço é estimado entre US$ 400 mil e meio milhão de dólares.

O texto descritivo em todos os volumes do catálogo é direto e erudito, como se a casa de leilões soubesse bem que essas obras falam por si mesmas, sem a costumeira hipérbole. Seguindo as notas de procedência, página a página, é possível ver exatamente como Estelle Doheny atingiu seu objetivo de acumular livros e objetos da mais alta qualidade – o cuidado, compra a compra, ao longo de décadas.

* * *

Então, há um rufar de tambores não planejado que abala o mundo. Apenas três dias antes do primeiro leilão, em 19 de outubro de 1987, o Índice Industrial Dow Jones caiu 22,6%, e bilhões de dólares foram perdidos, gerando um pânico financeiro global. Os nervos estão à flor da pele logo após a Segunda-Feira Negra, ainda "a pior desaceleração do mercado nos Estados Unidos desde a Grande Depressão"[34], mas, quando as portas duplas da sala de leilões da Christie's se abrem às

18h30, em 22 de outubro, mais de 600 pessoas, incluindo Rita Faulders, o Monsenhor Weber e muitos dos principais negociantes e colecionadores do mundo, juntam-se do lado de dentro.

Às sete da noite, o presidente da Christie's, Christopher Burge, vai até o púlpito para dizer: "Tenho o prazer de oferecer o Lote 1, a Bíblia de Gutenberg", abrindo o lance em US$ 700 mil. A multidão se inclina ao mesmo tempo para a frente para participar da ação conforme o preço sobe em segundos para US$ 1 milhão e, em seguida, para US$ 1,3 milhão de um licitante estrangeiro. Milhões se misturam, enquanto um intenso duelo se desenvolve entre o conglomerado editorial japonês Maruzen Co. Ltd. e o negociante de livros raros de Londres Thomas E. Schuster. Eiichi Kobayashi, diretor da divisão de livros e periódicos da Maruzen, faz ofertas para os funcionários da empresa por telefone, enquanto Schuster caminha nervosamente perto do pódio.

O lance chega a US$ 4 milhões, e a expressão de Schuster se endurece quando ele eleva o valor para US$ 4,8 milhões. Kobayashi, atuando em nome de Maruzen, sussurra outro lance pelo telefone e aumenta o valor em 10%. Ouve-se apenas o silêncio, enquanto Burge pede uma contraproposta, que Schuster não pode fazer e, após uma pausa, o martelo bate. Maruzen Co. Ltd., de Tóquio, é a nova dona da Bíblia de Gutenberg de Estelle Doheny. O preço final, incluindo a comissão da Christie's, é de US$ 5,4 milhões,[35] tornando o Número 45 o livro mais caro do mundo. Agora ele vale 75 vezes mais do que Estelle pagou por ele em 1950.[36]

A tabuleta de leilão usada pelos licitantes na venda histórica do Gutenberg de Doheny na cidade de Nova York, em 22 de outubro de 1987. A disputa acirrada pelo livro atingiu um valor final de US$ 5,4 milhões, tornando a Bíblia de Gutenberg, na época, o livro mais caro do mundo.

* * *

MAIS TARDE, UM SCHUSTER DESAPONTADO responde às perguntas dos repórteres. "Você não sabe se algum dia encontrará outro", diz ele em tom monótono. Ele parece surpreso que alguém possa pagar um valor que ultrapasse US$ 5 milhões, refletindo: "Talvez quem estivesse ao telefone tivesse fundos ilimitados".[37]

Em Tóquio, o assessor de imprensa da Maruzen disse que a empresa estava há muito buscando uma oportunidade para comprar um livro histórico. Shuji Tomita enfatiza que o interesse japonês na Bíblia de Gutenberg está centrado em seu "significado histórico e não em sua natureza religiosa". O Gutenberg, aquele grande significante de importância cultural – pelo menos para aqueles que o procuram – dá a Maruzen uma espécie de moeda que não pode ser comprada com propaganda.

Existem, é claro, outros livros para serem vendidos. O exemplar em velino do *Epistolare* de São Jerônimo sai por US$ 950 mil para a livraria londrina Quaritch. Estelle pagou apenas US$ 16.500 por ele durante um período de preços reduzidos em 1949. E a *Biblia pauperum*, impressa em blocos no século XV, que parece um "gibi da Bíblia", é um destaque. Quaritch a leva por US$ 2,2 milhões, mais de quatro vezes a estimativa. No total, o primeiro leilão, apenas de incunábulos, rendeu à Arquidiocese mais de US$ 12 milhões.

O segundo leilão, de manuscritos medievais e iluminuras, inclui algumas das primeiras compras importantes de Estelle, muitas de Alice Millard e A. S. W. Rosenbach. Um minúsculo livro de horas francês do século XVI que ela comprou de Millard em 1931 é o Lote 160. O Lote 174 é um notável livro de horas de 1528, cujas páginas iluminadas, de um artista agora conhecido como Mestre de Doheny, são mostradas em cinco páginas coloridas do catálogo. O livro é vendido por £ 880 mil, quase US$ 1,6 milhão. Em outra parte da venda estão os livros de horas que antes estavam na biblioteca de Dyson Perrins, ou que estavam nas mãos da irmã de Napoleão. A coleção requintada rende US$ 22 milhões para a Arquidiocese de Los Angeles, superando as expectativas e recomendando livros raros e manuscritos como uma fuga para o capital depois das dúvidas da Segunda-Feira Negra.

O quarto leilão, de títulos ocidentais americanos, de literatura, de impressão e encadernações de arte, traz a Christie's de volta a Camarillo em fevereiro de 1988 e apresenta a extensa coleção de cartas e documentos autografados de Estelle, que inclui as assinaturas de todos os 40 presidentes dos Estados Unidos, de cada um dos signatários da Declaração de Independência e de figuras distintas e díspares como o pai da Califórnia, Junipero Serra, e o imperador da França, Napoleão Bonaparte. Um dos itens mais raros é um manuscrito assinado pelo representante da Geórgia, Button Gwinnett, que morreu em um duelo, menos de um ano após assinar a Declaração de Independência. Estelle e A. S. W. Rosenbach perseguiram a assinatura Gwinnett durante anos. Também nesse conjunto está a cópia pessoal de Mark Twain de *As Aventuras de Huckleberry Finn*, autografado para a esposa, com a dedicatória "Para Livy L. Clemens, com o amor maduro e perfeito do autor". Um punhado de cartas de Walt Whitman inclui uma nota poética a seu amigo, o naturalista John Burroughs, que diz, em parte:

"Nenhuma notícia em especial – Vendo um livro aqui e ali – Não, eu não fui a nenhum lago – eles não servem de companhia para mim – as cidades magníficas por seu complexo jogo e oceanos de ansiosos rostos humanos – Mas o país ou o oceano para mim em algum lugar longínquo, um velho celeiro e uma casa de fazenda – ou costa de gelo desolada, com ninguém por perto – Enquanto isso, me dou muito bem por aqui – Walt". À medida que essas peças se espalham – e, com elas, as vozes, as imagens e a história dos Estados Unidos, e sua arte e literatura – é fácil se perguntar se a Arquidiocese entendeu o que ela possuía.

O leilão final, em 19 de maio de 1989, talvez seja o mais esperado entre os colecionadores mais jovens. O foco é o que os leiloeiros chamam de "William Morris e seu Círculo", muitas das peças adquiridas pela Sra. Doheny com a ajuda de Alice Millard. Os itens – caligrafia, manuscritos autografados originais, encadernações especiais e livros da Kelmscott Press – são uma seleção do trabalho do artista. O item mais cobiçado na lista de leilões é *O Capital*, de Karl Marx, em uma bela encadernação de Thomas James Cobden-Sanderson. Também sob o martelo estão as obras de Geoffrey Chaucer, brilhantemente impressas pela Kelmscott Press, de Morris. Especialistas não relacionados ao leilão chamam o Kelmscott Chaucer em velino de "o ápice do movimento da imprensa particular".

Uma Estelle Doheny colecionando marcos – seu primeiro livro de US$ 10 mil – chega nesta rodada. É a obra-prima caligráfica de Morris em velino, a *Eneida*, de Virgílio, que Alice Millard a persuadiu a comprar durante o período pós-repressão quando havia pouco dinheiro. O trabalho, particularmente notável por conter as contribuições de um punhado de artistas famosos, incluindo Graily Hewitt, Louise Powell, Charles Fairfax Murray e Edward Burne-Jones, arrecada US$ 1,23 milhão.

A categoria "Morris e seu Círculo" realiza vendas de US$ 2,2 milhões, elevando o total geral para um recorde de US$ 37,8 milhões, quase o dobro do que a Arquidiocese previra. O número impressionante excede o valor final em dólares do vasto império do petróleo mexicano e americano de Edward Doheny (mesmo corrigido pela inflação). Como colecionadora e investidora, Estelle provou ser mais do que o famoso magnata do petróleo com quem ela se casou.

A biblioteca de Estelle nunca teve maior visibilidade do que quando foi colocada à venda, e a grande tragédia é que só então – quando era tarde demais para defender sua visão e montar um argumento poderoso para preservá-la – ficou mais do que evidente como sua coleção havia sido importante e significativa. Folheie a pequena enciclopédia de catálogos da venda de Christie, com obra-prima após obra-prima, e é inegável que Estelle Doheny está entre os principais colecionadores de livros nos Estados Unidos no século XX.[38]

* * *

PARA PESSOAS COMO RITA FAULDERS e Richard Schwab, que entenderam o que Estelle queria para seus livros, a sensação de tristeza e traição que permanece após o leilão é forte. Estelle confiou na Igreja

Católica para fornecer um santuário duradouro para sua coleção, e Rita tem certeza de que ela ficaria com o coração partido ao ver como essa confiança foi facilmente quebrada. No entanto, como a jornada do Número 45 pelas vidas de Gosford, Amherst e Perrins mostrou, a integridade de qualquer grande biblioteca está à mercê da História. Como escreveu o historiador Albert L. Hurtado: "Guerra, pestilência e fome espalham livros por todo o planeta como reféns de uma fortuna incerta. Ladrões roubam, vândalos desfiguram, clérigos piedosos queimam e vermes devoram os livros. Ameaçados pelos vermes ou pela guerra, não há nada permanente em relação a livros e bibliotecas".[39]

No entanto, alguns conseguem escapar do que parece ser seu destino certo. Dois caminhões carregados da Biblioteca Memorial Edward L. Doheny, volumes relacionados à história do Ocidente, escapam da venda e acabam perto de casa – juntos, como Estelle pretendia. Enquanto a Christie's estava catalogando e empacotando na biblioteca, Rita observava Monsenhor Weber, o arquivista amante de livros, vagando silenciosamente, "separando os livros que ele queria" e recrutando um balconista para ajudá-lo, enquanto coletava cada vez mais.[40] Ao todo, 887 títulos foram enviados para o centro de arquivos da Arquidiocese, onde Weber os batizou de "Coleção Californiana de Estelle Doheny".

Rita se sente grata por isso, mas ainda está triste por não haver ninguém como Weber para proteger os livros mais importantes da biblioteca. Décadas depois, é impressionante ver o centro de arquivos claramente articulando o valor de coleções como as de Estelle, usando palavras que ninguém na Arquidiocese poderia reunir no momento da venda: "O Centro de Arquivo", diz seu site hoje, "há muito tempo abraçou a noção expressa por Lawrence Clark Powell de que: 'a coleção de livros é... o *summum bonum* [bem supremo] do desejo aquisitivo, porque os livros reunidos devido a um planejamento e propositalmente mantidos juntos são uma força social a ser levada em consideração, contanto que as pessoas tenham os olhos límpidos e as mentes livres'".[41]

Aparentemente, o truque é encontrar uma forma, de algum modo, de gerenciar o suficiente com clareza e liberdade, enquanto décadas se transformam em séculos, para se lembrar disso.

* * *

COM O TEMPO, RITA FAULDERS filosofou sobre a venda: "Para o Seminário ter aquela [coleção] foi um presente que estava acima de sua compreensão – eles *não* compreenderam o que receberam". Vender não foi a coisa certa a ser feita, diz ela, mas "doar é sempre um risco, não é? É uma aposta em todos os níveis, seja em assuntos pessoais ou financeiros".[42]

Apesar do planejamento mais cuidadoso, é impossível saber o que acontecerá com um legado, ou que forças serão colocadas em movimento. A aposta de Estelle não criou a biblioteca duradoura que ela imaginou, porém mais uma vez mudou o caminho da História, girando o Número 45 em direção a novas revelações científicas e lançando-o em uma turnê mundial, dando ao trabalho de Gutenberg uma visibilidade que apenas uma celebridade do final do século XX poderia iniciar. Agora, enquanto a Bíblia de Estelle viaja para o Japão, ela segue um caminho que lhe dará sua maior exposição na História, nos navegadores incipientes da World Wide Web.

CAPÍTULO 10

O Gutenberg Virtual

O NÚMERO 45 FAZ A VIAGEM de mais de 10.800 quilômetros sobre a calota polar até Tóquio, carregado pela bolha econômica iridescente que levou o Japão às alturas da economia global. Pela primeira vez, os ativos do Japão ultrapassaram os dos Estados Unidos[1] (pelo menos no papel), e os preços inflacionados dos imóveis deram início a uma era extravagante, que fez o *nyuu ritchi* (novos ricos) beber xícaras de café de US$ 500 folheadas a ouro[2] e amealhar obras de arte a preços recordes. "O iene atrativo que se pavoneia",[3] como um repórter descreveu, está reunindo quadros de Picasso e Kandinsky e vasos de Henry Moore e Ming para galerias corporativas e exibição particular. Com a Yasuda Fire and Marine Insurance Company em Tóquio tendo recentemente arrebatado uma das pinturas de girassóis de Van Gogh na Christie's por US$ 39,9 milhões[4] para comemorar seu centenário, dificilmente parece incomum para o conglomerado editorial Maruzen gastar US$ 5,4 milhões por uma Bíblia de Gutenberg como um presente pelo seu 120º aniversário.

Maruzen, no entanto, não é um intruso cultural. Fundada em 1869, um ano após a Restauração Meiji começar a abrir o Japão para o conhecimento e a tecnologia ocidentais depois de três séculos de isolamento, a empresa que agora possui o primeiro Gutenberg na Ásia foi criada para importar, traduzir e publicar obras importantes do Ocidente. As escolas e o mercado acadêmico abrangem grande parte de sua clientela – e cada uma de suas 47 lojas de varejo oferece um espaço para exposição de livros e artefatos raros. Questionados por repórteres americanos por que Maruzen queria uma Bíblia de Gutenberg, os funcionários da empresa responderam: "Se não fosse por Gutenberg, não existiria a Maruzen".[5]

A empresa inicia sua comemoração de um ano de aniversário em fevereiro de 1988 com uma exposição bastante divulgada do Número 45 em sua loja principal, a uma curta distância do Palácio Imperial no histórico bairro de Nihombashi, em Tóquio. Milhares fazem fila para dar uma olhada rápida na obra de Gutenberg, mas um visitante se demora. Naruhito, o príncipe herdeiro do Japão, de 28 anos e herdeiro do Trono do Crisântemo, veste um par de luvas brancas e fica sentado virando páginas e fazendo perguntas por meia hora, juntando-se a outros que se demoraram mais tempo vendo o livro: monges, um conde, um lorde, um magnata do molho, uma condessa papal e um físico nuclear.

O *Asahi Shimbun*, um importante jornal nacional, aplaude a aquisição pelo Japão do "livro de tipos móveis mais antigo da História", mas sem uma referência à ambiciosa história da impressão na Ásia muito antes de Gutenberg. Em 770, a imperatriz do Japão, Shōtoku, ficou famosa por tentar marcar o fim de uma guerra civil com a impressão e a distribuição de 1 milhão de pequenos pergaminhos com preces budistas. (De acordo com um relato, essa edição exigiu o trabalho de 157 homens durante seis anos para ser concluída.)[6] O tipo móvel foi uma invenção chinesa do século XI, aprimorada na Coreia em 1230, antes de finalmente encontrar as condições que permitiriam sua evolução – na Europa, durante a época de Gutenberg. Demorou quase mil anos para que o produto mais famoso desse processo encontrasse seu caminho até a região de sua concepção. Mas este é o momento ascendente da Ásia, e a presença do Número 45, que cruzou mares e continentes com mudanças históricas no poder global, reflete isso.

Maruzen, que por tanto tempo entrelaçou as culturas orientais e ocidentais, parece perfeitamente escalada como a nova proprietária do Número 45, e talvez de modo permanente. Mas seu papel na vida da Bíblia de Estelle é breve. A exuberância do ano de aniversário passa, e a bolha econômica do Japão estourou logo em seguida, desencadeando um declínio que durará décadas. Não está claro exatamente o que levou Maruzen a transferir o livro em 1996, mas, nesse ano, ele foi posto em movimento.

Se o proprietário japonês do Número 45 fosse uma seguradora ou um magnata do mercado imobiliário, a Bíblia poderia facilmente ter voltado ao mercado internacional de leilões para se transformar em dinheiro. Mas conexões afortunadas o levam a uma nova casa no Japão, a Universidade Keio, uma das instituições privadas mais bem conceituadas da Ásia.

* * *

Os relatos divergem sobre se a Bíblia vai para a universidade por ter sido vendida ou como doação. Ambos são plausíveis, já que a Maruzen e a Universidade Keio têm um relacionamento de longa data enraizado na amizade, desde o século XIX, entre o fundador da Maruzen, Yuteki Hayashi, e o fundador da Keio, Yukichi Fukuzawa, um inovador educacional, que também foi responsável pelos primeiros sistemas de escola primária e secundária particulares no Japão. O negócio da Maruzen, baseado em vendas às instituições pioneiras de Fukuzawa, deve sua visão e foi projetado, em parte, para atendê-lo. Notavelmente, Fukuzawa, considerado o fundador do Japão moderno, é tido como o primeiro japonês a ter visto uma Bíblia de Gutenberg – numa visita à Biblioteca Imperial em São Petersburgo, em 1862. Em seu diário, ele comentou ter visto um "livro que disseram ter sido publicado em 1440, na Alemanha" e, em 1996, a Biblioteca de São Petersburgo, que mantém um exemplar da Bíblia de Gutenberg, confirma que Fukuzawa, de fato, assinou o livro de visitas.

O homem que estimula a ligação entre Japão e Gutenberg para o século XXI e a fronteira digital é Toshiyuki Takamiya, um professor da Keio e a maior autoridade em manuscritos medievais. Como parte de uma iniciativa apoiada pelo governo para digitalizar livros e documentos raros, Takamiya lidera um projeto chamado HUMI (Humanities Media Interface), que se concentrará na digitalização de partes dos acervos da Keio – que incluem 8 mil manuscritos ocidentais e livros raros – para criar um centro de pesquisa digital pioneiro. Esse, ele acredita, é o papel da biblioteca de pesquisa moderna, não apenas para coletar artefatos culturais importantes, mas para compartilhá-los *on-line* "para o benefício dos estudiosos de hoje e para o objetivo maior de preservar esses tesouros para a posteridade sem mais degradação".

Com a indicação de Takamiya, o projeto HUMI seleciona o Número 45 como seu tema inaugural, a primeira Bíblia de Gutenberg que navegará – em sua totalidade – pela internet.

Takamiya, um homem esguio com postura régia e cabelos curtos e cor de azeviche, começou a coletar manuscritos ocidentais antigos em uma livraria de antiquários de Tóquio quando tinha 20 anos, continuando quando era estudante de graduação na Universidade de Cambridge, estudando *A Morte de Arthur*, de Sir Thomas Malory. "Muitos jovens japoneses que são pessimistas sobre o futuro apreciam o mundo romântico do passado medieval", diz ele. A sobreposição entre os instintos de samurai e o código de cavalaria, com conceitos de honra, desonra e vergonha, chamou sua atenção[7] e manteve-se por toda a vida.

Em geral, ele ilustra seus seminários na Universidade Keio para estudantes de pós-graduação em literatura inglesa com manuscritos medievais e os primeiros livros impressos de sua biblioteca. Um ex-aluno se lembra de como ele "sempre enfatizou a importância de examinar materiais originais e nos ensinou a empolgação de descobrir histórias pessoais incorporadas em exemplares específicos".[8] Com projetos como HUMI, Takamiya e seus companheiros acreditam que tais materiais, antes disponíveis apenas para poucas pessoas, podem ser estudados globalmente por muitas. O professor há muito apoia o uso de fac-símiles para ajudar estudiosos a examinar livros raros e compará-los com outros, e está animado com a possibilidade de que uma cópia digital da Bíblia de Gutenberg, um livro que quase ninguém consegue ler ou tocar, possa ser explorado e analisado até por estudantes, sem danos e com um tremendo potencial de descoberta.

O grupo HUMI é interdisciplinar, atraindo não apenas Takamiya e seus colegas com experiência em livros físicos e meios de analisá-los, mas também membros dos laboratórios de física e tecnologia da universidade, que estão testando os livros, e o departamento de informações ambientais, que está desenvolvendo aplicativos de realidade virtual que podem possibilitar que leitores e pesquisadores tenham um sentido mais visceral de livros como o Número 45. Mais uma vez, as páginas dessa Bíblia servirão como um campo de teste para uma tecnologia inovadora.

* * *

Por duas semanas, no início de março de 1997, Takamiya e o engenheiro de pesquisa Masaaki Kashimura orientaram os alunos e técnicos enquanto fotografavam a Bíblia de Gutenberg de Doheny inteira, página por página. Como a equipe do cíclotron antes deles, eles precisaram projetar um suporte especial para amparar o livro, manobrando cada folha em uma posição que lhes permitisse capturá-la com clareza e sem distorções, sem danificá-la durante o manuseio. Sua câmera, um protótipo desenvolvido pela Nippon Telegraph & Telephone e a Olympus, leva 5 segundos para criar uma imagem de alta resolução, e os técnicos experimentam para determinar quanta luz artificial criará um resultado ideal e a que distância a lente deve ficar da superfície de cada página. Eles se esforçam para calcular como devem posicionar a câmera e fazer ajustes digitais que tornarão as páginas curvas e onduladas em planas e sem sombras, uma vez que não podem pressionar o papel frágil.

Há uma sensação tipo Kabuki durante o processo fotográfico, ambientado em uma sala coberta por cortinas pretas, com a Bíblia cuidadosamente iluminada, em seu suporte com uma bainha preta, manipulada por técnicos vestidos todos de preto, exceto pelas luvas brancas e máscaras faciais, para minimizar os reflexos.

O trabalho meticuloso produz uma revelação digital. O Número 45 foi ao ar pela internet em janeiro de 1998 e, pela primeira vez, os espectadores puderam ver as páginas de uma Bíblia de Gutenberg em suas telas. Até agora, a maioria das pessoas que viram o trabalho de Gutenberg o fizeram de uma forma restrita, limitada talvez apenas à dupla de páginas quando um livro está em exposição. Mas a versão digital de HUMI permite que os leitores examinem o que quiserem, pelo tempo que quiserem, virando as páginas do livro e ampliando os detalhes.

Levantando digitalmente a capa escura com relevos, os espectadores podem ver o livro com a mesma calma de descoberta que saudou gerações de seus guardiões. Ali, no canto superior esquerdo da primeira página de guarda, estão as assinaturas distintas dos donos do Número 45, a última escrita com caneta esferográfica. Opostas às assinaturas estão as palavras *Antes de 15 de agosto de 1456*, identificando esse livro como um dos feitos por Johannes Gutenberg. Os pavões turquesa cintilantes do iluminador e as flores amarelas reluzentes brilham na tela nas páginas posteriores, e um estudioso de qualquer lugar do mundo com acesso à internet pode ampliá-los para estudo, ou focar em letras individuais para examinar sua forma e sua espessura, comparar uma impressão com a outra, ou medir espaços e linhas com precisão.

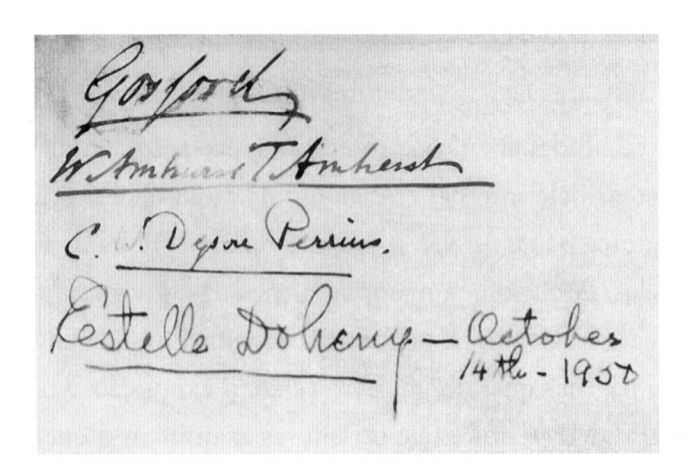

Assinaturas dos donos modernos da Bíblia – Archibald Acheson, Terceiro Conde de Gosford, Lord William Amherst de Hackney, C. W. Dyson Perrins e Estelle Doheny – inscritas na primeira página de guarda da Bíblia de Gutenberg. A propriedade desse artefato foi considerada o maior troféu para uma coleção de livros raros.

Essa simples capacidade de ver e estudar um volume inteiro de um manuscrito raro *on-line* é comum hoje, mas, no final dos anos 1990, era revolucionária. Embora a internet tenha apenas uma fração do alcance e da velocidade que ganhará no século XXI, agências governamentais, empresas inovadoras, instituições educacionais e bibliotecas têm cada vez mais acesso a conexões de alta velocidade que possibilitam acadêmicos motivados a ver as imagens HUMI conforme pretendido. E mesmo as pessoas que dependem das lentas conexões *dial-up* e usam navegadores da *web* antigos, como America Online ou Netscape, podem ler todo o Número 45 de graça, se estiverem dispostas a esperar alguns minutos, não segundos, para que as imagens carreguem.

O projeto disponibiliza o "texto que, de outra forma, não estava disponível e de maneiras que antes eram inimagináveis", diz Mark Dimunation, chefe da Divisão de Livros Raros e Coleções Especiais da Biblioteca do Congresso.[9] Ao mesmo tempo, inaugura uma nova era no campo da biblioteconomia, na medida em que o livro se transforma em "material digital". O trabalho do projeto HUMI ajuda a gerar um novo campo de estudo conhecido como "bibliografia digital", estimulando a produção de outras novas câmeras, lentes e *softwares* inovadores para comparar e analisar textos.

No centro de tudo, abaixo da contagem de pixels e de algoritmos, há algo profundamente japonês no projeto HUMI, observa a estudiosa de filologia sérvia Divna Tričković. HUMI é pronunciado *fumi*, que soa como os caracteres japoneses de um livro ou manuscrito, e o projeto, diz Tričković, "dá uma personificação moderna ao amor japonês profundamente estabelecido e quase metafisicamente profundo pela tradição e a inspiração do passado para criar um futuro".[10] É como se, nas mãos de Toshiyuki Takamiya, o japonês Arturiano e bibliófilo, a história do futuro do livro só pudesse começar com Gutenberg.

Takamiya vê o HUMI de maneira ampla como "uma oportunidade para transcender os limites do formato tradicional, com suas páginas encadernadas. Uma vez digitalizado, cada componente pode ser desvinculado e religado de inúmeras maneiras", diz ele, tornando-se uma "nova entidade... talvez mais vívido do que nunca no mundo real, onde livros raros são frequentemente inacessíveis".[11]

A equipe refina seus processos e testa novas versões de equipamento, levando uma versão móvel de sua estrutura para a estrada para colaborar com bibliotecas de pesquisa e museus que mantêm outros exemplares da Bíblia de Gutenberg. Ele passou quatro dias em Cambridge, em novembro de 1998, criando a próxima cópia digital completa da Bíblia, e depois de mais nove exemplares, incluindo os da Biblioteca Britânica, o Museu Gutenberg em Mainz e os três da Biblioteca e do Museu Morgan. Agora, várias Bíblias podem ser comparadas, lado a lado. Ferramentas de navegação sofisticadas permitem visualizações detalhadas de perto do texto e da iluminura decorativa e, quando a equipe descobre que é difícil e demorado fazer comparações minuciosas, eles desenvolvem um *software* que lhes permite executar instantaneamente funções como sobrepor letras individuais de diferentes locais para compará-las, revelando pistas tentadoras sobre os métodos e as práticas do impressor.[12]

Há uma fome voraz por essas imagens. Quando a Biblioteca Britânica publica versões HUMI de seus dois exemplares da Bíblia de Gutenberg, gera um milhão de acessos durante o primeiro mês,[13] ressaltando o poder da visão de HUMI de uma grande biblioteca digital que pode abrir o estudo das artes liberais a qualquer pessoa que tenha um computador.

Em uma série de simpósios internacionais, a equipe do HUMI não apenas compartilha o conhecimento e a experiência técnica de seu próprio trabalho, mas também reúne contribuições de outras instituições e de acadêmicos interessados, refinando sua abordagem e apresentando exposições em todo o mundo. Agora, diz o professor Takamiya, "livros raros digitalizados, incluindo a Bíblia de Gutenberg, nunca se tornarão relíquias esquecidas da sabedoria ancestral. Eles ganharão vida toda vez que alguém tiver acesso a eles. Essa, então, é a razão de ser do Projeto HUMI".[14]

* * *

À MEDIDA QUE AS IMAGENS de alta resolução da Bíblia de Gutenberg entram no reino digital, a tecnologia em rápida evolução abre o caminho para análises cada vez mais sofisticadas do texto, criando formas mais profundas de vê-lo. Em janeiro de 2001, o especialista em impressões de Gutenberg Paul Needham e Blaise Agüera y Arcas, um jovem matemático computacional, anunciaram uma nova teoria disruptiva sobre como Gutenberg criou seu tipo. Uma narrativa prevalecente dizia que o impressor havia usado um processo de montagem refinada, envolvendo um sistema de "matriz de punção". Letras individuais teriam sido cuidadosamente esculpidas em pontas de hastes de aço e perfuradas em folhas de cobre para criar moldes resistentes (cada um chamado de matriz) que poderiam ser preenchidos com uma liga de chumbo para criar um tipo de peça. Uma punção pode ter sido usada para criar vários moldes, dos quais poderiam sair uma quantidade infinita de letras idênticas.

O processo há muito era celebrado como o cerne da invenção de Gutenberg, mas não passou sem ser questionado. No final da década de 1980, Needham, agora bibliotecário da Biblioteca Scheide, em Princeton, havia trabalhado com um colega para estudar as letras individuais em um dos primeiros documentos de Gutenberg, tentando determinar quantas punções haviam sido utilizadas. Eles esperavam encontrar grandes grupos de letras quase idênticas, cada grupo refletindo o uso de uma única punção e um número relativamente baixo de punções em geral. Um artesão habilidoso levaria um dia para esculpir uma letra no aço, então o processo seria mais econômico se uma pequena coleção de punções fosse usada de forma repetida. Em vez disso, porém, enquanto os estudiosos olhavam para as letras e contavam as variações à mão, eles perceberam tantas diferenças que estimaram haver 204 punções diferentes no momento em que pararam de contar. Não fazia sentido. E foi aí que deixaram isso de lado – com muitas perguntas sobre as antigas suposições, mas sem respostas.

Needham voltou à investigação uma década e meia depois, quando um colega de Princeton o apresentou a Agüera y Arcas, um aluno do seu seminário de graduação sobre a história do livro. O prodígio da computação de 25 anos interessou-se pelo problema (o suficiente para torná-lo a base de sua dissertação de matemática aplicada) e construiu um modelo sofisticado para comparar as letras em cópias aumentadas por computador de vários documentos antigos produzidos por Gutenberg da Biblioteca Scheide.

Agora, o algoritmo permite que eles sobreponham todas as ocorrências de uma única letra e agrupem as que são semelhantes, tornando possível localizar facilmente tipos individuais à medida que se repetem nas páginas. Eles encontram *centenas* de versões de cada letra. O clamor das variações leva-os a teorizar que a primeira fundição criou seu tipo, não com um sistema de matriz de punção de metal, mas individualmente, à mão. (Agüera y Arcas se pergunta mais tarde como tantas pessoas, por tanto tempo, olharam para páginas do tipo que chamaram de triunfo da uniformidade, sem perceber como as letras eram diferentes[15] – algo que Needham discerniu rapidamente sem a ajuda de matemática avançada.)

Gutenberg, eles postulam, estava tentando recriar as complexidades de uma taquigrafia de escriba, que usava uma extensa gama de combinações de letras e abreviações para compactar o máximo de palavras possível em cada folha cara de velino de um livro. Ele fez isso, eles teorizam, criando seu tipo em moldes individuais, de um ou dois usos, pressionados em um material macio como a areia, possivelmente combinando formas modeladas com traços à pena. Needham observa que esse tipo de sistema complexo, denominado *tipografia cuneiforme*, era conhecido por ser usado por artesãos europeus do início do século XV, incluindo os ourives. Ele afirma que os moldes de metal atribuídos a Gutenberg foram provavelmente inventados por outra pessoa, talvez duas décadas depois de Gutenberg começar a imprimir as Bíblias.[16]

Os estudiosos apresentam suas descobertas em uma palestra exclusiva na cidade de Nova York, no Grolier Club, a famosa sociedade de bibliófilos, e aparecem nas manchetes de todo o mundo. "O anúncio está causando o mesmo tipo de empolgação entre os colecionadores de livros raros e acadêmicos que o Super Bowl causa entre os fãs de esportes", escreve Dinitia Smith no *New York Times*.

Um importante estudioso rotula os frutos dessa última intersecção de Gutenberg e tecnologia avançada como "um marco no estudo da tipografia inicial", e Anthony Grafton, o historiador sobre livros de Princeton que reuniu Needham e Agüera y Arcas, diz ao *New York Times*: "Eles descobriram que toda a história do início da impressão está errada".

O relatório da National Public Radio questiona se a história tem sido generosa demais com o impressor de Mainz e se a invenção de Gutenberg será diminuída pelas descobertas. Mas Agüera y Arcas, que mais tarde chefiará o grupo pioneiro de inteligência artificial no Google, diz simplesmente que as descobertas mostram que o desenvolvimento da impressão avançou em várias pequenas etapas em vez de dar grandes saltos. Reconhecendo Gutenberg como um "excelente engenheiro", enfatizou para o *Financial Times*, em 2014, que a tecnologia evolui com a contribuição de muitas pessoas. "A ideia de que uma tecnologia surja pronta desde o início é loucura. Qualquer pessoa que use tecnologia sabe que não é assim que funciona".[17]

✳ ✳ ✳

Talvez a imagem de Johannes Gutenberg como um gênio solitário que transformou a cultura humana perdure, porque o alcance do que se seguiu é tão vasto que parece quase mítico e precisa ter uma história de origem para servir de referência. A ambição de anunciar uma nova tecnologia de impressão com um livro de 1.200 páginas é de tirar o fôlego, uma abertura adequada para a avalanche de mudanças que rapidamente se seguiria. No final do século XV, mais de 130 outras edições da Bíblia Sagrada foram impressas e distribuídas por todo o mundo.[18] Cerca de 240 cidades europeias instalaram gráficas, que se estima que tenham imprimido pelo menos 28 mil diferentes edições de inúmeras obras, produzindo um total surpreendente de 10 milhões de livros.[19] A palavra impressa mecanicamente criou a memória do mundo, como alguns estudiosos explicaram, ajudando a acender o Renascimento, a Reforma Protestante e séculos de revoluções na ciência, na política e na indústria. E Gutenberg e sua Bíblia representam a personificação dos primeiros momentos em que tantas possibilidades humanas puderam ser exploradas, multiplicadas e desenvolvidas.

Com a disseminação e o desenvolvimento das técnicas de Gutenberg, o historiador John Man escreve em seu livro, *A Revolução de Gutenberg*: "Dificilmente um aspecto da vida permaneceu intocado. Os estudiosos podiam comparar as descobertas, apoiarem-se uns nos outros e dar uma noção melhor e mais rápida do universo. A invenção de Gutenberg preparou o terreno de onde emergiu a história moderna, a ciência, a literatura popular, o início do Estado-nação, muito de tudo aquilo com que definimos a modernidade".[20]

A revista *Life* concorda, nomeando Johannes Gutenberg, impressor independente que reformulou o avanço humano, como "Homem do Milênio" no outono de 2000 e colocando a impressão de suas Bíblias no topo de sua lista dos fatos mais importantes dos últimos mil anos. *Life* retrata Gutenberg como um misterioso gênio-herói oprimido: "O que Gutenberg idealizou foi o primeiro sistema de tipo móvel ocidental que funcionou – tão bem que permaneceu praticamente inalterado nos trezentos e cinquenta anos seguintes", diz a revista. "Gutenberg, no entanto, não recebeu nada da glória. Sua ideia o levou à falência no ano em que sua Bíblia foi publicada e um credor assumiu o negócio. Pouco mais se sabe sobre o inventor – em parte, porque ele nunca imprimiu o seu nome".[21]

À medida que o longo milênio moldado pela impressão dá lugar a uma era sendo reescrita em algoritmos, há um desejo geral de honrar o valor do legado de Gutenberg e de ver em suas rupturas um prenúncio da era que surge. A cidade de Mainz celebra o impressor como um revolucionário tecnológico ao organizar o evento "2000: o Ano de Gutenberg", marcando o 600º aniversário de seu nascimento, com uma série de exposições em museus, apresentações em multimídia, festivais e um catálogo de 227 páginas: *Gutenberg Man of the Millennium: from a Secret Enterprise to the First Media Revolution* [*Gutenberg, o Homem do Milênio: De uma Empresa Secreta à Primeira Revolução na Mídia*], uma verdadeira enciclopédia sobre Gutenberg.

As próprias Bíblias avançam de forma graciosa pelo tempo, continuando a oferecer *insights*. Em grande parte, devido à disposição incomum dos zeladores do Número 45 de colaborar com os cientistas, mais pessoas do que nunca terão a chance de estudar os textos *on-line*. Não é inconcebível que as próximas análises inovadoras e percepções sejam contribuições abertas, vindas de todas as partes do mundo.

Uma consequência imprevista do projeto HUMI é a decisão da Universidade Keio de proteger o Número 45, cortando seu acesso, não apenas do público, mas também a acadêmicos e pesquisadores, não importa o quanto sejam qualificados. Depois que o livro foi digitalizado e colocado à disposição de todos, parece que entenderam que não haveria mais a necessidade de ter contato físico com o próprio livro. No entanto, por algum tempo, quando as primeiras imagens digitalizadas foram consideradas com resolução muito baixa para serem úteis à medida que a tecnologia avançava, o Número 45 desapareceu da internet, ressurgindo em uma versão com qualidade mais alta na primavera de 2017.

O professor Richard Schwab fica profundamente emocionado ao relatar como os funcionários da Keio recusaram seu pedido de visitar Tóquio para examinar o Número 45 e concluir seu projeto de pesquisa sobre o cíclotron. Ele percebeu, então, que seu contato com o livro havia terminado para sempre,[22] e que seria impossível analisar o papel e a tinta de cada página daquele volume, ou obter os *insights* sobre os processos de Gutenberg que os dados adicionais poderiam trazer.

No momento em que este livro estava sendo escrito, o Número 45 continuava trancado, inacessível, em um cofre da Universidade Keio.

✻ ✻ ✻

QUANTO A ALGUÉM POSSUIR UMA Bíblia de Gutenberg novamente, as chances são muito remotas. Não houve mais nenhum exemplar colocado à venda desde o leilão da Coleção Estelle Doheny, em 1987, e parece pouco provável que outra seja vendida de novo (embora isso tenha sido dito muitas vezes durante a existência do Número 45). Fragmentos do grande livro, entretanto, entraram no mercado, alguns sendo vendidos por preços astronômicos.

Estelle Doheny, a única mulher americana a possuir uma Bíblia de Gutenberg em sua coleção particular. Ela venceu sua busca ao longo de quarenta anos para possuir o "maior livro do mundo".

O chamado Fragmento de Rendsburg foi descoberto em 1997 na paróquia evangélica de St. Marien, em Rendsburg, Alemanha, quando um bibliotecário da igreja foi procurar um livro desaparecido e encontrou o fragmento em uma oficina de restauração, onde estava apodrecendo por anos a fio em uma prateleira empoeirada. Arrancaram folhas encadernadas entre as capas de carvalho e suprimiram as iluminuras iniciais. Fora totalmente vandalizado. Mas restaram 129 folhas do volume 1 da Bíblia de Gutenberg. Os padres decidiram vender o fragmento para levantar fundos para reformar uma igreja comunitária construída em 1287, recusando uma oferta de US$ 2,5 milhões de um potencial comprador americano após terem sido pressionados a mantê-la na Alemanha. Foi vendida à outra igreja alemã por 3,5 milhões de marcos alemães (pouco mais de US$ 2 milhões) e agora está emprestada em caráter permanente para o Schloss Gottorf, um museu em Schleswig, Alemanha. O debate gira entre os amantes de livros e bibliófilos, mas alguns especialistas chegam a chamar o incomum Fragmento de Rendsburg de 49º Gutenberg.[23] (A história completa do exemplar designado por alguns especialistas como Número 48 está envolta em mistério. Confiscado pelo Exército soviético durante a Segunda Guerra Mundial, atualmente está na Biblioteca da Universidade Lomonosov, em Moscou.)

Em 19 de junho de 2015, a fome de montagem de Gutenbergs tornou-se aparente quando um fragmento muito menor de uma Bíblia foi vendido na Sotheby's por US$ 970 mil, excedendo as expectativas da casa de leilões em quase meio milhão de dólares. O fragmento, oito folhas consecutivas do Livro de Ester com belas rubricas em vermelho, azul e dourado, veio de uma Bíblia comprada pelo negociante Gabriel Wells, em 1920 – o mesmo exemplar do qual ele vendeu a Epístola de São João aos Romanos para Estelle. Wells fez várias vendas desse exemplar a US$ 150 por folha, chamando as peças de "Fragmentos Nobres", uma estratégia que foi ironicamente definida pelo *New York Times* como "pregar o Evangelho entre os mais ricos".[24]

Com base no valor do último leilão, cada folha da Bíblia de Gutenberg pode ser avaliada agora em extraordinários US$ 121.250. Extrapolando isso, é concebível que uma Bíblia de Gutenberg, em dois volumes, com 643 folhas (1.286 páginas no total) possa custar quase US$ 80 milhões. Um funcionário do museu vai ainda mais longe, estimando que, se tal livro, de repente, se tornasse disponível no mercado mundial hoje, seu preço estaria na faixa de US$ 100 milhões.[25]

E é certo que haveria um comprador particular para o volume, mesmo com o preço mais exorbitante. Em 2017, US$ 100 milhões poderiam comprar uma casa de 1.900 metros quadrados em Beverly Hills,[26] um jato 757 particular,[27] ou uma pintura de Jean-Michel Basquiat – um tipo de aquisição que dá brilho à riqueza moderna e está ao alcance da classe bilionária. Embora as Bíblias de Gutenberg tenham feito parte de tais catálogos de itens mais importantes, elas sempre se destacaram, ocupando um universo próprio. Afinal, um volume como o Número 45 "simboliza uma das maiores realizações de todos os tempos", como escreveu certa vez James Thorpe, ex-diretor da Biblioteca Huntington. Ter uma delas é possuir o primeiro resultado admirável de uma invenção que transformou tudo de forma profunda.

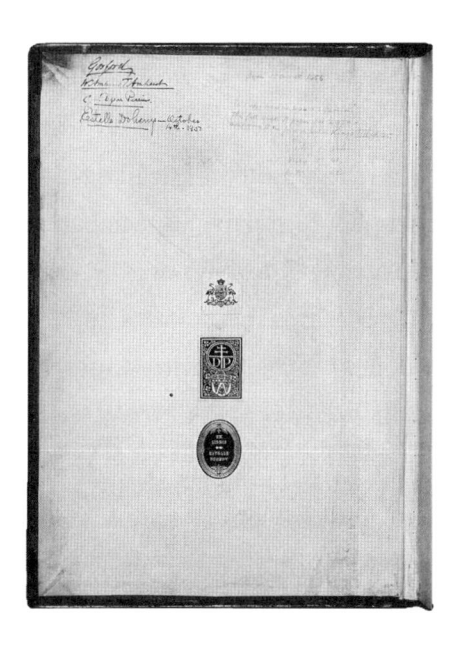

As assinaturas e as etiquetas dos donos ainda visíveis na página de guarda da Bíblia de Gutenberg.

Nem todos os donos particulares do Número 45 refletiram de forma profunda sobre essa história, ou mesmo consideraram a Bíblia entre os itens mais valiosos de suas coleções. Gosford, um Don Juan colecionador de livros, cujas aquisições pareciam apenas fazê-lo adquirir outros, levou o Gutenberg para casa, para seu castelo nunca terminado, por estar barato. Dyson Perrins o adicionou às suas prateleiras cuidadosamente selecionadas, provavelmente, por indicação de um livreiro, mas deu pouco do amor que ele esbanjou em manuscritos iluminados que compartilhou com a esposa doente. Estelle Doheny o perseguiu por décadas, em grande parte, porque ele a lembrava de uma época em sua vida que queria muito recuperar. Philip Frere, o breve dono que aparentemente deixou o livro no cofre do livreiro, parecia não lhe dar nenhum apreço. Apenas Lorde Amherst, instruído por Bernard Quaritch a apreciar o valor do livro e determinado a conectar sua história com os fios das histórias que se espalhavam pelo restante de sua biblioteca, pareceu apreciá-lo como um estudioso de verdade.

Se o titã negociador de livros A. S. W. Rosenbach estiver correto ao dizer que cada livro tem seu próprio destino, então, talvez cada dono tenha desempenhado um papel especial na narrativa maior – ou mesmo na "missão" especial – do Número 45, enquanto ele cruzava o globo, desencadeando contatos inesperados entre os mundos da arte e da ciência, tecendo conexões diretas entre Gutenberg e as tecnologias que moldam o futuro.

Vista de certa forma, a história do Número 45 está repleta de revoluções, traições e perdas. Mas, do ponto de vista do próprio livro, é um estudo do modo como um único objeto importante provocou respostas que o levaram ao campo de interesse de improváveis inovadores que assumiam riscos ao longo do tempo – pessoas tão diferentes e, muitas vezes, invisíveis, como Estelle Doheny, Rita Faulders e Toshiyuki Takamiya. Do mesmo modo como a tecnologia de Gutenberg, sem dúvida, cresceu a partir de oportunidades e ideias que se cruzaram ao acaso, o Número 45 continuou a produzir novos *insights* por meio de reuniões inesperadas e casuais, desencadeadas pelas pessoas em torno de seus donos.

Comerciantes de livros e acadêmicos, as pessoas no centro do mundo dos livros raros, muitas vezes consideram os colecionadores amadores em termos ligeiramente desdenhosos, vendo-os como viajantes temporários em um mundo que provavelmente nunca poderão apreciar na totalidade. Mas cada dono e seu círculo mais próximo deixaram uma marca na Bíblia de Gutenberg Número 45, e é possível que, um dia, uma tecnologia ainda não imaginada permita que as páginas do livro sejam lidas em busca das histórias do DNA deixado pelo seu toque.

Transformamos o livro e ele nos transforma.

Em uma era em que a novidade é valorizada, as Bíblias de Gutenberg nos fundamentam na riqueza do tempo, mostrando-nos como o tempo aprofunda a beleza à medida que níveis de significado se acumulam em objetos físicos de forma que não pode ser replicada em um mundo digital. A importância que se constrói no processo nos atrai. Até mesmo Takamiya, que seus colegas de equipe do HUMI consideravam um embaixador digital, disse a um entrevistador: "Gostaria de cumprir minha última missão para encorajar as pessoas a se interessarem mais por livros impressos".

O que se acumula em livros antigos quando os adicionamos às nossas coleções transitórias pode ser tão efêmero quanto as preces que dizemos sobre eles, ou tão explosivo quanto os dramas humanos que impulsionaram o Número 45 por sua vida singular e que ainda podem enviar a criação de Gutenberg para os cuidados de outra pessoa obcecada por outra mudança imprevisível. A única certeza, se o passado nos serve de indicador, é que a próxima troca aprofundará nossa compreensão do que o livro nos causou. Afinal, os primeiros livros impressos produzidos em massa são diferentes de qualquer outra coisa no mundo. Poucas outras coisas que produzimos são tão ricas em história, com linhas de vida que fluem através de um objeto – e nos unem nas páginas da existência humana.

Epílogo

Considerações Finais

AS PESSOAS, OS LUGARES E as instituições que tocaram o Número 45 formam uma parábola moderna sobre a volatilidade do destino e da riqueza.

⚜ Depois que a família Acheson foi financeiramente arruinada pelas dívidas de jogo do jovem 4º Conde de Gosford, viu-se forçada a abandonar o Castelo Gosford, deixando as paredes ruídas em sinal de decadência. O local foi confiscado pelo governo britânico durante a Segunda Guerra Mundial para ser usado como campo de prisioneiros de guerra e depois por equipes de filmagem de *Game of Thrones* em 2012. O castelo mudou de mãos várias vezes, até 2008, quando foi dividido em 23 partes, em um projeto de restauração multimilionário – sem qualquer sombra de uma biblioteca.

✤ A casa do segundo proprietário da Bíblia, o Didlington Hall, de Lorde William Amherst, foi passado para Mary, a primogênita de suas sete filhas, depois de Amherst ter falecido, aparentemente de tristeza, após ter sido forçado a vender sua coleção. Mary foi "proclamada" Baronesa de Amherst para poder herdar a propriedade de 29 mil metros quadrados de seu pai de acordo com as leis britânicas de sucessão. Mas, após apenas um ano, foi forçada a vender a casa e o restante do seu conteúdo. No auge da Segunda Guerra Mundial, a mansão e o terreno foram requisitados para servir como quartel-general do comandante do Exército britânico durante os desembarques no Dia D. Didlington Hall, que já foi um amplo gabinete de curiosidades, cheio de alguns dos melhores artefatos reunidos em um dos recantos do Império Britânico, foi demolido na década de 1950.

✤ C. W. Dyson Perrins, o terceiro dono da Bíblia, morreu em janeiro de 1958, tendo ajudado a garantir que a fábrica de porcelana Royal Worcester e seus artesãos continuassem a trabalhar até o século XXI. O nome Royal Worcester ainda aparece na porcelana, mas os últimos 15 pintores de porcelana da empresa, com os demais operários que restaram, deixaram a fábrica da Severn Street para sempre em 29 de setembro de 2006. Hoje Dyson Perrins é lembrado no Museu de Porcelana Worcester, fundado por sua viúva, Frida, no mesmo local da fábrica. A casa de Perrins em Davenham, antes uma colmeia de bibliófilos, agora é um lar para doentes e idosos.

✤ Pouco se sabe sobre os últimos anos de Sir Philip Frere, o único dono particular que optou por não acrescentar sua assinatura à Bíblia. Frere fugiu das páginas sociais londrinas em 1950. De acordo com seu atestado de óbito, o advogado faleceu após um período de coma, em 6 de dezembro de 1981, na cidade de Westminster, aos 84 anos.

❦ Estelle Betzold Doheny, a dona que, sem dúvida, sentiu a mais profunda ligação emocional com o Número 45, hoje é lembrada principalmente pelas doações que fez de forma tão generosa antes de falecer. Uma lista das 237 bolsas de fundação concedidas em 2017 mostra o amplo apoio aos pobres e desabrigados, à educação de crianças e às obras da Igreja Católica por meio de seus representantes, programas e escolas. Sua fundação é a principal financiadora do Instituto dos Olhos Doheny, um dos principais centros de visão do país dedicado às pesquisas inovadoras na vanguarda da "ciência da visão".

E o que aconteceu com o valor da venda da Coleção Estelle Doheny, os fundos que a Igreja Católica insistia que precisava com tanta urgência para a formação de padres? Em 1996, uma matéria de primeira página da *Missão Católica Leiga de Los Angeles* levantou a questão, observando que a Arquidiocese de Los Angeles havia "investido na doação do Seminário" várias vezes para cobrir deficiências operacionais, incluindo um déficit de US$ 4 a US$ 5 milhões, em 1991. Citando fontes identificadas e não identificadas, o jornal estimou que a dotação do clero estava devendo entre US$ 23 milhões e US$ 25 milhões – mais da metade do valor da venda – com o dinheiro destinado a cobrir despesas como uma reforma de US$ 1 milhão dos aposentos do arcebispo. Os seminaristas, por sua vez, notaram que as instalações do Seminário de São João foram modernizadas – de forma barata e estéril. "Eles tiraram toda a arte eclesiástica", disse um, "e fizeram este lugar parecer uma lanchonete Denny's".[1]

❦ A Universidade Keio continua proibindo o acesso direto ao Número 45, mas, em abril de 2017, uma nova cópia em alta resolução apareceu *on-line*. As folhas majestosas, incluindo as assinaturas dos donos do livro, podem ser vistas com clareza em http://dcollections.lib.keio.ac.jp/en/gutenberg.

O Número 45 foi a primeira Bíblia de Gutenberg a cruzar a fronteira digital. Sem ser mais um livro tridimensional de tinta impressa sobre papel, o Gutenberg virtual é uma criação do século XXI da era digital. Hoje, o Número 45 mora em um cofre da biblioteca da Universidade Keio, em Tóquio, Japão.

Agradecimentos

A história de Estelle Doheny e a Bíblia de Gutenberg poderia ter desaparecido se não fosse por Rita S. Faulders, a curadora da biblioteca, que se tornou a protetora improvável da história da Bíblia, salvando séculos de seus traços efêmeros. Sua mão rápida preservou não apenas o registro da busca de uma mulher pelo mais importante de todos os livros impressos, mas também a notável saga da única Bíblia de Gutenberg que Estelle Doheny finalmente conquistou – batizada como Número 45.

Este livro levou seis anos para ser produzido. Agradeço sinceramente a Rita S. Faulders, que trabalha comigo desde maio de 2012, por sua ajuda na pesquisa e na redação desta história. Agradeço também ao Dr. Theodore Faulders, professor adjunto do Seminário de São João, em Camarillo, Califórnia, por sua leitura cuidadosa dos originais. Também estendo meus sinceros agradecimentos a Nicholas A. Curry, por seu olhar crítico e pelas contribuições em relação aos interesses comerciais da família Doheny.

Agradeço imensamente ao Dr. Olwen Purdue, da Universidade Queens, em Belfast; a Lorraine Bourke, do gerenciamento de registros do Cartório de Registro Público da Irlanda do Norte; e a pesquisadora de Belfast Louise Canavan. Agradecimentos imensos ao Prof. Merrill Distad, ex-diretor associado de pesquisa e coleções especiais da Biblioteca Thomas Fisher de Livros Raros, da Universidade de Toronto. Muito obrigada ao pesquisador Eric Mitchell por sua extensa revisão dos documentos de Lorde William Amherst, nos Arquivos Hackney, da Biblioteca Dalston C. L. R. James, em Londres. Agradecimentos muito especiais a Derek Chin, que ajudou na tradução com acadêmicos da Universidade Keio, em Tóquio. Da Arquidiocese de Los Angeles, estendo meu grande apreço ao prolífico autor e historiador Monsenhor Francis J. Weber e ao arquivista Kevin Feeney.

Minha profunda gratidão se estende ao físico Dr. Thomas A. Cahill, ex-diretor do Laboratório Nuclear Crocker, e ao estudioso de livros raros Dr. Richard N. Schwab, por gentilmente me conceder repetidas entrevistas para melhor compreender o complexo e histórico encontro da Bíblia de Gutenberg com o cíclotron.

Sinto-me profundamente grata a Donna Frazier Glynn, Walter Bode, Jack Miles e Victoria Steele. Agradeço muito ao Dr. Lawrence D. Dorr e Marilyn Dorr, John Waiblinger, Kathryn Donatelli, Brandon Schmook, Michael Caldwell, Rachel Winfree, Mark Spohn, David Bice, Alex e Kim Gallego, Eugene You, Linda Howard, Carol Easton, Kelly Kinnon, Jeffrey Forer, Nancy Reimann, Don Russ, Susan Levinson, Joe e Justine Medeiros, Eileen C. White, Noel Riley Fitch, Albert Sonnenfeld, Eric Evavold e os intuitivos Julie Hunter e Shelby Ingram. Expresso minha maior gratidão a meu atual marido, Roger Vincent.

Saudações às senhoras incríveis do meu clube do livro em Los Angeles, a Sociedade Literária Feminina, por seu contínuo apoio: Dra. Deborah Lynn, Abigail Walsh, Kim Nemoy, Jeanne MacDonald e Meena Nainan.

Gostaria de homenagear, postumamente, meus mentores, Kevin Starr, Jim Bellows e T. Sumner Robinson. Em memória amorosa: James H. Davis, Frank D. Vincent, Jack Dunlap, Tom X e Taylor Negron.

Sou muito grata a Patrick A. Doheny, que me deu sua bênção entusiástica para prosseguir com este projeto pouco antes de seu falecimento, em 2014. Agradecimentos muito especiais a Leslie Siewierski.

Minha notável editora, Megan Newman, da TarcherPerigee, inspirou meu melhor trabalho e tornou este livro possível. Meus sinceros agradecimentos à minha talentosa editora, Nina Shield. Também gostaria de agradecer a Marian Lizzi, editora-chefe da TarcherPerigee. Agradecimentos muito especiais a Hannah Steigmeyer, assistente editorial; Erica Rose, editora de produção sênior; e a extraordinária revisora Kathleen Go. Muito obrigada a Tiffany Estreicher, diretora de *design* gráfico, pelo belo projeto editorial deste livro, além da capa da artista Jess Morphew.

Por fim, estendo minha mais profunda gratidão à minha agente literária, Betsy Amster, que guiou de maneira brilhante *Em Busca da Bíblia Perdida de Gutenberg* desde sua ideia inicial até a publicação.

Vida longa ao livro!

Notas

Capítulo 1: A estante de um milhão de dólares

1. **"mais mal embrulhado":** Rita Faulders, em entrevista gravada com Lucille Miller, em 15 de agosto de 1984.
2. **"de qualquer maneira":** *Ibid.*
3. **O exemplar agora em poder de Estelle Doheny:** Um presente indireto que recebemos de Estelle Doheny é a possibilidade de examinar o Número 45 como ela e os outros donos examinarão ao longo deste livro. Se quiser abrir a capa e ver de perto qualquer detalhe nas páginas, poderá fazê-lo no website da Universidade Keio no Japão, cujo trabalho digital inédito com a Bíblia de Estelle está descrito no Capítulo 10. Veja o Número 45 em http://dcollections.lib.keio.ac.jp/en/gutenberg.
4. **a maioria dos estudiosos acredita:** O levantamento usado aqui entre exemplares em velino e papel foi fornecido pelo Museu Gutenberg em Mainz, Alemanha. Veja http://gutenberg-museum.de/41.0.html?&L=1.
Para um levantamento de Bíblias de Gutenberg conhecidas em 1950, veja Lazare, Edward, "The Gutenberg Bible: A Census" ["A Bíblia de Gutenberg: Um levantamento"], *Antiquarian Bookman*, 18 de novembro de 1950.
5. **45 que se que conheciam em 1950:** Lazare, Edward, "The Gutenberg Bible: A Census" ["A Bíblia de Gutenberg: Um levantamento"], *Antiquarian Bookman*, 18 de novembro de 1950.

6. "**coleção das coleções**": "Bible Exhibit One of Finest, Huntington Library Curator Descibes Collection" ["Primeira exposição de Bíblias dos melhores exemplares da curadoria da coleção da Biblioteca Huntington Library", *Los Angeles Times*, 26 de outubro de 1930.
7. "**extremamente quente**": Rita Faulders, em entrevista gravada com Lucille Miller, em 15 de agosto de 1984.
8. **US$ 70.093**: Em valores atuais, corrigidos pela inflação, o preço chega a US$ 694.067.
9. **primeira e única mulher**: Apenas duas outras mulheres têm uma ligação direta com uma Bíblia de Gutenberg. Lady Christian Martin, da Grã-Bretanha, herdou um exemplar, conhecido como Shuckburgh, que foi adquirido por Arthur A. Houghton Jr., em 1953.

    O chamado exemplar Melk da Bíblia de Gutenberg foi comprado pela Sra. Edward Harkness por meio do livreiro A. S. W. Rosenbach, com a finalidade de doá-lo à Universidade de Yale.

    Estelle Doheny é a única mulher a comprar uma Bíblia de Gutenberg como colecionadora para sua biblioteca particular.
10. "**romance popular**": Hamilton, Denise, "Curator Rekindles Early Chapter of Doheny Archives" ["Curador reacende o capítulo inicial dos arquivos Doheny"], *Los Angeles Times*, 4 de fevereiro de 1988.
11. "**curiosos**": Rita Faulders, em entrevista gravada com Lucille Miller, em 15 de agosto de 1984.
12. "**era minha responsabilidade**": *Ibid*.
13. "**totalmente apavorada**": *Ibid*.
14. **piolhos de livro**: Richardson, John, "Bookworms: The Most Common Insect Pests of Paper in Archives, Libraries and Museums" ["Traças de livro: As pragas de insetos mais comuns em arquivos, bibliotecas e museus"], 15 de dezembro de 2010, http://jvrichardsonjr.net/insects/pests.htm.
15. **papel feito de trapos antigos**: Carter, John e Nicolas Barker, *ABC for Book Collectors*, New Castle: Oak Knoll Press, 2004, p. 232.
16. "**um bebê recém-nascido**": Rita Faulders, em entrevista gravada com Lucille Miller, em 15 de agosto de 1984.
17. **marcas-d'água**: Schwenke, Paul, *Johannes Gutenbergszweiundvierzigzeilige Bibel: Erganzungsbandzur Faksimile-Ausgabe* [*Bíblia de 42 linhas de Johannes Gutenberg: volume suplementar para a edição fac-símile*]. Leipzig:Insel-Verlag: 1923, pp. 25-8.

18. **noroeste da Itália:** "The Gutenberg Bible, Treasures in Focus" ["A Bíblia de Gutenberg, Tesouros em foco"], The British Library, 2006, p. 40. Veja também Ing, Janet, *Johann Gutenberg and His Bible: A Historical Study*, Nova York: Typophiles, 1988.
19. **pequenos nós horríveis:** Rita Faulders, em entrevista gravada com Lucille Miller, em 15 de agosto de 1984.
20. **Füssell:** Füssell, Stephan. *Gutenberg and the Impact of Printing*, Burlington, VT.: Ashgate, 2005, pp. 20-1. O autor John Man sugeriu um número em torno de 46.000; veja Man, John. *Gutenberg: How One Man Remade the World with Words*, Nova York: John Wiley & Sons, 2002, p. 166.

Capítulo 2: O tesouro negligenciado

1. **castelo em estilo normando:** O castelo tinha 197 quartos e 45 quartos no subsolo. Veja em https://en.wikipedia.org/wiki/Gosford_Castle/.
2. **estudioso humanista:** *Aldus Manutius and Renaissance Culture: Essays in Memory of Franklin D. Murphy* [*Aldus Manutius e a cultura da Renascença: Ensaios em memória de Franklin D. Murphy*], Atos de uma Conferência Internacional (Veneza e Florença, 14-17 de junho de 1994), org. David S. Zeidberg com Fiorella Gioffredi, Superbi, Florença, Leo S. Olschki, 1998, p. 1.
3. **conceito de leitura pessoal:** Declaração de G. Scott Clemens, ex-presidente do Grolier Club, citado em "A Tribute to the Printer Aldus Manutius, and the Roots of the Paperback" ["Um tributo ao impressor Aldus Manutius e às raízes do livro de bolso"], *New York Times*, 26 de fevereiro de 2015.
4. **"renascentista puro":** *Ibid.* Veja também *Printing and the Mind of Man* [*Impressão e a mente do homem*], publicado por John Carter, Nova York: Holt, Rinehart e Winston, 1967, p. 21.
5. **símbolos:** Hunt, Arnold, "Private Libraries in the Age of Bibliomania," *in* The History of Libraries in Britain and Ireland ["Bibliotecas particulares na era da bibliomania," em A história das bibliotecas na Grã-Bretanha e Irlanda], 2: 1640-1850, org. Giles Madelbrote e K. A. Manley, Cambridge: Cambridge University Press, 2006, p. 444.
6. **"folheando seus tesouros sozinho":** Weiner, Norman D., "On Bibliomania" ["Sobre a Bibliomania"], *Psychoanalytic Quarterly* 35: pp. 217-32.

7. **uma "relativa" atenção:** White, Eric Marshall, "The Gutenberg Bible at the Harry Ransom Center Description and Analysis" ["Descrição e análise da Bíblia de Gutenberg no Centro Harry Ransom"], CD-ROM, Austin: The University of Texas at Austin, 2004.
8. **totalmente esquecido:** O estudioso Eric Marshall White escreveu: "O ano revolucionário de 1789 é uma data muito precoce na história da pesquisa sobre Gutenberg. Depois de cerca de três séculos de esquecimento, o B42 foi reconhecido como o 'primeiro livro impresso' da Europa por vários estudiosos de meados do século XVIII". White, Eric Marshall, "Gutenberg Bibles on the Move in England, 1789-1834" ["As Bíblias de Gutenberg se movimentam na Inglaterra, 1789-1834", *Transações da Sociedade Bibliográfica de Cambridge* 15, n° 1 (2012): p. 81.
9. **"Não hesitamos nem um instante":** de Bure, Guillaume-Francois, Bibliographie Instructive, vol I. (Teólogo), 1764, p. 32-40. Veja também Arnold Hunt, p. 447. A biblioteca do Cardeal também conhecida como a Biblioteca de Mazarino, no Colégio das Quatro Nações. A designação *Bíblia de Mazarino* passou a indicar a Bíblia de Gutenberg a partir da publicidade após a descoberta de Bure.
10. **Thomas Payne II:** White, Eric Marshall, "Gutenberg Bibles on the Move in England, 1789-1834" ["As Bíblias de Gutenberg se movimentam na Inglaterra, 1789-1834", *Transações da Sociedade Bibliográfica de Cambridge* 15, n° 1 (2012): p. 84. White descobriu o recibo de Spencer pela Bíblia de Mazarino (Bíblia de Gutenberg) entre os documentos de Althorp na Biblioteca Britânica.
11. **Quatro anos depois:** Folter, Roland. "The Gutenberg Bible in the Antiquarian Book Trade," *Incunabula: Studies in Fifteenth-Century Printed Books Presented to Lotte Hellinga* ["A Bíblia de Gutenberg no mercado de livros raros", *Incunábulos: Estudos dos livros do século XV apresentados a Lotte Hellinga*], org. Martin Davies. Londres: The British Library, 1999, p. 11.
12. **Spencer e seu primo:** Spencer perdeu o livro, mas, por fim, saiu vencedor, comprando-o por menos da metade do preço sete anos depois quando seu primo exagerado precisou vender sua biblioteca. Veja John Rylands Library Special Collections Blog, https://rylandscollections.wordpress.com/tag/george-john-2nd-earl-spencer/

13. **"Nenhum ser humano"**: Dibdin, Thomas Frognall, *The Bibliographical Decameron* [*O Decameron bibliográfico*], vol. 3, Londres, 1817, p. 65. Veja também Granniss, Ruth S., "What Bibliography Owes to Private Book Clubs" ["O que a bibliografia deve aos clubes particulares de livros"], *The Papers of the Bibliographical Society of America* 24, nº 1/2 (1930): pp. 14-33.
14. **"maníaco por pontas"**: Carter, John e Nicolas Barker, *ABC for Book Collectors*, New Castle: Oak Knoll Press, 2004, p. 171.
15. **"faria o lote valer"**: Gilbert, Rosa Mulholland, *Life of Sir John T. Gilbert* [*A vida de Sir John T. Gilbert*], Londres: Longmans, Green, and Co., 1905, p. 133.
16. **gesso intrincadamente esculpido:** Larmour, Paul, "Gosford Castle, Co. Armagh: A Neo-Norman Novelty" ["Gosford Castle, Co. Armagh: Uma novidade neoromana"], *Ulster Architect* (Março de 1985): pp. 4-5. Veja também http://landedfamilies.blogspot.com/search?q=Gosford.
17. **"bizantino"**: Proudfoot, Lindsay, "Placing the Imaginary: Gosford Castle and the Gosford Estate, ca. 1820–1900" ["Focando o imaginário: O Castelo de Gosford e suas propriedades, ca. 1820-1900"], *in* A. J. Hughes e W. Nolan (orgs), Armagh: History and Society, Geography Publications, Dublin, p. 907.
18. **"o livro que nos deu Shakespeare"**: Veja Folger Shakespeare Library em: https://www.folger.edu/first-folio-tour.
19. **157 guinéus:** Um preço equivalente a £ 13,760 ou US$ 21.123, em valores corrigidos.
20. **considerável valor histórico:** The Athenaeum, Nº 4.144, 30 de março de 1907, p. 384. O apego de Gosford ao Fólio baseia-se puramente em sua perfeição. (Anos após a morte de Gosford, descobre-se que o livro não é perfeito, como ele acreditava: duas de suas folhas foram restauradas, possivelmente até substituídas – um fato que teria acabado com a alegria de tê-lo do colecionador maníaco de Markethill.)
21. **4º Conde de Gosford:** *Freeman's Journal* (21 de junho de 1864): p. 2.
22. **alcançando um preço:** Percy Hetherington Fitzgerald, *The Book Fancier* [*O apreciador de livros*], Londres: Ballantine, Hanson and Co., 1886, p. 24.

Capítulo 3: O bibliófilo

1. **"incapaz de se conter"**: Distad, Merrill. "William Amhurst Tyssen-Amherst, First Baron of Hackney, Country Gentleman, Collector, and Connoisseur, 1835-1909" ["William Amhurst Tyssen-Amherst, 1º Barão de Hackney, cavalheiro rural, colecionador e *connoisseur*, 1835-1909"]. Inédito, cortesia de Merrill Distad, p. 11.
2. **inflexível e irascível**: *Dictionary of Literary Biography, Vol. 184: Nineteenth Century British Book-Collectors and Bibliographers* [*Dicionário de biografias literárias, Vol. 184: Colecionadores de livros e bibliógrafos britânicos do século XIX*], Detroit: Gale Research, 1997, p. 370.
3. **enxurrada de cartas**: Carta de Quaritch a Amherst, 12 de março de 1858 e 15 de março de 1858, Thomas Fisher Rare Book Library, Toronto, Box 1.
4. **um elo da corrente**: Distad, Merrill. "William Amhurst Tyssen-Amherst, First Baron of Hackney, Country Gentleman, Collector, and Connoisseur, 1835-1909" ["William Amhurst Tyssen-Amherst, 1º Barão de Hackney, cavalheiro rural, colecionador e *connoisseur*, 1835-1909". Inédito, cortesia de Merrill Distad, p. 13.
5. **porta oculta**: Duggan, Brian Patrick, *Saluki: The Desert Hound and the English Travelers Who Brought It to the West* [*Saluki: O cão do deserto e os viajantes ingleses que o trouxeram para o Ocidente*], Jefferson: McFarland & Co., 2009, p. 15.
6. **"medo do preço"**: Carta de Quaritch a Amherst, 19 de fevereiro de 1870, Thomas Fisher Rare Book Library, Toronto, Box 1.
7. **"mais escassos e mais caros"**: Cartas de Quaritch a Amherst, 12 de outubro de 1871 e 22 de dezembro de 1886, Thomas Fisher Rare Book Library, Toronto, Box 1.
8. **"livreiros, os cavalos"**: Carta de Quaritch a Amherst, 1º de maio de 1873, Thomas Fisher Rare Book Library, Toronto, Box 1.
9. **reduzirá sua comissão usual**: Carta de Quaritch a Amherst, 1º de março de 1873 (escrita no verso de uma notícia sobre o leilão de Perkins), Thomas Fisher Rare Book Library, Toronto, Box 1.
10. **exemplar em velino**: Folter, Roland, "The Gutenberg Bible in the Antiquarian Book Trade" ["A Bíblia de Gutenberg no mercado de livros raros"], *Incunábulos*, org. Martin Davis, The British Library, 1999, pp. 27 e 43. Quaritch vendeu os dois volumes da Bíblia de Gutenberg de papel em 1874 para o grande colecionador britânico Henry Huth. Em 1911, o exemplar de Huth foi vendido a J. P. Morgan.

11. **"humor sarcástico":** Weedon, Alexis, "Bernard Quaritch", *Dictionary of Literary Biography, Vol. 184: Nineteenth Century British Book-Collectors and Bibliographers* [*Dicionário de Biografias Literárias, Vol. 184: Colecionadores de livros e bibliógrafos ingleses do século XIX*], Detroit: Gale Research, 1997, p. 370.
12. **"último dia de minha vida":** Distad, Merrill. "William Amhurst Tyssen-Amherst, First Baron of Hackney, Country Gentleman, Collector, and Connoisseur, 1835-1909 ["William Amhurst Tyssen-Amherst, 1º Barão de Hackney, cavalheiro rural, colecionador e *connoisseur*, 1835-1909"]. Inédito, cortesia de Merrill Distad, p. 16.
13. **tradução de São Jerônimo:** Dr. Theodore Faulders, professor adjunto do Seminário de São João em Camarillo, CA, acrescenta: "São Jerônimo (347-420) escreveu inúmeras cartas e mais de uma centena de suas cartas estão preservadas hoje em diversas bibliotecas. De acordo com Thomas Lawler, a correspondência de São Jerônimo 'é uma fonte de informação significativa sobre o mundo de Jerônimo... e a vida social e eclesiástica de sua época'". E-mail para a autora, 18 de junho de 2018. Veja Thomas C. Lawler, *The Letters of St. Jerome*, Nova York: Paulist Press, 1963, p. 3.
14. **agulha ou um furador:** Kapr, Albert, *Johannes Gutenberg: O homem e sua invenção*, Aldersgot: Scholar Press; Brookfield, VT: Ashgate Publishing, 1966, p. 136.
15. **orifícios:** Ing, Janet, *Johann Gutenberg and His Bible: A Historical Study*, Nova York: The Typophiles, 1988, p. 98.
16. **42 linhas:** *Ibid.*, p. 59.
17. **combinação de número de linhas:** O fato de existirem diferentes configurações foi identificado em 1881 pelo bibliotecário da Universidade de Cambridge, Henry Bradshaw, que fez uma tabela da reconfiguração com base nas evidências que encontrou em quatro outros exemplares. Veja Ing, Janet, *Johann Gutenberg and His Bible: A Historical Study*, p. 60. Veja também Biblioteca Britânica, Todos os tesouros: Bíblia de Gutenberg, "The difference in line lengths per page" ["A diferença do comprimento de linha por página"], em http://www.bl.uk/treasures/gutenberg/flash4.html.
18. **Antes de 15 de agosto de 1456:** A data deriva da inscrição de um iluminador em uma Bíblia de dois volumes de 42 linhas, que hoje está na Biblioteca Nacional da França, em Paris, onde ele escreve no final de cada volume: Vol. 1: "Aqui termina a primeira parte do Antigo Testamento da Bíblia Sagrada, que foi iluminada, rubricada e encadernada por Henry

Albech, ou Cremer, no dia de São Bartolomeu [24 de agosto] do ano de Nosso Senhor de 1456. Graças a Deus, Aleluia". Vol. 2: "Este livro foi iluminado, encadernado e aperfeiçoado por Henry Cremer, vigário da Igreja Colegiada de Santo Estêvão em Mainz, na festa da Assunção de Nossa Senhora [15 de agosto] do ano de Nosso Senhor de 1456. Graças a Deus". Veja Malkin, Sol. M., "Johannes Gutenberg: 1400-1468", *Antiquarian Bookman*, 18 de novembro de 1950, p. 6.

Infelizmente, o iluminador não registrou a data em que recebeu a Bíblia de Gutenberg pela primeira vez.

A frase *Antes de agosto de 1456* está escrita a lápis e ainda está visível na capa interna do Número 45.

19. **"Graças a Deus"**: *Ibid*, p. 6.
20. **minúsculos pontos vermelhos:** Galeria Digital de Livros Raros e Coleções Especiais, 036 A Bíblia de 42 Linhas [Mainz]; Galeria Digital da Universidade Keio, http://www.mita.lib.keio.ac.jp/collection/b42.html.
21. **célebre Bíblia de Cambridge:** Sotheby, Wilkinson e Hodge, *Catálogo da Magnífica Biblioteca de Livros e Manuscritos Valiosos e Escolhidos, de propriedade de Rt. Hon. Lorde Amherst de Hackney*, Item 117, Londres: Dryden Press, 1908, p. 25.
22. **"prolonga sua vida":** Carta de Quaritch a Amherst, 11 de outubro de 1889, Thomas Fisher Rare Book Library, Toronto, Box 1.
23. **cerca de 1474:** Veja https://warburg.sas.ac.uk/pdf/neh1740b2329729B.pdf.
24. **"agora tão rica":** *Ibid*.
25. **"Titã dos leilões":** No obituário de Quaritch, o *Times* (de Londres) declara: "It would scarcely be rash to say that Quaritch was the greatest bookseller who ever lived. His ideals were so high, his eye so keen, his transactions so colossal, his courage so dauntless, that he stands out among men who have dealt in old literature as a Napoleon or a Wellington stands out among generals" ["Seria imprudente dizer que Quaritch foi o maior livreiro que já existiu. Seus ideais eram tão elevados, seus olhos tão perspicazes, suas transações tão colossais, sua coragem tão destemida, que ele se destaca entre os homens que lidaram com a literatura antiga como um Napoleão ou um Wellington se destaca entre os generais"].
26. **1º Barão Amherst de Hackney:** O assunto da ancestralidade e do título de Lorde Amherst é complicado. Dr. Merrill Distad da Thomas Fisher Rare Book Library, Toronto, resume sucintamente da seguinte

forma: "Amherst nasceu em 25 de abril de 1835, em Narford, Norfolk, o filho mais velho e herdeiro de William George Tyssen Daniel-Tyssen (1801-1855) com sua esposa Mary (falecida em 1854), filha mais velha de Andrew Fountaine de Narford Hall. Descendente dos MacDaniels ou MacDonnells do Condado de Mayo, na Irlanda, seu avô assumiu o sobrenome Tyssen adicional em 1814, quando herdou a propriedade de Francis John Tyssen de Hackney, que incluía os solares de Hackney, Middlesex e Foulden, Norfolk. Em 1852, Amherst e seu pai assumiram, por licença real, o nome de Tyssen-Amhurst, em lugar de Daniel-Tyssen, como parte da herança ou propriedade de outra família com parentesco materno, os Amhersts ou Amhursts. Em 1877, por outra licença real, Amherst alterou a grafia de seu nome de Tyssen-Amhurst para Tyssen-Amherst. Quando foi elevado à nobreza em 1892, escolheu como título 'Barão Amherst de Hackney'".

Curiosamente, Lorde Amherst assinou ambos os sobrenomes ao adicionar sua assinatura à Bíblia de Gutenberg, escrevendo W. Amhurst T. Amherst.

Neste livro, usamos o sobrenome posterior, Amherst.

Veja também: Cockayne, G. E., revisado por Vicary Gibbs, Dicionário Biográfico Nacional, 1901-1912, *The Complete Peerage of England, Scotland, Ireland, Great Britain and the United Kingdom*, vol. 1, Londres: The Saint Catherine Press, p. 125-26. Veja também *Debrett's Peerage and Baronetage 1976*, Kingston Upon Thames: Kelly's Directories, 1976; *Burke's Genealogical and Heraldic History of the Peerage, Baronetage and Knightage*, Londres: Burke's Peerage Ltd., 1970.

27. **um dos grandes bibliófilos:** Distad, Merrill, "William Amhurst Tyssen-Amherst, 1º Barão de Hackney, cavalheiro rural, colecionador e *connoisseur*, 1835-1909", p. 14.

28. **fraudou Amherst:** "Wills-Mr Charles Cheston", *London Times*, 13 de julho de 1906; "Heavy Losses by Fraud" ["Grandes perdas por fraude"], *London Times*, 9 de dezembro de 1908; "Lord's Losses Through a Fraud" ["As perdas do Lorde por fraude"], *Luton Times and Advertiser*, 13 de agosto de 1906; "Earl of Amherst Ruined in Old Age" ["Conde de Amherst falido na velhice"], *Washington Times*, 12 de agosto de 1906; "Lost in Speculation: London Solicitor Robs Clients of Immense Funds" ["Perda na especulação: advogado londrino rouba fundos imensos de clientes"], *Bemidji Daily Pioneer*, 12 de julho de 1906; "English Peer Sells Library to Pay off Debt of Honor" ["Nobre inglês vende biblioteca para

saldar dívida de honra"], *Deseret Evening News*, 26 de dezembro de 1908; "Is To Be Feared... Lord Amherst of Hackney" ["A grande comoção de Lorde Amherst de Hackney"], *Richmond Times-Dispatch*, 9 de dezembro de 1908.

29. **"a saída do covarde"**: Duggan, Brian Patrick, *Saluki: The Desert Hound and the English Travelers Who Brought It to the West* [*Saluki: O cão do deserto e os viajantes ingleses que o trouxeram para o Ocidente*], Jefferson: McFarland & Co., 2009, p. 68.
30. **"cruel e difícil"**: "Sad Reverse of Fortune, Lord Amherst's Pathetic Speech" ["Triste reverso da fortuna, o discurso patético de Lorde Amherst"], *Tamworth Herald*, 4 de agosto de 1906, p. 3.
31. **negocia um empréstimo bancário:** Carta de Alan Missen a Amherst, 22 de abril de 1907, Thomas Fisher Rare Book Library, Toronto, Box 11.
32. **"embrulhado em papel pardo"**: Duggan, Brian Patrick, *Saluki: The Desert Hound and the English Travelers Who Brought It to the West* [*Saluki: O cão do deserto e os viajantes ingleses que o trouxeram para o Ocidente*], Jefferson: McFarland & Co., 2009, p. 68.
33. **"ainda era possível"**: "Lorde Amherst of Hackney" ["Lorde Amherst de Hackney"], *London Times*, 6 de setembro de 1906.
34. **vendida para J. P. Morgan:** "Caxton Books Morgon Got: Description of Rare Volumes from Lord Amherst's Library Sale" ["Os livros de Caxton que Morgan adquiriu: Descrição dos livros raros do leilão da biblioteca de Lorde Amherst"], *New York Times*, 6 de dezembro de 1908; "$5,000 Bible Mr. Morgan's: He Was Purchaser of the King Charles I Copy at Amherst Sale" ["Bíblia de US$ 5,000 do Sr. Morgan: Ele adquiriu o exemplar do Rei Charles I no leilão de Amherst], *New York Times*, 6 de dezembro de 1908.
35. **"razões de viver cessaram"**: "Lord Amherst is Dead: Spent Lifetime Gathering Great Library Which He Was Lately Forced to Sell" ["Lorde Amherst morreu: Passou a vida juntando uma grande biblioteca que no fim foi forçado a vender"], *New York Times*, 18 de janeiro de 1909. Veja também "Lorde Amherst de Hackney", *London Times*, 18 de janeiro de 1909.
36. ***Victoria Concordia Crescit*:** Em tradução livre para o português, o lema de Lorde Amherst significa "A vitória advém da harmonia".

Capítulo 4: O patriota

1. **Toda a sua biblioteca:** Julian Brown, O destino dos bens do Sr. Dyson Perrins, Portfolio & Art News Annual, nº 5, 1962, p. 57.
2. **Plano B:** Handley, John L., *The Quiet Hero: The Story of C. W. Perrins 1864-1958* [*O herói silencioso: A história de C. W. Perrins 1864-1958*], Malvern: Aspect Design, 2010, p. 18.
3. **ervas e especiarias estocadas na loja:** Keogh, Brian, *The Secret Sauce, A History of Lea & Perrins* [*O molho secreto: A história de Lea & Perrins*], Worcester: Leaper Books, 1997, p. 3.
4. **lance de marketing:** *Ibid.*, p. 28.
5. **colocando seu produto em navios:** Shurtleff, William and Akiko Aoyagi, *History of Worcestershire Sauce (1837-2012)* [*A história do molho de Worcestershire (1837-2012)*], SoyInfo Center, 2012, p. 182.
6. **segredo:** Poucas pessoas conheciam a receita havia mais de cento e setenta anos. Mas, em 2009, uma cópia da fórmula foi encontrada em uma lixeira após uma faxina na fábrica. Descobriu-se que o molho é uma mistura de água, cravo, açúcar, molho de soja, peixe, vinagre, raspas de limão, pimentão, picles e tamarindo.
7. **700:** Sandon, Henry, *Royal Worcester Porcelain from 1862 to the Present Day* [*A Porcelana Royal Worcester de 1862 aos dias de hoje*], Londres: Barrie & Jenkins, 1973, p. 30.
8. **produto que se igualasse à sua inspiração:** Lund e Dr. Wall: Savage, George, *The Story of Royal Worcester* [*A história da Royal Worcester*], Londres: Pitkin Pictorials, 1979, p. 3.
9. **primeiras peças:** Veja http://collectorsweekly.com/china-and-dinnerware/royal-worcester.
10. **"primeiros trabalhos experimentais":** Perrins, C. W. Dyson, "Mr. Dyson Perrins' Collection of Early Worcester China ["A coleção do Sr. Dyson Perrins das primeiras porcelanas Worcester"], *The Connoisseur* 4, nº 13 (setembro de 1902), p. 101.
11. **Dentro da fábrica:** Um guia através da fábrica de Porcelana Royal, Worcester, 1895, p. 12, https://archive.org/details/guidethroughroya00royarich.
12. **digitais:** *Ibid.*, p. 30.
13. **críquete:** Sandon, Henry, *Royal Worcester Porcelain from 1862 to the Present Day* [*A Porcelana Royal Worcester de 1862 aos dias de hoje*], Londres: Barrie & Jenkins, 1973, p. 46.

14. **lucros de cinco dígitos:** *Ibid.*, p. 24.
15. **Qualquer que tenha sido o catalisador:** Panayotova, Stella, *I Turned It into a Palace: Sydney Cockerell and the Fitzwilliam Museum* [*Eu o transformei em um palácio: Sydney Cockerell e o Museu Fitzwilliam*], Museu Fitzwilliam, 2008, p. 34.
16. **Sydney Cockerell:** De Hamel, Christopher, "Cockerell as Entrepreneur" ["Cockerell como empreendedor"], *The Book Collector*, primavera de 2006, p. 65.
17. **"convidado bem-vindo":** *Ibid.*, p. 68.
18. **"um simples relance":** Brown, T. J., G. M. Meredith-Owens e D. H. Turner, "Manuscripts from the Dyson Perrins Collection" ["Manuscritos da Coleção de Dyson Perrins"], *The British Museum Quarterly* 23, n° 2 (1961), p. 28; veja também "C. W. Dyson Perrins", *London Times*, 2 de julho de 1958.
19. **muitas portas que Cockerell lhe abre:** De Hamel, Christopher, "Cockerell as Entrepreneur" ["Cockerell como empreendedor"], *The Book Collector*, primavera de 2006, p. 65.
20. **"recompensado pela viagem":** Four letters from Charles William Dyson Perrins to Charles Fairfax Murray [Quatro cartas de Charles William Dyson Perrins a Charles Fairfax Murray]. Harry Ransom Center, Universidade do Texas em Austin, Coleções Digitais, http://hrc.contentdm.oclc.org/cdm/ref/collection/p15878coll57/id/2484#nav_top.
21. **Cockerell o aconselha:** De Hamel, Christopher, "Cockerell as Entrepreneur" ["Cockerell como empreendedor"], primavera de 2006, p. 65.
22. **"vistoso":** *Ibid.*, p. 66.
23. **catálogo do leilão:** Sotheby, Wilkinson & Hodge, *Catalogue of the Valuable Library of Ancient Manuscripts and Valuable & Rare Printed Books, the Property of L. W. Hodson, Esq.* [*Catálogo da valiosa biblioteca de manuscritos antigos e de livros impressos raros e valiosos de propriedade de L. W. Hodson, Esq.*], Londres: Dryden Press, maio de 1906.
24. *Epistolae et Evangelia*: Veja *Epistolae et Evangelia* em https://loc.gov/item/48035464/.
25. **"oportunidade":** Dyson, C. W. Perrins, prefácio, *Italian Book-Illustrations and Early Printing: A Catalogue of Early Italian Books in the Library of C. W. Dyson Perrins* [*Ilustrações de livros e primeiras impressões italianas: Um catálogo dos primeiros livros italianos da Biblioteca de C. W. Dyson Perrins*], Oxford: University Press, 1914.

26. **"Muitos exemplares amassados":** "The Dyson Perrins Sale" ["O leilão de Dyson Perrins"], anônimo, *Times Literary Supplement*, 5 de julho de 1947.
27. **"coladas":** Ashby, Thomas, Associação Arqueológica Britânica, Real Instituto Arqueológico da Grã-Bretanha e Irlanda, "An Unknown Sixteenth Century Topography of Rome" ["Uma topografia desconhecida de Roma do século XVI"], *The Archaeological Journal* 65 (março de 1908), p. 245.
28. **"bibelôs":** *The Dyson Perrins Collection, Part 1* [*A Coleção Dyson Perrins, Parte 1*], com uma introdução de Francis Wormald, Londres: Sotheby and Co., dezembro de 1958, p. 7.
29. **de propriedade do Duque de Warwick:** O manuscrito agora está guardado na Biblioteca Morgan em Nova York. Veja a imagem da Anunciação, e as demais do livro em http://ica.themorgan.org/manuscript/page/1/159610.
30. **valor do seguro atual da coleção:** De Hamel, Christopher, "Cockerell as Entrepreneur" ["Cockerell como empreendedor"], *The Book Collector*, primavera de 2006, p. 70.
31. **"frontispício":** Konig, Eberhard, "Illuminated Incunabula in the Doheny Library" ["Os incunábulos iluminados da Biblioteca Doheny"], anotações sobre a Bíblia de Gutenberg, Christie, Manson & Woods International Inc., Coleção Estelle Doheny da Biblioteca Memorial Edward Laurence Doheny, Seminário de São João, Camarillo, Califórnia, Nova York: Christie, Manson & Woods International, 1987-1989, Christie's Catalog, Part 1, p. 285.
32. **"não apenas nos EUA":** "Collectors to Bid on a Gutenberg Bible; One of the Seven Known Vellum Copies to be Sold at the Hoe Sale on April 24" ["Colecionadores no leilão da Bíblia de Gutenberg; Um dos sete exemplares conhecidos de velino será vendido no Leilão de Hoe em 24 de abril"], *New York Times*, 12 de abril de 1911.
33. **"ciúme":** "Books Westward Ho; England's Plaint that America Takes her Bibliographic Treasures" ["Livros seguindo para o Oeste: Inglaterra reclama que os EUA estão levando seus tesouros bibliográficos"], *New York Times*, 2 de agosto de 1902.
34. **"Brailes":** Pollard, Graham, "Obituário, C. W. Dyson Perrins", sem data, papéis de Rita Faulders.
35. **Regimento de Worcestershire:** Para estatísticas relativas ao Regimento de Worcestershire, veja Registros de Guerra do Exército, https://www.forces-war-records.co.uk/.

36. **100 manuscritos com iluminuras:** A Biblioteca Britânica possui 52 manuscritos da coleção de Yates Thompson. Veja suas páginas em: https://bl.uk/catalogues/illuminatedmanuscripts/results.asp.
37. **em cerâmica e estatuetas de nus femininos:** Sandon, Henry, *Royal Worcester Porcelain from 1862 to the Present Day* [*A Porcelana da Royal Worcester de 1862 aos dias de hoje*], Londres: Barrie & Jenkins, 1973, p. 48.
38. **mais do que recompensado:** Pelik, Rowena, C. W., *Dyson Perrins: A Brief Account of His Life, His Achievements, His Collections and Benefactions* [*Dyson Perrins: Um breve relato sobre sua vida, conquistas, coleções e obras beneficentes*], Worcester: Dyson Perrins Museum Trust, 1983, p. 20.
39. **"ser um colecionador":** de Ricci, Seymour, *English Collectors of Books and Manuscripts (1530-1930) and Their Marks of Ownership* [*Colecionadores ingleses de livros e manuscritos (1530-1930) e suas etiquetas de propriedade*], Nova York: Cambridge University Press, 2010, p. 193.

Capítulo 5: A poderosa caçadora de livros

1. **Rosenwald:** Veja Biblioteca do Congresso em http://loc.gov/exhibits/heavenlycraft/heavenly-exhibit.html.
2. **US$ 75 milhões:** Davis, Margaret Leslie, *Dark Side of Fortune* [*O lado negro da fortuna*], Berkeley: University of California Press, 1998, p. 80.
3. **1,6 quilômetros quadrados:** Veja Biblioteca do Congresso referente a Frank Lloyd Wright em https://www.loc.gov/exhibits/flw/flw04.html.
4. **"pode quebrar recordes":** "Hoe Library Sale May Break Records; Gutenberg Bible, Which Last Sold for $20,000, to be Offered on First Day" ["Leilão da Biblioteca Hoe pode quebrar recordes; Bíblia de Gutenberg, que foi vendida por US$ 20,000, será oferecida no primeiro dia], *New York Times*, 31 de março de 1911.
5. **o leilão avançou:** *Ibid.*
6. **"O homem que pagou US$ 50 mil":** "The Man Who Paid $50,000 for the Gutenberg Bible; Henry E. Huntington Leaps Into Fame as a Book Collector by Buying the Church Library for $1,300,000, as Well as the chief Treasure of the Hoe Collection" ["O homem que pagou US$ 50 mil pela Bíblia de Gutenberg; Henry E. Huntington salta para a fama como colecionador de livros ao comprar a Biblioteca da Igreja por US$ 1.300 mil, bem como o principal tesouro da Coleção Hoe", *New York Times*, 29 de abril de 1911. Veja também "Gutenberg Bible Sold for $50,000; Buyer for Henry E. Huntington Gets It as the Highest Price Ever Paid for a Book"

["Bíblia de Gutenberg vendida por US$ 50 mil; o comprador de Henry E. Huntington a obtém pelo preço mais caro já pago por um livro"], *New York Times*, 24 de abril de 1911.
7. **"tudo o que meios praticamente ilimitados podem proporcionar"**: Bonino, MaryAnn, The Doheny Mansion, p. 75.
8. **calma e convincente:** "Doheny Declares Robison said Japan had Mobilized; Defends His Loan to Fall . . . Wife and Son on Stand, Mrs. Doheny Tells of the Torn Note and Younger" ["Doheny declara que Robinson disse que o Japão se mobilizou; defende seu empréstimo a Fall... Esposa e filho testemunham, Sra. Doheny refere-se à nota rasgada"], *New York Times*, 9 de dezembro de 1926.
9. **cinco anos de tortura:** Edward Doheny foi formalmente indiciado por acusações federais de suborno e conspiração em 5 de junho de 1925. Ele foi absolvido de todas as acusações criminais em março de 1930. No entanto, vários julgamentos cíveis relacionados ao escândalo continuaram até a década seguinte.
10. **"distrair ou influenciar"**: "Rich Men Scared" ["Homens ricos apavorados"], revista *Time*, 11 de março de 1935.
11. **"homem alquebrado e transtornado"**: Davis, Margaret Leslie, *Dark Side of Fortune* [*O lado negro da fortuna*], Berkeley: University of California Press, 1998, p. 246. Veja também Diários de Henry W. O'Melveny, papéis de Henry W. O'Melveny, Huntington Library, San Marino, CA.
12. **George Bernard Shaw:** Wolf, Edwin com John Fleming, *Rosenbach: A Biography* [*Rosenbach: Uma biografia*], Cleveland: The World Publishing Co., 1960, p. 359.
13. **constante êxodo:** "Fifty Years an Ardent Book Collector; Rosenbach, Now Sixty, Started His Career as a Boy of Ten" ["50 anos de um ardente colecionador de livros; Rosenbach, agora aos 60, começou sua carreira aos 10"], *New York Times*, 18 de julho de 1936.
14. **"foi divertido pagar um preço tão alto"**: "Gutenberg Bible Sells for $106,000; Dr. A.S.W. Rosenbach Pays High Price for Rare Work of First Printer" ["A Bíblia de Gutenberg é vendida por US$ 106,000; Dr. A. S. W. Rosenbach paga um preço alto por livro raro do primeiro impressor"], *New York Times*, 16 de fevereiro de 1926.
15. **"uma novata"**: Wolf, Edwin com John Fleming, *Rosenbach: A Biography* [*Rosenbach: Uma biografia*], Cleveland: The World Publishing Co., 1960, pp. 360-61.

16. **"virtuosismo intelectual"**: "It Was Fun to Pay Though the Nose" ["Foi divertido pagar um preço tão alto"], Book Review, *New York Times*, 20 de novembro de 1960.
17. **"MENSAGEM DE ALTA ESTIMA"**: Wolf, Edwin com John Fleming, *Rosenbach: A Biography* [*Rosenbach: Uma biografia*], Cleveland: The World Publishing Co., 1960, p. 406.
18. **pinturas nas bordas:** Veja exemplos em http://twistedsifter.com/2013/09/hidden-artworks-on-the-edges-of-books/.
19. **"Colocaram-me para trabalhar"**: Miller, Lucille V., "Edward and Estelle Doheny" ["Edward e Estelle Doheny"], V*entura County Historical Society Quarterly* 6 (novembro de 1960): pp. 3-20.
20. **"fez rodopiar"**: Hamilton, Denise, "Curator Rekindles Early Chapter of Doheny Archives" ["Curadora reacende capítulo inicial dos arquivos dos Doheny"], *Los Angeles Times*, 4 de fevereiro de 1988.
21. **"Rosenbach do Oeste"**: Rosenthal, Robert, "Los Angeles & Chicago: Two Cities, Two Bibliophiles" ["Los Angeles e Chicago: Duas cidades, dois bibliófilos"], *A Bibliophile's Los Angeles, Essays for the International Association of Bibliophiles on the Occasion of Its XIVth Congress* [*A Los Angeles de um bibliófilo, Ensaios da Associação Internacional de Bibliófilos por ocasião do seu 14º Congresso*], Los Angeles, 1985, p. 12.
22. **"em quatro volumes"**: Muito rara, uma Bíblia de Gutenberg de 4 volumes está hoje na Biblioteca da Universidade de Leipzig, Alemanha. A única outra conhecida de 4 volumes está em Paris, na Biblioteca Nacional da França.
23. **"Dr. Vollbehr vendeu"**: Dr. Otto F. H. Vollbehr de Berlim, Alemanha, comprou uma Bíblia de Gutenberg de 3 volumes do mosteiro beneditino de St. Paul, em Carintia, na Áustria, por US$ 305.000, em 1926.
24. **"cumprindo minha obrigação"**: Carta de Alice Millard a Estelle Doheny, coleção Rita Faulders. (Essa é uma das duas Bíblias de Gutenberg existentes, encadernadas em 4 volumes. A outra cópia está na Biblioteca Nacional da França, em Paris; a "universidade alemã" onde a Sra. Millard viu o Gutenberg de 4 volumes provavelmente era em Leipzig. Em 1933, havia supostamente três Bíblias de Gutenberg completas naquela cidade, um exemplar no Museu Buch und Schrift e dois exemplares na Biblioteca de Leipzig, que se tornou a Biblioteca da Universidade Karl Marx, depois da Segunda Guerra Mundial. Após a reunificação da Alemanha em 1991, ela voltou a se chamar Universidade de Leipzig.

Veja Norman, Don Cleveland, *The 500th Anniversary Pictorial Census of the Gutenberg Bible* [*O 500º aniversário do censo pictórico da Bíblia de Gutenberg*], Chicago: The Cloverdale Press, 1961, p. 70.
25. **"forma mais elevada de custódia"**: Rosenthal, Robert, "Los Angeles & Chicago: Two Cities, Two Bibliophiles" ["Los Angeles e Chicago: Duas cidades, dois bibliófilos"], *A Bibliophile's Los Angeles, Essays for the International Association of Bibliophiles on the Occasion of Its XIVth Congress* [*A Los Angeles de um bibliófilo, Ensaios da Associação Internacional de Bibliófilos por ocasião do seu 14º Congresso*], Los Angeles, 1985, p. 12.
26. **"gosto erudito"**: Danky, James P. e Wayne A. Wiegand, *Women in Print: Essays on the Print Culture of American Women from the Nineteenth and Twentieth Centuries* [*Mulheres na imprensa: Ensaios sobre a cultura de impressão das mulheres americanas dos séculos XIX e XX*], Madison: University of Wisconsin Press, 2006, p. 160.
27. **"marca registrada da Sra. Millard"**: Rosenthal, Robert. "Los Angeles e Chicago, Duas cidades, dois bibliófilos".
28. **"Por mais caro que fosse"**: *Ibid.*, p. 24.
29. **"meus lindos livros"**: *Ibid.*, p. 25.
30. **autoconfiança**: *Ibid.*, p. 24.
31. **"entusiasmos insinuantes"**: *Ibid.*, p. 23.
32. **fonte de conhecimento**: Dickinson, Donald C., "Robert O. Schad: A Treasure of a Bookman" ["Robert O. Schad: O tesouro de um livreiro"], *Southern California Quarterly* 81, nº 2 (verão de 1999), p. 236.
33. **O livro como obra de arte**: *The Book as a Work of Art: An Exhibition of Books and Manuscripts from the Library of Mrs. Edward Laurence Doheny* [*O livro como obra de arte: Uma exposição de livros e manuscritos da Biblioteca da Sra. Edward Laurence Doheny*], Los Angeles: impresso por Ward Ritchie, 1935. https://babel.hathitrust.org/cgi/pt?id=mdp.39015033647671.
34. **"juventude em dificuldades"**: Davis, Margaret Leslie, *Dark Side of Fortune* [*O lado negro da fortuna*], Berkeley: University of California Press, 1998, p. 1.
35. **mundo dos vivos**: *Ibid.*, p. 3.
36. **"logicamente, transporta"**: Schad, Robert O., "The Estelle Doheny Collection" ["A Coleção Estelle Doheny"], *New Colophon III*, Nova York: Duschnes Crawford, Inc., 1950, p. 13. Ela pode ter começado a colecionar livros como uma forma de "terapia para curar a tristeza e criar uma memória".

37. **comprando oito folhas soltas:** Do leilão de George C. Smith. Veja carta de Gabriel Wells a Estelle Doheny, 4 de novembro de 1938, e nota de venda em anexo.

Capítulo 6: O Gutenberg perdido

1. **por meio de uma ligação de rádio:** "Buys Ancient Bible at Sea by Wireless; Dr. A.S.W. Rosenbach Uses Olympic's Radio to Acquire Gutenberg Volume Here" ["Bíblia antiga comprada no mar por meio de comunicação sem fio; Dr. A. S. W. Rosenbach usa o rádio do *Olympic* para adquirir volume de Gutenberg"], *New York Times*, 25 de abril de 1923.
2. **"nada mais nobre":** Rosenbach, A. S. W., *Books and Bidders: The Adventures of a Bibliophile* [*Livros e licitantes: As aventuras de um bibliófilo*], Boston: Little, Brown & Company, 1927, p. 215.
3. **"absolutamente confidencial":** Carta de Lucille Miller a A. S. W. Rosenbach, 30 de janeiro de 1947.
4. **"mais emocionante de todas":** *Ibid.*
5. **uma oportunidade única:** Carta de A. S. W. Rosenbach a Lucille Miller, 27 de fevereiro de 1947. Veja também *Catalogue of the Magnificent Library Principally of Early Printed Books and Early Illustrated Books Formed by C. W. Dyson Perrins, Esq.* [*Catálogo da magnífica biblioteca, principalmente dos primeiros livros impressos e dos primeiros livros ilustrados, formados por C. W. Dyson Perrins, Esq.*], Londres: Sotheby & Co., 1947, pp. 24-5.
6. **"agente confidencial em Londres":** Carta de A. S. W. Rosenbach a Lucille Miller, 27 de fevereiro de 1947.
7. **"Eu estava ansiosa":** Carta de Estelle Doheny a A. S. W. Rosenbach, 3 de março de 1947.
8. ***Habent sua fata libelli*:** Expressão latina, *Pro captu lectoris habent sua fata libelli*, em tradução livre, significa "De acordo com a capacidade do leitor, os livros têm seu destino".
9. **"Poderosas Caçadoras de Livros":** Basbanes, Nicholas A., *A Gentle Madness: Bibliophiles, Bibliomanes, and the Eternal Passion for Books* [*Uma leve loucura: Bibliófilos, bibliomaníacos, e a eterna paixão por livros*], Nova York: Holt, 1999, p. 31. Veja também Rosenbach, A. S. W., *Férias de um caçador de livros*, Boston: Houghton Mifflin Co., p. 129.
10. **"compradores continentais":** Telegrama de A. S. W. Rosenbach a Lucille Miller, aos cuidados de Sra. Edward L. Doheny, 4 de março de 1947.

11. **"nada mais perfeito"**: Rosenbach, A. S. W., *Books and Bidders: The Adventures of a Bibliophile* [*Livros e licitantes: As aventuras de um bibliófilo*], Boston: Little, Brown & Company, 1927, pp. 213-14.
12. **"bela japonesa"**: *Ibid.*, p. 213.
13. **"margem de manobra"**: Lucille Miller, memorando, 7 de março de 1947. Veja também Wolf, Edwin e John Fleming, *Rosenbach: A Biography* [*Rosenbach: Uma biografia*], Cleveland: The World Publishing Co., 1960, p. 146.
14. **"Fazendo tudo o que posso"**: Telegrama de A. S. W. Rosenbach à Sra. Edward L. Doheny, 10 de março de 1947.
15. **"altar com um nicho ornado de ouro"**: Wright, Wendy M., *The Lady of the Angels and Her City* [*Nossa Senhora dos Anjos e sua cidade*], Collegeville: Liturgical Press, 2013, p. 86. A condição imposta por Edward para o projeto é que deveria se basear em Santa Prisca, uma igreja em estilo renascentista espanhol de 1748, em Taxco, no México.
16. **"escudo religioso"**: O autor Dan La Botz citado por Davis, Margaret Leslie, em *Dark Side of Fortune* [*O lado negro da fortuna*], Berkeley: University of California Press, 1998, p. 265.
17. **condessa papal:** Quando recebeu o título em 1939, Estelle Doheny foi a primeira mulher homenageada com ele no Estado da Califórnia. Continua sendo uma honra muito rara. A pedido da Sra. Doheny, o título era usado apenas nas ocasiões mais formais. Em 1931, o Sr. e a Sra. Doheny receberam os títulos pontifícios de Cavaleiro e Dama da Antiga Ordem Equestre do Santo Sepulcro.
18. **novo preço recorde:** "Gutenberg Bible" ["A Bíblia de Gutenberg"], *Times* (Londres), 12 de março de 1947.
19. **valor que equivalia:** "Gutenberg Bible Bought for £22,000" ["Bíblia de Gutenberg comprada por £ 22 mil", *New York Times*, 11 de março de 1947.
20. **estúdios da BBC:** As transmissões de TV retornaram apenas um ano antes em junho, depois que a estação foi tirada do ar durante a Segunda Guerra Mundial, "Gutenberg Bible Televised" ["A Bíblia de Gutenberg na TV"], *Maryborough Chronicle*, 1º de agosto de 1947, http://trove.nla.gov.au/ndp/del/article/147457215?searchTerm=gutenberg%20bible&-searchLimits=.

Sobre a volta das transmissões da BBC a partir de junho de 1946, veja https://en.wikipedia.org/wiki/BBC_One.
21. **"permanecerá na Inglaterra"**: "Gutenberg Bible Sold" ["Bíblia de Gutenberg vendida"], *Yorkshire Post*, 12 de março de 1947; "Gutenberg Bible Sale" ["Bíblia de Gutenberg leiloada"], *Nottingham Evening Post*, 11 de março de 1947; "Sale of Gutenberg Bible" ["Leilão da Bíblia de Gutenberg"], *Gloucestershire Echo*, 11 de março de 1947.
22. **"lamento Gutenberg perdido"**: Telegrama de A. S. W. Rosenbach à Sra. Edward L. Doheny, 11 de março de 1947, às 9h41.
23. **"nevoeiro sombrio"**: Rita Faulders, entrevista gravada com Lucille Miller, 15 de agosto de 1984.
24. **"nem tínhamos ideia de quem o arrematou"**: Rita Faulders, entrevista gravada com Lucille Miller, 15 de agosto de 1984.
25. **"pertence a um particular"**: Carta de A. S. W. Rosenbach à Sra. Edward L. Doheny, 12 de março de 1947.
26. **"Eu comprei"**: Carta de Ernest Maggs à Sra. E. Doheny, 26 de março de 1947.
27. **"não houve discussão"**: Rita Faulders, entrevista gravada com Lucille Miller, 15 de agosto de 1984.
28. **sigilo absoluto:** Carta de Estelle Doheny a Ernest Maggs, 2 de abril de 1947.
29. **uma empresa familiar:** Frere, Philip Beaumont, *The Story of a Law Firm: Being the History of Frere, Cholmeley and Nicholsons, 1750 to 1950* [*A história de um escritório de advocacia: A história de Frere, Cholmeley e Nicholson, de 1750 to 1950*], publicada em edição particular para Frere, Cholmeley e Nicholson, por B. T. Batsford, 1950.
30. **origem aristocrática:** Kermode, Frank, "Literary Upper Crust" ["Alta sociedade literária"], resenha, *New York Times*, 19 de dezembro de 1999, https://archive.nytimes.com/www.nytimes.com/books/99/12/19/reviews/991219.19kermodt.html.
Veja também trecho "Osbert Sitwell by Philip Zeigler, *New York Times* on the Web" ["Osbert Sitwell por Philip Zeigler, *New York Times* na internet"]: https://nytimes.com/books/first/z/ziegler-sitwell.html.
31. **"descobriu que sua amizade"**: Ziegler, Philip, *Osbert Sitwell*, Nova York: A. Knopf, 1999, p. 374.
Frere continua tratando de outras questões jurídicas para o escritor, que incluem processos de direitos autorais e de calúnia, e intervém para ajudar

Osbert em relação a uma fã enlouquecida, impedindo-a de se afogar no Lago Redondo, nos Jardins de Kensington.
32. **ampla gama de interesses:** Veja os Papéis de Bryher, Coleção Geral, Beinecke Rare Book and Manuscript Library, Yale University, GEM MSS97 Box 108.
33. **que se aposentou da prática advocatícia:** "Clerks' letter books" ["Livros de cartas de Clerks"], AIM25, Arquivos em Londres e na área M25, http://aim25.ac.uk/cgi-bin/vcdf/detail?coll_id=8789&inst_id=111&nv1=search&nv2=.
34. **escritório de advocacia:** Frere, Philip Beaumont, *The Story of a Law Firm* [*A história de um escritório de advocacia*], p. 16.

Capítulo 7: A condessa e seu Gutenberg

1. **"preço absurdo":** "Public Library Will Place on Exhibition First Gutenberg Bible to Arrive in America" ["A Biblioteca Pública exporá a primeira Bíblia de Gutenberg a chegar nos EUA"], *New York Times*, 6 de novembro de 1947. A Biblioteca Lenox hoje faz parte da Biblioteca Pública de Nova York.
2. **exposição durante as férias:** "Scriptural Items Shown at Library" ["Itens bíblicos exibidos na Biblioteca"], *New York Times*, 1º de dezembro de 1947.
3. **Presidente Harry S. Truman:** "Solemnity Marks Taking of Oaths" ["Solenidade marca a posse presidencial"], *Los Angeles Times*, 21 de janeiro de 1949; "Biblical Verses Chose to Stress Peace Aims" ["Versos bíblicos escolhidos para ressaltar objetivos de paz"], *Los Angeles Times*, 20 de janeiro de 1949, "Truman Ready to Take Oath, Defends Electoral System" ["Truman, pronto para tomar posse, defende sistema eleitoral"], *Los Angeles Times*, 20 de janeiro de 1949.
4. **"repouso da minha alma":** Carta de Estelle Doheny ao Padre Flavin, sem data, Arquivo da Arquidiocese de Los Angeles, Mission Hills, Box 2.
5. **"uma das melhores Bíblias de Gutenberg":** Carta de David A. Randall à Srta. Lucille Miller, 23 de maio de 1950.
6. **inspecione a Bíblia:** Carta de Estelle Doheny a David Randall, 7 de junho de 1950.
7. **US$ 137.500:** Carta de David Randall a Robert O. Schad, 11 de agosto de 1950.

8. "**compra uma Bíblia de Gutenberg para mim**": Randall, David A., *Dukedom Large Enough* [*Ducado suficientemente grande*], Nova York: Random House, 1969, p. 115.
9. **contrato de quatro páginas:** Carta de Estelle Doheny ao Seminário Teológico Geral, 5 de setembro de 1950.
10. **nunca ninguém lhe disse:** Randall, David A., *Dukedom Large Enough* [*Ducado suficientemente grande*], Nova York: Random House, 1969, p. 116.
11. **Randall também afirma:** Carta de David Randall a Reitor Rose, 24 de setembro de 1962. Veja também Randall, David A., *Dukedom Large Enough* [*Ducado suficientemente grande*], Nova York: Random House, 1969, p. 116.
12. **está disposto:** Christie, Manson & Woods International Inc., Coleção Estelle Doheny da Biblioteca Memorial Edward Laurence Doheny, Seminário de São João, Camarillo, Califórnia, Nova York: Christie, Manson & Woods International, 1987-1989, v. 1, p. 15.
13. **Sydney Cockerell:** Linenthal, Richard A. "Sydney Cockerell: bookseller in all but name" ["Sydney Cockerell: livreiro em tudo menos no nome"], in *Transactions of the Cambridge Bibliographical Society* [*Transações da Sociedade Bibliográfica de Cambridge*], volume 13 (2007), p. 383.
14. "**resultados que já sabe**": Carta de David Randall a Estelle Doheny, 24 de janeiro de 1951. Veja também "News of Scribner Books and Authors" ["Novidades da Scribner Books and Authors"], *press release*, 5 de fevereiro de 1951.
15. "**Não interessada**": Telegrama de Estelle Doheny a David Randall, 3 de junho de 1953.
16. **US$ 1,8 milhão:** "Gutenberg Bible Brings $1.8 Million" ["Bíblia de Gutenberg rende US$ 1.8 milhão"], *New York Times*, 9 de março de 1978.
17. **aumentou a fortuna do marido:** Todo o espólio de Edward Doheny na época de sua morte foi avaliado em apenas um pouco mais de US$ 9 milhões. A maior parte de seus ativos já havia sido distribuída a seus herdeiros, e as ações de sua Companhia Pan-Americana de Petróleo e Transporte haviam se desvalorizado enormemente durante a Depressão. A decisão de Doheny de legar suas propriedades antes de sua morte foi fortuita. Em 1934, o presidente Roosevelt criou um rigoroso imposto sobre a herança. O espólio de Estelle Doheny, quando de sua morte em 1958, foi avaliado em torno de US$ 37,5 milhões. Quando esse valor é adicionado ao total apurado a partir da venda de sua coleção de livros de US$ 37,8 milhões, sua fortuna ultrapassa US$ 75 milhões, um aumento de 733%. Veja Davis,

Margaret Leslie, *Dark Side of Fortune* [*O lado negro da fortuna*], Berkeley: University of California Press, 1998, p. 276. O cálculo é baseado no cálculo de variação percentual em www.calculatorsoup.com.

18. **"uma coincidência imponderável"**: Citação do livreiro John Fleming, Reif, Rita, "Antiques" ["Antiguidades"], *New York Times*, 15 de janeiro de 1978.
19. **livro oferecido em março:** Vendido por US$ 1.8 milhão; esse exemplar está agora no Museu Gutenberg, em Mainz.
20. **um recorde mundial:** Rief, Rita, "Gutenberg Bible Bought at Auction for $2 Million for Stuttgart Library" ["Bíblia de Gutenberg comprada em leilão por US$ 2 milhões para a Biblioteca de Stuttgart", *New York Times*, 8 de abril de 1978, e "University of Texas Pays $2.4 Million for Gutenberg" ["Universidade do Texas paga US$ 2,4 milhões por Gutenberg", *New York Times*, 10 de junho de 1978.
21. **"pedra fundamental":** Hamilton, Denise, "Curator Rekindles Early Chapter of Doheny Archives" ["Curadora reacende capítulo inicial dos Arquivos Doheny"], *Los Angeles Times*, 4 de fevereiro de 1988.
22. **"por não me casar":** *Ibid.*

Capítulo 8: Os bibliófilos nucleares

1. **apenas os empurrava para fora:** Schwab, Richard N. "The History of the Book and the Proton Milliprobe: An Application of the PIXE Technique of Analysis" ["A história do livro e o emissor de prótons: Uma aplicação da técnica de análise PIXE"], *Library Trends* (verão de 1987), p. 55.
2. **fazer um furo:** Thomas A. Cahill, entrevista com a autora, 14-15 de novembro de 2013, Sacramento, CA. Veja também Cahill, Thomas A., "The UC Davis Gutenberg Project: Science in the Service of the Humanities" ["O Projeto Gutenberg da UC Davis: Ciência a serviço das humanidades"], palestra, Biblioteca Memorial Pio XII, Universidade de St. Louis, 28 de setembro de 2009.
3. **pequenas diferenças:** Richard N. Schwab, entrevista com a autora, 14-15 de novembro de 2013, Sacramento, CA.
4. **novos *insights*:** Cahill, T. A., B. Kusko e R. N. Schwab. "Analyses of Inks and Papers in Historical Documents through External PIXE Beam Techniques" ["Análises de tintas e papéis em documentos históricos por meio de técnicas externas de feixe PIXE"]. *Nuclear Instruments and Methods* 181 [*Instrumentos e métodos nucleares* 181] (1981): pp. 205-08.

5. **"muito menos que a luz do sol"**: Cahill, T. A., B. H. Kusko, R. A. Eldred e R. N. Schwab. "Gutenberg's Inks and Papers: Non-Destructive Compositional Analyses by Proton Milliprobe" ["Tintas e papéis de Gutenberg: análises composicionais não destrutivas por emissor de prótons"], *Archaeometry*, 26.1 (1984), p. 3.
6. **"à base de carbono"**: Thomas A. Cahill, entrevista com a autora, 14–15 de novembro de 2013, Sacramento, CA. Veja também Schwab, Richard N., "The History of the Book and the Proton Milliprobe: An Application of the PIXE Technique of Analysis" ["A história do livro e o emissor de prótons: uma aplicação da técnica de análise PIXE"], *Library Trends* (verão de 1987): pp. 53-84.
7. **um visionário:** McGill, Douglas C. "Adrian Wilson, 64, A Printing Teacher and Book Designer" ["Adrian Wilson, 64, um professor de impressão e um designer gráfico"], *New York Times*, 6 de fevereiro de 1988.
8. **quem estaria disposto:** Dr. Richard N. Schwab e Dr. Thomas A. Cahill, entrevista com a autora.
9. **todo o aparelho:** Antes do teste do cíclotron, Charles Faulders viajou até o laboratório da Universidade da Califórnia, em Davis, para verificar o suporte que continha a Bíblia. Faulders ajudou Cahill e Schwab a fazer modificações para melhorar o suporte e estabilizar o peso da Bíblia durante os testes. Faulders fazia parte da equipe que trabalhava em turnos, que virava as páginas da Bíblia de Gutenberg durante os testes que foram feitos sem interrupção.
10. **como "ELA":** Rita Faulders, entrevista com a autora, 12 de maio de 2013, Camarillo, CA.
11. **plotam instantânea e continuamente a análise química:** Dr. Thomas A. Cahill, entrevista com a autora. Veja também Ing, Janet, *Johann Gutenberg and His Bible: A Historical Study* [*Johannes Gutenberg e sua Bíblia: Um estudo histórico*], Nova York: The Typophiles, 1988, pp. 86-8, 95-7.
12. **"Essas páginas únicas":** Schwab, Richard N. "The Gutenberg Meets the Cyclotron" ["O Gutenberg encontra o cíclotron"], novembro de 2005, inédito, cortesia de Richard N. Schwab. Veja também Schwab, Richard N., Thomas A. Cahill, Bruce H. Kusko e Daniel L. Wick, "Cyclotron Analysis of the Ink in the 42-Line Bible" ["Análise do cíclotron da tinta da Bíblia de 42 linhas"], *The Papers of the Bibliographical Society of America* 77, nº 3 (1983): pp. 285-315. http://www.jstor.org/stable/24302918.

13. **distância entre as Estrelas Polares:** Existem variações ocasionais, mas o que chama a atenção são as semelhanças. Richard N. Scwhab, entrevista com a autora. Veja também Schwab, Richard N., Thomas A. Cahill, Robert A. Eldred, Bruce H. Kusko e Daniel L. Wick. "New Evidence on the Printing of the Gutenberg Bible: The Inks in the Doheny Copy" ["Novas evidências sobre a impressão da Bíblia de Gutenberg: As tintas no exemplar Doheny"], *The Papers of the Bibliographical Society of America 79*, n° 3 (1985): pp. 381-83. http://jstor.org/stable/24303664.
14. **Paul Schwenke:** Schwenke, Paul, *Johannes Gutenbergs zweiundvierzigzeilige Bibel: Erganzungsband zur Faksimile-Ausgabe* [*Bíblia de 42 linhas de Johannes Gutenberg: Suplemento à edição fac-similar*], Leipzig, 1923. Veja também Schwab, Richard N., "An Ersatz Leaf in the Doheny Gutenberg Bible Volume I" ["Uma folha substituída no Volume I da Bíblia de Gutenberg de Doheny", *The Papers of the Bibliographical Society of America*, dezembro de 1987, p. 1, note 2.
15. **impressos ao mesmo tempo:** Schwab, Richard N., Thomas A. Cahill, Robert A. Eldred, Bruce H. Kusko e Daniel L. Wick. "New Evidence on the Printing of the Gutenberg Bible: The Inks in the Doheny Copy" ["Novas evidências sobre a impressão da Bíblia de Gutenberg: as tintas no exemplar Doheny"], *The Papers of the Bibliographical Society of America* 79, n° 3 (1985): p. 387.
16. **detectar mudanças:** Schwab, Richard N., "The History of the Book and the Proton Milliprobe: An Application of the PIXE Technique of Analysis" ["A história do livro e o feixe de prótons: Uma aplicação da técnica de análise PIXE"], *Library Trends* (verão de 1987), p. 70.
17. **"Quase se pode ouvir":** Needham, Paul, "The Paper Supply of the Gutenberg Bible" ["O suprimento de papel da Bíblia de Gutenberg"], *The Papers of the Bibliographical Society of America* 79, n°. 3, 1985: pp. 303-74. Entrevista de Richard N. Schwab e Thomas A. Cahill com a autora, 14-15 de novembro de 2013, Sacramento, CA. Veja também Schwab, Richard N., "Gutenberg Meets the Cyclotron" ["O Gutenberg encontra o cíclotron"], inédito, 2005, com a permissão de Richard N. Schwab.
18. **"Podemos confirmar":** Schwab, Richard N., "The History of the Book and the Proton Milliprobe" ["A história do livro e o feixe de prótons"], p. 70.
19. **"levou consigo o segredo da tinta":** Richard N. Schwab e Dr. Thomas A. Cahill, entrevista com a autora.

20. **"par de pinos paralelos"**: Schwab, Richard N., "An Ersatz Leaf in the Doheny Gutenberg Bible Volume I" ["Uma folha substituída no Volume I da Bíblia de Gutenberg de Doheny"], *The Papers of the Bibliographical Society of America*, dezembro de 1987, p. 480.
21. **compara-a com outras versões:** *Ibid.*, p. 484.
22. **"seguia sua própria inclinação":** *Ibid.*
23. **destruidor de átomos recondicionado:** "Art Frauds Beware" ["Cuidado com fraudes nas artes", *Popular Mechanics*, novembro de 1982.
24. **Manuscritos do Mar Morto:** "Beaming in on the Past" ["Irradiando o passado"], revista *Time*, 10 de março de 1986.
25. **"Poucos instrumentos científicos":** "A Cyclotron's Story" ["A história do cíclotron"], *New York Times*, 12 de maio de 1987.
26. **"por causa do conhecimento":** McColm, Del, "Gutenberg Bible Analysis Makes History" ["A análise da Bíblia de Gutenberg faz história"], *Davis Enterprise*, 16 de abril de 1982.

Capítulo 9: A traição inesperada

1. **À medida que Rita Faulders se recorda:** Rita S. Faulders, *The Dissolution of the Estelle Doheny Collection* [*A dispersão da Coleção Estelle Doheny*], Seminário de São João, Camarillo, Califórnia, 1985-1987, julho de 1994. Faulders escreve no prefácio do relatório: "Este relatório é meu registro pessoal dos fatos de 1985 a 1988, quando a Coleção Estelle Doheny foi dispersa. Comecei a escrever o relatório logo após o último leilão, mas, como não tinha uma ideia exata do que fazer com ele quando acabasse, deixei as páginas de lado até há poucos meses... Os fatos aqui descritos estão baseados no calendário de mesa do escritório que usei como curadora da Coleção e nas anotações feitas em meu diário pessoal... O leitor pode muito bem detectar a forte emoção da minha parte, e não me defendo nem me desculpo por isso. Tenho a oportunidade de dizer aqui o que não pude dizer na época. Antes de anunciarem a venda e durante seu andamento, me deram a ordem de não dizer nada a ninguém".
2. **"preferidos entre os escolhidos":** *Ibid.*, p. 1.
3. **"fuçaram todos os cantos":** *Ibid.*, p. 2.
4. **em troca de US$ 6 milhões:** Na década de 1990, a jornalista Judith Martel divulgou que a receita da venda da Coleção Ocidental foi em torno de U$ 10 milhões. Segundo um ex-funcionário da Arquidiocese, o dinheiro nunca foi totalmente pago. Veja Judith Martel, "Where Has All the Mo-

ney Gone?" ["Para onde foi todo o dinheiro?"], *The Mission*, março de 1996.

5. **não é no seminário:** Chandler, Russell e Sam Enriquez, "L.A. Archdiocese to Auction Off Its Gutenberg Bible" ["Arquidiocese de Los Angeles leiloa sua Bíblia de Gutenberg"], *Los Angeles Times*, 28 de fevereiro de 1987. "O preço das obras de arte e o nome do comprador não foram revelados, mas o gerente de negócios do Seminário de São João, James Hawkins, disse que eles não receberam nenhum valor da venda."

6. **"Não lhe dissemos?":** Rita S. Faulders, *The Dissolution of the Estelle Doheny Collection* [*A dispersão da Coleção Estelle Doheny*], Seminário de São João, Camarillo, A, 1985-1987, julho de 1994, p. 7.

7. **quebrando irrevogavelmente:** Testamento e Declaração de Última Vontade de Carrie Estelle Doheny, registrado em 5 de novembro de 1958. Veja também documentos de fundos ligados com a abertura da Biblioteca Memorial Edward L. Doheny Jr., papéis de Rita Faulders.

8. **"linguagem da compensação"** : Citado por Robert O. Schad, "The Estelle Doheny Collection" ["A Coleção Estelle Doheny"], *New Colophon III*, Nova York: Duschnes Crawford, Inc., 1950, p. 242. http://himesduniway.org/Doheny1.pdf.

9. **"exaltar o que há de mais nobre":** *The Tidings*, 1º de maio de 1981, papéis de Rita Faulders.

10. **"que ainda existem na terra":** Carta de Richard N. Schwab a Rita Faulders, 5 de março de 1987.

11. **"Quem iria querer comprar um livro velho":** Rita S. Faulders, *A dispersão da Coleção Estelle Doheny*, p. 16.

12. **dez padres:** "L.A. Archdiocese Selling $20 Million in Art, Books" ["Arquidiocese de Los Angeles vende US$ 20 milhões em livros e peças de arte"], *Chicago Sun Times*, 4 de março de 1987.

13. **"Você fará tudo que estiver ao seu alcance":** "Building a Foundation for the Future, The Development of the Edward Laurence and Carrie Estelle Doheny Seminary Foundation, Its Purpose and Goals" ["Construindo uma fundação para o futuro, O desenvolvimento da Fundação do Seminário Edward Laurence e Carrie Estelle Doheny, seus propósitos e metas", brochura impressa de forma particular, Arquidiocese de Los Angeles, 1987.

14. **alguns dos melhores:** Schad, Robert O., "The Estelle Doheny Collection" ["A Coleção Estelle Doheny"], *New Colophon III*, Nova York: Duschnes Crawford, Inc., 1950, p. 23.

15. **"a riqueza de mil anos"**: Starr, Kevin, *Material Dreams* [*Sonhos materiais*], p. 342.
16. **"valor pecuniário"**: Chandler, Russell, "Los Angeles Archdiocese's Treasures on Block: Scholars, Historians Grumble Over Sale of Doheny Collection" ["Tesouros da Arquidiocese de Los Angeles em leilão: Estudiosos, historiadores reclamam da venda da Coleção Doheny"], *Los Angeles Times*, 7 de março de 1987.
17. **"Eu pessoalmente teria contribuído"**: *Ibid*.
18. **"hipocrisia e nos surpreender"**: "Sales from Doheny Library" ["Venda da Biblioteca Doheny"], cartas ao jornal *Times*, escrita por John Rilling, *Los Angeles Times*, 20 de março de 1987.
19. **"redistribuição"**: Carta do Reverendíssimo Roger Mahony, Arcebispo de Los Angeles, para Meus Queridos Amigos, Escritório do Arcebispo, em fevereiro de 1987, que acompanha a brochura "Building a Foundation for the Future, The Development of the Edward Laurence and Carrie Estelle Doheny Seminary Foundation, Its Purpose and Goals" ["Construindo uma Fundação para o futuro, O desenvolvimento da Fundação do Seminário Edward Laurence e Carrie Estelle Doheny, seus propósitos e metas"], impresso em particular, Arquidiocese de Los Angeles, 1987. Veja também: Chandler, Russell e Sam Enriquez, "L.A. Archdiocese to Auction Off Its Gutenberg Bible" ["Arquidiocese de Los Angeles leiloa sua Bíblia de Gutenberg", *Los Angeles Times*, 28 de fevereiro de 1987.
20. **"outro triste exemplo"**: Barker, Nicolas, *The Book Collector* [*O colecionador de livros*], vol. 36, n°s 1–4, 1987. Também citado em Rita S. Faulders, *The Dissolution of the Estelle Doheny Collection* [*A dispersão da Coleção Estelle Doheny*], p. 26.
21. **"continuar a tradição"**: *The Estelle Doheny Collection of the Edward Laurence Doheny Memorial Library* [*A Coleção Estelle Doheny da Biblioteca Memorial Edward Laurence Doheny*], Seminário de São João, Camarillo, Califórnia (sem data).
22. **"Dispersão dessa coleção"**: Chandler, Russell, "Los Angeles Archdiocese's Treasures on Block: Scholars, Historians Grumble Over Sale of Doheny Collection" ["Tesouros da Arquidiocese de Los Angeles em leilão: Estudiosos, historiadores reclamam da venda da Coleção Doheny"]. Veja também Smith, Doug, "The Doheny's Sacred, Secular Treasure Trove Soon to be Lost" ["O tesouro secular e sagrado dos Doheny logo será perdido"], *Los Angeles Times*, 7 de março de 1987.

23. **"Não, ele era luterano"**: Rita S. Faulders, *The Dissolution of the Estelle Doheny Collection* [*A dispersão da Coleção Estelle Doheny*], p. 27.
24. **"intrinsecamente mais valiosas"**: Martel, Judith, "Where Has All the Money Gone: Doheny Collection Sale" ["Para onde foi todo o dinheiro: Leilão da Coleção Doheny"], *Los Angeles Lay Catholic Mission*, março de 1996.
25. **William Doheny Jr.**: Rita S. Faulders, *The Dissolution of the Estelle Doheny Collection* [*A dispersão da Coleção Estelle Doheny*], p. 28.
26. **"ensaios gerais"**: Conlon, Tom. "Doheny Collection Sale Leaves Void" ["Leilão da Coleção Doheny deixa vazio"], *The Press-Courier*, 8 de março de 1987.
27. **John Fleming:** "John Fleming, A Book Dealer, Dies at Age 77" ["John Fleming, livreiro, morre aos 77 anos"], *New York Times*, 21 de dezembro de 1987.
28. **"a maior venda de livros e manuscritos"**: Reif, Rita, "Auctions" ["Leilões"], *New York Times*, 13 de março de 1987.
29. **"por implosão"**: Rita S. Faulders, *The Dissolution of the Estelle Doheny Collection* [*A dispersão da Coleção Estelle Doheny*], p. 29.
30. **ali sozinho:** Rita Faulders, entrevista com a autora.
31. **largo fólio:** Papa Alexandre VI, *Copia de la bula del decreto y concession*. Fólio largo. Única impressão da "Bula de Demarcação", separando o Novo Mundo em territórios espanhóis e portugueses. Veja: *The Estelle Doheny Collection, Exhibition Handlist* [*A Coleção Estelle Doheny, Lista de Exposição*], Christie, Manson & Woods International, 1987.
32. *A queda dos Príncipes*: Boccaccio, Giovanni, *The Fall of Princes* [*A queda dos Príncipes*], traduzido por John Lydgate. Londres: Richard Pynson, 1494; veja: *The Estelle Doheny Collection, Exhibition Handlist* [*A Coleção Estelle Doheny, Lista de Exposição*], Christie, Manson & Woods International, 1987.
33. **ensaio manuscrito assinado por Mark Twain:** Twain, Mark, "The Work of Gutenberg" ["O trabalho de Gutenberg"], *Hartford Daily Courant*, 27 de junho de 1900, p. 7, http://twainquotes.com/Gutenberg.html.
34. **"pior desaceleração do mercado"**: Bernhardt, Donald e Marshall Eckblad, "Stock Market Crash of 1987" ["Quebra da Bolsa de Valores de 1987"], em História da Reserva Federal, 22 de novembro de 2013, em http://federalreservehistory.org/Events/DetailView/48.

35. **o preço final:** Venda de mais de US$ 4,9 milhões reverte em comissão de US$ 490 mil de um total de US$ 5,4 milhões.
36. **75 vezes mais do que Estelle pagou:** O Número 45 continuará a ser o livro mais caro do mundo pelos doze anos seguintes.
37. **"encontrará outro":** Goldman, John J. e Eileen V. Quigley, "Gutenberg Bible Is Sold for Record $4.9 Million" ["Bíblia de Gutenberg é vendida pelo preço recorde de US$ 4,9 milhões"], *Los Angeles Times*, 23 de outubro de 1987.
38. **principais colecionadores de livros nos Estados Unidos:** Christie, Manson & Woods International Inc., Coleção Estelle Doheny da Biblioteca Memorial Edward Laurence Doheny, Seminário de São João, Camarillo, Califórnia, Nova York: Christie, Manson & Woods International, 1987-1989, Catálogo da Christie, v. 1, p. 15. Veja também Shaffer, Ellen, "Reminiscences of a California Collector, Mrs. Edward Laurence Doheny, 1875-1958" ["Reminiscências de uma Colecionadora da Califórnia, Sra. Edward Laurence Doheny, 1875-1958"], *The Book Collector* 14 [*O colecionador de livros* 14] (1965): p. 49. Veja também Conlon, Tom, "Doheny Collection Sale Leaves Void", ["Leilão da Coleção Doheny deixa vazio"], *The Press-Courier*, 8 de março de 1987.
39. **"nada permanente":** Hurtado, Albert L., "Professors and Tycoons: The Creation of Great Research Libraries on the American West" ["Professores e magnatas: A criação de grandes bibliotecas de pesquisa no Oeste americano"], *Western Historical Quarterly*, vol. 41, nº 2, verão de 2010, pp. 149-69.
40. **"separando os livros que ele queria":** Rita S. Faulders, *The Dissolution of the Estelle Doheny Collection* [*A dispersão da Coleção Estelle Doheny*], p. 31.
41. **"reunidos devido a um planejamento":** Website do Centro de Arquivos da Missão de San Fernando, em https://archivalcenter.org/archival-center-library/.
42. **presente que estava acima de sua compreensão:** Rita Faulders, entrevista com a autora.

Capítulo 10: O Gutenberg virtual

1. **os ativos do Japão ultrapassaram:** "Japan Is Said to Be Richest" ["Japão considerado o mais rico"], *New York Times*, 22 de agosto de 1989.
2. ***nyuu ritchi (novos ricos):*** Johnston, Eric. "Japan's Bubble Economy: Lessons from when the bubble burst" ["A bolha na economia do Japão: Lições

de quando a bolha estourou"], *Japan Times News*, 6 de janeiro de 2009, https://japantimes.co.jp/news/2009/01/06/reference/lessons-from-when-the-bubble-burst/#.WyU2dqczqUl.
3. **"iene atrativo que se pavoneia"**: O'Brien, Rodney, "Japanese Artists Find collectors Still Look Abroad" ["Artistas japoneses acreditam que colecionadores ainda procuram arte no exterior"], *New York Times*, 3 de julho de 1988, http://nytimes.com/1988/07/03/arts/art-japanese-artists-find-collectors-still-look-abroad.html.
4. **pinturas de girassóis:** Sterngold, James, "What Price Art? Ask Japanese Collectors" ["Qual o preço da arte? Pergunte aos colecionadores japoneses"], *New York Times*, 8 de janeiro de 1990.
5. **"não existiria a Maruzen":** Veja Relatório da Empresa Maruzen: http://globaldocuments.morningstar.com/documentlibrary/document/8ce92d-1d5d1795e8.msdoc/original.
6. **De acordo com um relato:** Man, p. 105.
7. **sobreposição entre os instintos de samurai e o código de cavalaria:** Toshi Takamiya, entrevista por Alan Macfarlane, 19 de outubro de 2009, em http://alanmacfarlane.com/DO/filmshow/takamiya_fast.htm.
8. **"sempre enfatizou a importância":** *Middle English Texts in Transition: A Festschrift Dedicated to Toshiyuki Takamiya on His 70th Birthday* [*Textos do inglês médio em transição: Uma homenagem a Toshiyuki Takamiya em seu 70º aniversário*], publicado por Simon Horobin e Linne R. Mooney, nova edição, Boydell and Brewer, 2014, p. 298.
9. **"inimagináveis":** Broadway, Bill, ["The Digital Revelation: The Hand of Technology Brings Gutenberg to the Masses" "A revelação digital: A mão da tecnologia traz Gutenberg para as massas"], *Washington Post*, 12 de julho de 2003.
10. **"metafisicamente profundo":** Tričković, Divna, resenha de "Practical Methods in Digital Archiving of Rare Books – Examples from the HUMI Project" ["Métodos práticos do arquivamento digital de livros raros – Exemplos do Projeto HUMI"], *Journal for Studies of Literature, Gender and Culture*, Universidade de Belgrado, 2013.
11. **"oportunidade para transcender":** *Middle English Texts in Transition* [*Textos do inglês médio em transição*], *Ibid.*, p. 301.

12. **métodos e práticas:** Veja Iwai, Shigeaki, "The Digitization of the Gutenberg Bible and other Historic Books" ["A digitalização da Bíblia de Gutenberg e outros livros históricos"], Universidade Keio, Japão, http://pnclink.org/annual/annual2001/hk%20pdf/shigeaki%20iwai.pdf.
13. **um milhão de acessos:** "One Million Hits for the Gutenberg Bible" ["Um milhão de acessos da Bíblia de Gutenberg"], Presbyterian Record, 1º de maio de 2002.
14. **"razão de ser do Projeto HUMI":** "HUMI Project" ["Projeto HUMI"], Apêndice C, Universidade Keio, 25 de março de 1998, http://wtec.org/loyola/digilibs/c_05.htm.
15. **sem perceber:** Weingart, Scott B., "Do Historians Need Scientists?" ["Os historiadores precisam dos cientistas?"]. *Scottbot* blog, 11 de fevereiro de 2014, http://scottbot.net/HIAL/index.html@p=40349.html.
16. **sistema complexo:** Needham, Paul, "Prints in the Early Printing Shops" ["Impressões das primeiras oficinas de impressão"], *Estudos de História da Arte*, vol. 75, Papéis do Simpósio LII: A xilogravura na Europa do século 15, 2009, pp. 38-91.
17. **"não é assim que funciona":** Christie, Alix, "Was Gutenberg Really the Original Tech Disrupter?" ["Gutenberg realmente foi um inovador tecnológico?"]. *Financial Times*, 4 de dezembro de 2014.
18. **Bíblia Sagrada:** Malkin, Sol. M., "Johannes Gutenberg: 1400-1468", *Antiquarian Bookman*, 18 de novembro de 1950, p. 6.
19. **10 milhões de livros:** White, Eric Marshall, "The Gutenberg Bible at the Harry Ransom Center, Description and Analysis" ["A Bíblia de Gutenberg do Centro Harry Ransom, descrição e análise"], Universidade do Texas, p. 5.
20. **"Dificilmente um aspecto da vida":** Man, p. 2.
21. **"nada da glória":** Friedman, Robert, org., *The LIFE Millennium: The 100 Most Important Events and People of the Past 1,000 Years* [*LIFE Millennium: 100 fatos e pessoas mais importantes dos últimos mil anos*], Nova York: LIFE Books, 1998, p. 166.
22. **terminado para sempre:** Richard N. Schwab, entrevista com a autora.
23. **49º Gutenberg:** Veja https://global-geography.org/af/Geography/Europe/Germany/Pictures/Schleswig-Holstein_2/Gottorf_Castle_-_Rendsburgs_Fragment_of_the_Gutenberg_Bible_printed_14521454_in_Mainz.

24. **"pregar o Evangelho":** Buffenstein, Alyssa, "8 Pages of Gutenberg Bible Expected to Fetch $700,000 at the Sotheby's New York" ["8 páginas da Bíblia de Gutenberg devem chegar a US$ 700.000 na Sotheby's de New York"], artnet, 15 de junho de 2015, https://news.artnet.com/market/gutenberg-bible-sothebys-auction-307211. Veja também Flood, Alison, "Fragment of Gutenberg Bible Expected to Top $500,000 at Auction" ["Fragmento da Bíblia de Gutenberg deve superar US$ 500.000 em leilão"], *The Guardian*, 11 de junho de 2015, em https://theguardian.com/books/2015/jun/11/fragment-of-gutenberg-bible-expected-half-million-dollars-auction-new-york; e Barry, Rebecca Rego, "Eight Pages of the Gutenberg Bible for Sale," ["Oito páginas da Bíblia de Gutenberg em leilão"], revista *Fine Books*, 10 de junho de 2015, https://finebooksmagazine.com/fine_books_blog/2015/06/eight-pages-of-the-gutenberg-bible-for-sale.phtml.
25. **na faixa de US$ 100 milhões:** Kim Pickard, fundador do Museu da Impressão em Haverhill, Massachusetts, sugeriu o preço de US$ 100 milhões em http://eagletribune.com/news/world-class-collection/article_04dd30e0-cbee-579b-8b90–0b3243be647c.html.

Outros livreiros propuseram um valor de US $50 milhões; veja em http://theworldsgreatbooks.com/leaf_from_the_gutenberg_bible.htm.
26. **casa de 1.900 metros quadrados:** Schmidt, Mackenzie, "The Most Expensive Home in Beverly Hills – Complete with a Cristal 'Vault' and Gold Rolls Royce – Just Hit the Market for $100 Million" ["A casa mais cara de Beverly Hills – Completa com cofre de cristal e um Rolls Royce dourado – Chegou ao mercado por US$ 100 milhões"], People.com, 4 de maio de 2017, http://people.com/home/the-most-expensive-home-in-beverly-hills-complete-with-a-cristal-vault-and-gold-rolls-royce-just-hit-the-market-for-100-million/.
27. **um jato 757 particular:** Bishop, Jordan, "Donald Trump's $100 Million Private Jet Features Gold-Plated (Nearly) Everything" ["O jato particular de US$ 100 milhões de Donald Trump tem (quase) tudo banhado a ouro"], forbes.com, 7 de dezembro de 2016, em https://forbes.com/sites/bishopjordan/2016/12/07/donald-trump-private-jet-photos/.

Epílogo: Considerações finais

1. "parecer uma lanchonete Denny": Martel, Judith, "Where Has All the Money Gone? Doheny Collection Sale" ["Para onde foi todo o dinheiro? O leilão da Coleção Doheny"], *Los Angeles Lay Catholic Mission*, março de 1966, p. 1.

Bibliografia

1. Folter, Roland, "The Gutenberg Bible in the Antiquarian Book Trade" ["A Bíblia de Gutenberg no mercado de livros raros"], *Incunabula: Studies in Fifteenth-Century Printed Books Presented to Lotte Hellinga* [*Incunábulos: Estudos de livros impressos do século XV apresentados a Lotte Hellinga*], org. Martin Davies, Londres: The British Library, 1999, pp. 348-49.

Bibliografia

Nota referente ao levantamento das Bíblias de Gutenberg conhecidas

De acordo com o estudioso Roland Folter, "não há fim para um levantamento de B42". O primeiro pode ter sido o registrado pelo Reverendo Thomas Frognall Dibdin, publicado em 1814. Folter pôde identificar mais 33 livros publicados antes de 1999. O levantamento de Folter pode ser considerado o 34º.[1]

Os números relacionados às várias Bíblias de Gutenberg apresentadas neste livro estão baseados na pesquisa de Bíblias de Gutenberg de 42 linhas existentes realizada por Ilona Hubay, *Die bekannten Exemplare der zweiundvierzigzeiligen Bibel und ihre Besitzer* (1985).

Nessa obra seminal, foram identificados 47 exemplares e seus donos. Após a publicação, mais duas cópias foram localizadas na Rússia e, portanto, não foram incluídas no levantamento de Hubay. O levantamento de Hubay foi posteriormente incluído *on-line* no Catálogo de Títulos Curtos de Incunábulos da Biblioteca Britânica em http://bl.uk/catalogues/istc/index.html.

Livros e artigos

A Bíblia de Gutenberg, Catálogo da Exposição na Biblioteca da Universidade de Princeton, compilado por Mina R. Bryan e Howard C. Rice Jr. Princeton, Nova Jersey, 1960, p. 38.

Agata, Mari. "Stop-press Variants in the Gutenberg Bible: The First Report of the Collation" ["Variações de impressão nas Bíblias de Gutenberg: O primeiro relatório da reunião"]. *The Papers of the Bibliographical Society of America* 97, n° 2 (2003): pp. 139-65.

Amherst, Sybil. "Lord Amherst and His Library, The Story of a Great Book Lover" ["Lorde Amherst e sua biblioteca: A história de um grande amante de livros"]. *Pall Mall Magazine* 42 (julho a dezembro de 1908): pp. 783-90.

Bonino, MaryAnn. *The Doheny Mansion, A Biography of a Home* [*A Mansão Doheny: A biografia de uma casa*]. Los Angeles: Edizoni Casa Animata, 2008.

Carter, John e Nicholas Barker. *ABC for Book Collectors* [*ABC dos Colecionadores de Livros*]. New Castle, DE: Oak Knoll Press, 2004.

Distad, Merrill. "William Amhurst Tyssen- Amherst, First Baron of Hackney, Country Gentleman, Collector, and Connoisseur, 1835-1909" ["William Amhurst Tyssen-Amherst, 1º Barão de Hackney, cavalheiro rural, colecionador e *connoisseur*, 1835-1909"]. Inédito, cortesia de Merrill Distad.

Duggan, Brian Patrick. *Saluki: The Desert Hound and the English Travelers Who Brought It to the West* [*Saluki: O cão do deserto e os viajantes ingleses que o trouxeram para o Ocidente*]. Jefferson: McFarland & Co., 2009.

Folter, Roland. "The Gutenberg Bible in the Antiquarian Book Trade" ["A Bíblia de Gutenberg no mercado de livros raros"], *Incunabula: Studies in Fifteenth-Century Printed Books Presented to Lotte Hellinga* [*Incunábulos: Estudos de livros impressos do século XV apresentados a Lotte Hellinga*], publicado por Martin Davies, pp. 271-351. Londres: The British Library, 1999.

Gambee, B. L. Resenha de *Gutenberg and the Master of the Playing Cards. The Journal of Library History (1966-1972) 3 no. 1* [*Gutenberg e o jogador de cartas. Os diários da história das bibliotecas (1966-1972) 3 n° 1*] (1968): pp. 77-80. Encontrado em http://jstor.org/stable/25540081.

Goff, Frederick R. "Uncle Sam Has a Book" ["Tio Sam tem um livro"]. *The Quarterly Journal of the Library of Congress* 38.3 (1981): pp. 122-33.

Gutenberg: Man of the Millennium, From a Secret Enterprise to the First Media Revolution [*Gutenberg: Homem do milênio, de um empreendimento secreto à primeira revolução da mídia*], versão resumida do Catálogo da exposição realizada na cidade de Mainz por ocasião dos 600 anos do nascimento de Johannes Gutenberg, Cidade de Mainz, 2000.

Handley, John L. *The Quiet Hero: The Story of C. W. Dyson Perrins 1864-1958* [*O herói silencioso: A história de C. W. Dyson Perrins 1864-1958*]. Malvern: Aspect Design, 2010.

Hurtado, Albert L. "Professors and Tycoons: The Creation of Great Research Libraries in the American West" ["Professores e magnatas: A criação das grandes bibliotecas de pesquisa do Oeste americano"]. *Western Historical Quarterly* 41.2 (2010): pp. 149-69.

Ikeda, Mayumi. "Two Gutenberg Bibles Used as Compositor's Exemplars" ["Duas Bíblias de Gutenberg usadas como exemplares de composição"]. *The Papers of the Bibliographical Society of America* 106, nº 3 (2012): pp. 357-72.

Ing, Janet. *Johann Gutenberg and His Bible: A Historical Study* [*Johannes Gutenberg e sua Bíblia: Um estudo histórico*]. Nova York: Typophiles, 1988.

Kapr, Albert. *Johann Gutenberg: The Man and His Invention* [*Johannes Gutenberg: O homem e sua invenção*]. Aldershot: Scolar Press; Brookfield, VT: Ashgate Publishing, 1966.

Kusko, Bruce H., Thomas A. Cahill, Robert A. Eldred e Richard N. Schwab. *Nuclear Instruments and Methods in Physics Research Section B: Beam Interactions with Materials and Atoms* 3 [*Instrumentos nucleares e métodos da pesquisa física Seção B: Interações dos feixes com materiais e átomos 3*], nos 1-3 (abril- maio 1984): pp. 689-94.

Landon, Richard. *A Long Way from the Armstrong Beer Parlour – A Life in Rare Books: Essays by Richard Landon* [*Longe do Salão Armstrong Beer – Uma vida com livros raros: Ensaios de Richard Landon*]. Toronto: The Thomas Fisher Rare Book Library; New Castle, DE: Oak Knoll Press, 2014.

Lothrop, Gloria Ricci. "Strength Made Stronger: The Role of Women in Southern California Philanthropy" ["Força ainda maior: O papel das mulheres na filantropia no Sul da Califórnia"]. *Southern California Quarterly* 71.2/3 (1989): pp. 143-94.

MacDonald, Gregory. "Recent Art Acquisitions in American Public Collections" ["Aquisições de arte recentes em coleções públicas americanas"], *Art & Life* 11, nº 6 (dezembro 1919): pp. 342- 45.

Mayo, H. "Newspapers and Bibliography: The Importance of Artifacts" ["Jornais e bibliografia: A importância dos artefatos"]. *The Papers of the Bibliographical Society of America* 96, nº 4 (2002): pp. 493-96. Encontrado em http://jstor.org/stable/24295640.

Needham, Paul. "The Compositor's Hand in the Gutenberg Bible" ["A mão do impressor na Bíblia de Gutenberg"]. *The Papers of the Bibliographical Society of America* 77, n° 3 (1983): pp. 341-71.

Needham, Paul. "The Compositor's Hand in the Gutenberg Bible: A Review of the Todd Thesis ["A mão do impressor na Bíblia Gutenberg: Uma resenha sobre a Tese de Todd"] [Revisão de *The Gutenberg Bible: New Evidence of the Original Printing. The Third Hanes Lecture*] [*A Bíblia de Gutenberg: Novas evidências sobre a primeira impressão. A terceira palestra de Hanes*]". *The Papers of the Bibliographical Society of America* 77, n° 3 (1983): pp. 341-71. Encontrada em http://jstor.org/stable/24302922.

——. "Division of Copy in the Gutenberg Bible: Three Glosses on the Ink Evidence" ["Divisão do exemplar da Bíblia de Gutenberg: Três realces sobre a prova da tinta"]. *The Papers of the Bibliographical Society of America* 79, n° 3 (1985): pp. 411-26.

——. "Gutenberg Bibles in Electronic Facsimile" ["As Bíblias de Gutenberg como fac-símiles eletrônicos"]. *The Papers of the Bibliographical Society of America* 98, n° 3 (2004): pp. 355-63.

——. "A Gutenberg Bible Used as Printer's Copy by Heinrich Eggestein in Strassburg" ["Uma Bíblia de Gutenberg usada como exemplar do impressor por Heinrich Eggestein em Estrasburgo"]. *Transactions of the Cambridge Bibliographical Society* 9 (1986): pp. 36-75.

——. "The Paper Supply of the Gutenberg Bible" ["O suprimento de papel da Bíblia de Gutenberg"]. *The Papers of the Bibliographical Society of America* 79, n° 3 (1985): pp. 303-74.

——. "Paul Schwenke and Gutenberg Scholarship: The German Contribution, 1885-1921" ["Paul Schwenke e o aprendizado com Gutenberg: A contribuição alemã, 1885-1921"]. *The Papers of the Bibliographical Society of America* 84, n°. 3 (1990): pp. 241-64. Encontrado em http://jstor.org/stable/24302983.

Oyens, Felix de Marez e Paul Needham. Resenha sobre *The Estelle Doheny Collection. Part I: Fifteenth-Century Books including the Gutenberg Bible, which will be sold on Thursday, October 22, 1987* [*Coleção Estelle Doheny. Parte I: Livros do século XV incluindo a Bíblia de Gutenberg, que será vendida na quinta-feira, 22 de outubro de 1987*]. *The Papers of the Bibliographical Society of America* 81, n° 3 (1987): pp. 376-77.

Pearson, David. *Books as History: The Importance of Books Beyond Their Texts* [*Livros como História: A importância dos livros além dos seus textos*]. Londres: The British Library; New Castle, DE: Oak Knoll Books, 2008.

Pelik, Rowena. *A. C. W. Dyson Perrins: A Brief Account of His Life, His Achievements, His Collections and Benefactions* [*C. W. Dyson Perrins: Um breve relato sobre sua vida, conquistas, coleções e contribuições*]. Worcester: Dyson Perrins Museum Trust, 1983.

Potten, E. e S. Tokunaga. "Introduction: Incunabula on the Move: The Current State and Future Direction of Incunabula Studies" ["Introdução: Incunábulos em destaque: A presente condição e a futura direção dos estudos de incunábulos"]. *Transactions of the Cambridge Bibliographical Society* 15, nº 1 (2012): pp. 1-7. Encontrado em http://jstor.org/stable/24391714.

Randall, David A. "Dukedom Large Enough, Changing the Gutenberg Census" ["Ducado grande o suficiente: Alterando o levantamento de Gutenberg"]. *The Papers of the Bibliographical Society of America* 56, nº 2 (1962): pp. 157-74.

Reeds, K. Resenha sobre *Johann Gutenberg: The Man and His Invention* [*Johannes Gutenberg: O homem e sua invenção*]. *Technology and Culture* 40, nº 2 (1999): pp. 403-04. Encontrado em http://jstor.org stable/25147324.

Reichner, H. Resenha sobre *The Gutenberg Documents With translations of the texts into English, based with authority on the compilation by Dr. Karl Schorbach. By Douglas C. McMurtrie* [*Os documentos de Gutenberg com traduções dos textos para o inglês, com base na compilação de Dr. Karl Schorbach. Por Douglas C. McMurtrie*]. *The Papers of the Bibliographical Society of America* 35, nº 3 (1941): p. 219. Encontrado em http://jstor.org/stable/24297082.

Ricci, Seymour. *English Collectors of Books and Manuscripts (1530-1930) and Their Marks of Ownership* [*Colecionadores ingleses de livros e manuscritos (1530-1930) e suas etiquetas de propriedade*]. Nova York: Cambridge University Press, 2010.

Sandon, Henry, *Royal Worcester Porcelain from 1862 to the Present Day* [*Porcelana Royal Worcester, de 1862 aos dias de hoje*], Londres: Barrie & Jenkins, 1973.

Schwab, Richard *et al.* "Cyclotron Analysis of the Ink in the 42line Bible ["Análise do cíclotron da tinta na Bíblia de 42 linhas"]. *The Papers of the Bibliographical Society of America* 77, nº 2 (1983): pp. 285-315.

Schwab, Richard *et al.* "New Evidence on the Printing of the Gutenberg Bible: The Inks in the Doheny Copy" ["Novas provas sobre a impressão da Bíblia de Gutenberg: As tintas no exemplar Doheny"]. *The Papers of the Bibliographical Society of America* 79, nº 3 (1985): pp. 375-410.

Schwab, Richard N. "An Ersatz Leaf in the Doheny Gutenberg Bible Volume I" ["Uma folha substituída no Volume I da Bíblia de Gutenberg de Doheny"]. *The Papers of the Bibliographical Society of America* 81, nº 4 (1987): pp. 479-85.

Schwab, Richard N. *et al.* "Ink Patterns in the Gutenberg New Testament: The Proton Milliprobe Analysis of the Lilly Library Copy" ["Padrões de tinta no Novo Testamento de Gutenberg: A análise do feixe de prótons do exemplar da Biblioteca Lilly"]. *The Papers of the Bibliographical Society of America* 80, nº 3 (1986): pp. 305-31.

Schwab, Richard N. "New Clues about Gutenberg in the Huntington 42 Line Bible: What the Margins Reveal" ["Novas pistas sobre a Bíblia de Gutenberg de 42 linhas da Huntington: O que as margens revelam"]. *Huntington Library Quarterly* 51 (1988): pp. 176-209.

Schwab, Richard N. *et al.* "The Proton Milliprobe Ink Analysis of the Harvard B42, Volume II" ["A análise da tinta feita pelo feixe de prótons sobre o Volume II da Harvard B42"]. *The Papers of the Bibliographical Society of America* 81, nº 4 (1987): pp. 403-32.

Starr, Kevin. *Material Dreams, Southern California Through the 1920s* [*Sonhos materiais, Sul da Califórnia na década de 1920*], Nova York: Oxford University Press, 1990.

———. "The Rise of Los Angeles as an American Bibliographical Center" ["A ascensão de Los Angeles como centro bibliográfico americano"]. Sacramento: California State Library Foundation, 1989.

Stoneman, W. P. Revisão de *Incunabula: Studies in Fifteenth-Century Printed Books Presented to Lotte Hellinga. The British Library Studies in the History of the Book* [*Incunábulos: Estudos dos livros impressos do século XV apresentados a Lotte Hellinga. Os estudos da Biblioteca Britânica sobre a História do Livro*]. *The Papers of the Bibliographical Society of America* 95, nº 1 (2001): pp. 119-21. Encontrado em http://jstor.org/stable/24304723.

"The Coming Sale of Part of the Robert Hoe Library" ["O próximo leilão de parte da Biblioteca de Robert Hoe"]. *The Lotus Magazine* 3, nº 2 (1911): pp. 35-43.

White, Eric Marshall. "Gutenberg Bibles on the Move in England, 1789-1834" ["As Bíblias de Gutenberg se movimentam na Inglaterra, 1789-1834"]. *Transactions of the Cambridge Bibliographical Society* 15, nº 1 (2012): pp. 79-100.

Catálogos

A Coleção Estelle Doheny Vols. 1–7, Christie's, Nova York, 1987.

Catálogo da Excelente, extensa e valiosa Biblioteca de Rt. Hon. O Conde de Gosford, Puttick and Simpson, Londres 1884.

Catálogo da Magnífica Biblioteca de Livros e Manuscritos Seletos e Valiosos, Propriedade de Rt. Hon. Lorde Amherst de Hackney, Sotheby, Wilkinson & Hodge, Dryden Press: Londres, 1908.

Catálogo da Magnífica Biblioteca, principalmente de primeiras impressões e de primeiros livros ilustrados, formada por C. W. Dyson Perrins, Esq., Sotheby & Co., Londres, 1947.

Catálogo dos livros e manuscritos da Coleção Estelle Doheny, Ward Ritchie Press, Los Angeles, Vol. 1, 1940; Vol. 2, 1946; Vol. 3, 1955.

Entrevistas e arquivos particulares

"Um volume incomparável dos mais importantes de todos os livros impressos", memorando datilografado, Ernest Maggs a Estelle Doheny, 1950.

Monsenhor Eugene Frilot, entrevista, Glendale, CA, 2014.

Rita S. Faulders, entrevistas, Camarillo, CA, 2012-2018.

Rita Faulders, entrevista gravada com Lucille Miller, 15 de agosto de 1984.

Thomas A. Cahill e Richard N. Schwab, entrevistas, Sacramento, CA, 2013, 2015, 2016.

Bibliotecas e arquivos

Amherst, papéis de família, Biblioteca Rose Lipman, Londres.

Biblioteca Britânica, Londres.

Biblioteca Memorial Edward L. Doheny Jr., Arquivos, Universidade do Sul da Califórnia, Los Angeles.

Bryher, papéis, Biblioteca de Livros e Manuscritos Raros Beinecke, Universidade de Yale, New Haven, CT.

Coleção Estelle Doheny, Arquivos da Arquidiocese de Los Angeles, Mission Hills, CA.

Coleções digitais das Bibliotecas da Universidade Keio, Tóquio.

David Anton Randall, papéis, Coleções de Manuscritos da Biblioteca Lilly, Universidade de Indiana, Bloomington.

Frank J. Hogan, cadernos de anotações, cortesia de Hogan & Hartson, LLP, Washington, D.C.

Gosford, papéis, Departamento de Registro Público da Irlanda do Norte (PRONI), Belfast, Irlanda.

Henry W. O'Melveny, papéis, Biblioteca Huntington, San Marino, CA.

Rita S. Faulders, papéis, Camarillo, CA.

Thomas A. Cahill, papéis, Projeto Histórico e Arqueológico Crocker [DOC MSS 67], 1981-2009, Coleções Especiais das Bibliotecas da Universidade de Saint Louis: Arquivos e Manuscritos.

William Amhurst Tyssen Amherst, papéis, Biblioteca de Livros Raros Thomas Fisher, Universidade de Toronto.

Websites e CD-ROMs

Biblioteca do Congresso (Edição em Octavo), "A Bíblia de Gutenberg".

Coleções Digitais das Bibliotecas da Universidade Keio, a Bíblia de Gutenberg de 42 linhas, Universidade Keio, Tóquio: http://dcollections.lib.keio.ac.jp/en/gutenberg/explanation.

Cotações de dólar e libra foram obtidas usando as calculadoras em https://measuringworth.com/calculators/exchange/index.php.

Museu Metropolitano de Arte: http://metmuseum.org/art/collection/search/544484.

Oram, Richard W. "The Gutenberg Bible at the Harry Ransom Center: A General Introduction" ["A Bíblia de Gutenberg no Centro Harry Ransom: Uma introdução geral"]. *The Gutenberg Bible at the Harry Ransom Center* [*A Bíblia de Gutenberg no Centro Harry Ransom*], Austin: Universidade do Texas em Austin, 2004. CD-ROM.

Índice

Acheson, Anne, 35
Agostinho, Santo, 122
Agüera y Arcas, Blaise, 250-53
Aldinas, Prensa Aldina, 38, 43, 49, 128, 221
Alemanha, 20, 28, 30-1, 49, 54, 57, 82, 89, 116-17, 147-48, 181-83, 244, 286*n*
    e busca de Doheny pela Bíblia de Gutenberg, 125-26
    fragmentos da Bíblia de Gutenberg na, 256-58
    ilustrações da Bíblia de Gutenberg e, 94-5
Alexandre VI, Papa, 230
Amherst de Hackney, Margaret Susan Mitford, Lady, 53, 56-8, 70-1, 72
Amherst de Hackney, William Tyssen-Amherst, 1º Barão, 52-74
    aparência física de, 53, 60-1, 72-3
    Bíblia de Gutenberg adquirida e de propriedade de, 51, 53, 57, 61-7, 72, 75, 226-27, 238, 248, 258-60, 264, 278*n*
    Bíblia de Gutenberg salvaguardada por, 65-6, 72, 75
    biblioteca de, 51-2, 56-7, 67-8, 71-3, 75-6, 260
    casas de, 51-3, 56-7, 59-60, 65-9, 70-3, 263-64
    coleção de, 51-61, 66-9, 70-2, 74, 259-60
    educação de, 52-4
    esposa e família de, 52-3, 55-8, 62-6, 68-72, 263-64, 278-79*n*
    etiqueta de livro, 53-4, 74, 227, 259
    finanças de, 52-9, 61, 66-8, 70-4
    herança de, 52-3, 58-9, 278-79*n*
    iate de, 56-7, 59
    livros vendidos por, 70-3, 96, 263-64
    morte de, 73-4, 264
    relacionamento de Quaritch com, 54-5, 58-61, 66-7, 260
    suicídio de Cheston, 69-70, 73
    viagens e aventuras de, 52-3, 54, 56-7, 68-9

Amherst, Mary Rothes Margaret, Baronesa de, 53, 263-64
Amherst, Sybil, 55, 62-6, 71-2
Anderson, Daysie May, 133
Annales de l'imprimerie des Alde (Renouard), 38, 43
Aristóteles, 37, 230
Ashburnham, Conde de, 59-60, 90, 96
Audubon, John James, 180
Aventuras de Huckleberry Finn, As (Twain), 229, 236
Aventuras de Philip Quarles, As (Longueville), 54

Barker, Nicolas, 223
Bembo, 38
Bíblia Calov, 199
Bíblia de Cambridge, 66, 72
Bíblia de Gutenberg, Número 45:
    anotação a lápis dentro da capa da, 64-5, 278*n*
    aparência física de, 15-20, 23-5, 26-7, 33, 62-6, 94, 105, 144, 157-59, 173-75, 204-05, 247, 256-57, 259, 266
    aquisição e propriedade de Amherst da, 51, 53, 57-8, 61-7, 75, 226-27, 238, 247-48, 259-60, 263-64, 278-79*n*
    aquisição e propriedade de Dyson da, 75-7, 79, 93-8, 155, 226-27, 238, 248, 259-60, 264
    aquisição e propriedade de Frere da, 159-61, 171-73, 260, 264
    aquisição e propriedade de Gosford da, 33-5, 45-6, 62, 238, 248, 259-60
    aquisição e propriedade japonesa de, 233-35, 239-44, 249-50, 255-56, 265-66
    assinaturas dos ex-donos na, 74, 101, 247-48, 259, 264, 279*n*
    busca de Doheny para adquirir e possuir a, 11, 13-23, 34, 61, 75, 107, 111, 112-15, 123, 125-28, 134-37, 139-47, 150-59, 163, 166-82, 196-97, 205, 213-14, 226-27, 230, 233-34, 243, 248, 256-57, 259-61, 264-65, 271*n*-73*n*
    capa de, 16, 20-1, 23-4
    códigos para, 13, 172-74, 195-96
    coleção de livros nos EUA e, 127-29
    como Bíblia de Mainz, 174-75
    condições de, 20-1, 45, 140-42, 174
    couro de, 16, 24, 181
    digitação de, 244-50, 255-56, 261, 265-66
    e ex-donos na atualidade, 263-65
    encadernação de, 16, 20-1, 23-4, 137, 140-41, 174, 181, 186
    erro de impressão na, 66
    etiquetas de livros em, 74, 101, 123, 227, 259
    fama e popularidade de, 13-4, 105-06, 213, 239, 242, 247, 258-59
    finanças de, 13-4, 15-6, 22, 33, 44-6, 49, 61, 72, 140-47, 153-58, 161, 171-72, 195-96, 221, 227-28, 232-34, 241-42
    frontispício de, 94-5

iluminuras e ilustrações de, 17-21, 34-5, 64-5, 75, 94-5, 105, 141, 174, 232, 247-49
importância cultural da, 234
impressão de, 11, 16-20, 27-8, 31, 62-4, 93
inspeção, catalogação e acompanhamento de Miller de, 22-3, 26-7, 181-82
leilões e vendas de, 40-1, 48-9, 59-61, 70-3, 95-6, 101-02, 105-07, 136, 139-48, 152-59, 166, 171-72, 174, 213, 221, 225, 227-35, 237-39, 256, 272n
lombada da, 16, 25
marcas de registro na, 62
na Biblioteca Memorial Edward Laurence Doheny, 181, 182-87
nota de venda da, 175
número de linhas por páginas da, 63-4
organização da, 201-05
página de substituição na, 206-08, 231
páginas Estrelas Polares da, 201-02
páginas Torre da, 202-03
papel de, 16, 20, 23-7, 141, 144, 174, 197, 202, 206-07, 256
por inspiração divina, 31-3
procedência da, 61-2, 64-5, 174, 231, 247
proteção de, 23-6, 65-6, 71-2, 75, 98, 145, 160-61, 194-97, 255-56
sistema de indexação de, 26-7
tamanho da, 26
teste e pesquisa na, 186-87, 194-210, 213-14, 218-19, 231-32, 239, 246-47, 255-56, 261, 293n-94n
texto da, 17, 20, 23-4, 27-8, 62, 66
tinta de, 18, 24, 62, 141, 144, 231, 256, 266
tipo e tipografia da, 16-9, 62-4, 105, 141, 205-06, 207-08, 231-32
velino, 157
Bíblia de Mainz, 174
Bíblia de Mazarino, 40, 44, 49, 62, 176, 274n
Biblia pauperum, 232, 235
Bíblia Poliglota Complutensiana, 221
Bíblias de Gutenberg:
aparência física de, 15-20, 23-4, 26-7, 33, 62-4, 94, 105, 144, 157-59, 164, 173-75, 180—81, 204-05, 247, 256-57, 258-59, 266
aquisição dos EUA de, 116-17, 126, 180-81, 185
aquisição e propriedade da Biblioteca Morgan de, 60, 163-64, 185, 249
aquisição e propriedade da Livraria Britânica de, 249-50
aquisição e propriedade de Huntington de, 96, 109-10, 120, 170, 228, 284n-85n
aquisição e propriedade de Spencer de, 39-40, 44, 274n
aquisição e venda de Maggs de, 154-55, 157-58, 161, 171-72
avaliação de, 179-80
B36s, 64

B42s, 64, 125, 179-80, 194, 204, 274n, 276*n*

condições de, 20-1, 45, 140-42, 164, 168-69, 171, 174-75, 179-80

couro de, 16, 24, 120, 126, 167-68, 175, 181

digitalização de, 244-53, 255-56, 261, 265-66

do mosteiro de Melk, 120, 143, 272*n*

encadernações de, 16, 20, 23, 120-21, 126, 137, 140-41, 167-68, 174-75, 181, 186

fama e popularidade de, 13-4, 39-40, 96, 105-06, 163-64, 176-77, 179-81, 213, 239, 242, 247-50, 257-61

finanças de, 13-4, 15, 20, 22, 33, 40, 45-7, 49, 54, 59-62, 72, 96, 109-10, 118-19, 121, 126, 140-47, 153-58, 161, 163-64, 166-73, 175, 176-81, 193, 195-96, 221-22, 227-28, 232-33, 241-42, 257-60, 284*n*-85*n*

folheto de , 170

fragmentos de, 164, 179-80, 257-58

iluminuras e ilustrações de, 17-21, 34-5, 62-3, 64, 75, 94-5, 105-06, 141, 174, 232, 247-50, 257-58, 276n-77n

importância cultural de, 11, 234

impressão de, 11, 16-20, 24-5, 27, 31-2, 39, 62-5, 93-5

leilões e vendas de, 17-8, 40, 49, 54, 60-2, 70-3, 95-6, 101-02, 105-07, 109-10, 120-21, 136-37, 139-48, 152-59, 166-70, 171-72, 174-75, 177-81, 213, 221, 225, 227-35, 237-39, 256-59, 272*n*-73*n*

Mazarino, 40, 44, 49, 62, 176, 274n

Número 38, 60

Número 46, 176-77

Número 48, 258

número existente, 20-1

origens de, 27-8, 30-1, 39

página fac-simile de, 168-69, 171

papel de, 16-7, 20, 23-7, 59-60, 141, 144, 164, 174, 179, 197, 201-02, 206-07, 256, 276*n*

procedências de, 61-2, 64-5, 174, 231, 247-48

Shuckburgh, 175, 272n

teste e pesquisa sobre, 186-87, 191-210, 213, 218, 231-32, 239, 246, 255, 261, 294*n*

tinta de, 18, 24, 62, 141, 144, 168, 192-94, 197, 201-07, 208-09, 231, 256, 266

tipo e tipografia de, 16-9, 62-4, 105, 141, 179, 203-04, 206, 208, 231, 251-53

velino de, 20, 25-6, 59-60, 96, 117, 157

bibliomania, 36-7, 39-41, 44, 46

Biblioteca Britânica, 249-50

Biblioteca de São Petersburgo, 244

Biblioteca do Congresso, 117, 126, 180, 185, 248

Biblioteca e Museu Morgan, 120, 220, 283*n*

Bíblias de Gutenberg adquiridas e de propriedade de, 60, 163-64, 185, 249
Biblioteca Henry E. Huntington, 14, 21, 132, 168, 173, 178, 185, 194, 222, 259
Biblioteca Memorial Edward L. Doheny Jr., 225
Biblioteca Memorial Edward Laurence Doheny, 150-52, 172-73, 177-79
  Bíblia de Gutenberg em, 181, 182-87
  e teste e pesquisa da Bíblia de Gutenberg, 186, 195-96, 200, 206
  e venda da Coleção Doheny, 213-22, 224-25, 227-29, 235-36, 238
  legado de Doheny para, 215-17
Biblioteca Nacional da França, 64, 277*n*
Biblioteca Pública de Nova York, 132, 163, 177
Birds of the America, The (Audubon), 180
Blake, William, 132, 230
Boccaccio, Giovanni, 41, 230
Book as a Work of Art, The [Livro como uma obra de arte, O], 132
Books and Bidders [Livros e licitantes] (Rosenbach), 120-21
Botfield, Beriah, 36-7, 43, 46
British Mexican Petroleum Co., 113
Bryher (Annie Winifred Ellerman), 159-60
Burge, Christopher, 233
Burroughs, John, 236

Cahill, Ginny, 187, 200, 208
Cahill, Thomas A. (Tom):
  aparência física de, 197-98, 199-200, 201-02
  Encyclopédie de Diderot e, 189, 191
  pesquisa com cíclotron e, 188-93, 197-98, 208-10
  teste e pesquisa da Bíblia de Gutenberg, 193-95, 197-202, 205, 209, 294*n*
Califórnia, Universidade da, em Davis, 186, 191-92, 196-97, 199, 293*n*-94*n*
caligrafia, 30-1
  coleção de livros de Doheny e, 130, 135-36
  e venda da Coleção Doheny, 236-37
Canções da Inocência (Blake), 132, 230
Canfield, Albert, 108
Canington, Shad, 196
Cantwell, John Joseph, 149, 224
Capital, O (Marx), 236
Carter, Howard, 68, 71
Carter, John, 167, 175-76
Castelo de Ardross, 91
Castelo de Gosford, 33, 36-7, 43-8, 51, 259, 263
  aparência física de, 36, 46
  biblioteca de, 35, 38, 45-6
Caxton, William, 39, 67, 71-2, 95, 132
Charles I, rei da Inglaterra, 66, 71-2
Chaucer, Geoffrey, 15-6, 230, 236
Cheston, Charles, 69-70, 73
Christie's, 134, 241
  e venda da Coleção Doheny, 219-22, 227-31, 232-38

Cícero, 15, 231
cíclotrons, 186-96
   Encyclopédie de Diderot e, 189, 191
   invenção da, 188-89
   e teste e pesquisa da Bíblia de Gutenberg, 186, 192-96, 197-210, 213-14, 218, 246, 255-56, 294*n*
Cidade de Deus (Sto. Agostinho), 122
Clark, William Andrews, Jr., 126, 178
Clube Grolier, 132, 253
Clube Roxburghe, 46-7, 93
Clube Zamorano, 132, 178, 218
Cockerell, Sydney, 129
   coleção de livros de Dyson e, 86-93, 101
   e pesquisa de Doheny para aquisição e propriedade da Bíblia de Gutenberg, 175-77
   relacionamento de Dyson com, 86-9, 90-1, 175
Colegiado da Igreja de Sto. Estêvão, 65, 278n
Collins, Ross Alexander, 117
Colônia, 94
Comedies, Histories, and Tragedies (Shakespeare), 48-9
Companhia de Petróleo e Transporte Pan-Americana, 125, 292n
Companhia de Seguros Yasuda, 241
Contos de Canterbury, Os (Chaucer), 15
couro, 135, 229
   coleção de Gosford e, 35, 38, 41-2, 48
   de Bíblias de Gutenberg, 16-7, 24-5, 120-21, 126, 168, 175-76, 180-81
Cremer, Henry, 65, 278*n*

Davenham, 77, 89, 92, 264
Dawson, 116, 122
de Brailes, William, 88, 97
de Bure, Guillaume-François, 40, 274*n*
De officiis (Cícero), 15, 231
de Ricci, Seymour, 70, 100-01
Decamerão (Boccaccio), 41
Declaração de Independência, 235-36
Dibdin, Thomas Frognall, 40, 44
Diderot, Denis, 187-89, 191
Didlington Hall, 51-3, 57, 60, 66-8, 70-3, 264
Dimunation, Mark, 248
Discovery of the Salomon Islands, The (Mendaña), 67
Doheny, Carrie Estelle Betzold, 106-37, 246, 286*n*
   aparência física de, 2, 14-6, 107-08, 111, 124, 134-35, 151, 173-75, 257
   Bíblia de Gutenberg procurada, adquirida e de propriedade de, 11, 13-23, 33, 61, 75, 106-07, 111, 113-14, 123, 125-27, 134-37, 139-47, 150-59, 163, 166-82, 196-97, 205-06, 213, 226-28, 230-31, 233-34, 242-43, 247, 256-57, 258-61, 264-65, 271n-73n
   biblioteca de, 14-6, 22-4, 33, 75, 116-17, 130, 159
   casas de, 14, 21-4, 109, 111-13, 115-17, 118-19, 127, 129-33, 135-36, 147, 149-51, 169-70, 174, 177, 181-82
   círculo social de, 110-14

colecionar e coleção de, 15, 17-8, 106-07, 109, 116-17, 119-25, 127-32, 134-37, 143, 147, 150-51, 157, 159, 164, 166, 172-73, 177-79, 180-88, 194-95, 213-26, 231-38, 257-58, 292n-93n
crenças religiosas de, 22, 31-3, 110, 115-16, 119, 122, 130-36, 147-51, 165-66, 169-70, 178-79, 265, 289n
doenças de, 17, 21, 124, 152, 165, 169, 174, 182
em homenagem a, 149, 152, 289n
emprego de, 2, 110
Escândalo de Teapot Dome e, 16-7, 23, 115-19, 124, 142, 150
etiqueta de livro de, 123, 221, 227, 259
exposição de livros de, 132
filantropia de, 149-52, 165-66, 169-70, 172-73, 224-25, 265
finanças de, 13-4, 22, 33, 109-12, 122-25, 128-30, 133-36, 140-48, 150, 152, 154, 156, 164-66, 169-73, 177-79, 182-83, 231-32, 237, 292n-93n
legado de, 165, 177-79, 213
morte de, 178, 181-82, 213, 264-65, 292n-93n
morte do filho e, 118, 124-25, 149
morte do marido e, 133-34, 150, 166, 178
negócio de petróleo e, 125, 133, 148, 165, 169-70, 178
noivado e casamento de, 2, 14, 16, 107-09, 111, 119, 124-27, 129-30, 132-34, 147-49, 151, 165, 169-71, 177-78, 237
relacionamento de Lucille com, 15-6, 22, 168-69, 182-83
relacionamento de Millard com, 125, 128-32
relacionamento de Rosenbach com, 139, 143-44, 146-47, 155-56, 159
relacionamento de Schad com, 21, 132-33, 134
sigilo de, 140, 142, 145, 154, 156, 172, 173-75, 177-78
testamento e legado de, 178, 213, 215-19, 222-25, 238
venda da coleção de, 213-39, 256, 265, 296n-99n
Doheny, Edward L., Jr. "Ned," 108, 114-15, 119, 122-23, 125, 133, 149, 225-28
Doheny, Edward L., Sr.:
aparência física de, 108, 111, 115
casas de, 14, 107-08, 111-14, 115-16, 119, 127, 133, 147-50, 151
círculo social de, 110-14
coleção de, 113, 214, 216-17
crenças religiosas de, 107-08, 110, 119, 132-34, 149, 166, 289n
e pesquisa da esposa para aquisição e propriedade da Bíblia de Gutenberg, 111, 124-25, 137, 169-70
em homenagem a, 149, 224, 289n-90n
Escândalo de Teapot Dome e, 16-7, 114-19, 122, 124, 133-34, 142, 149-50, 284n-85n

319

filantropia de, 149, 224, 289*n*-90*n*
finanças de, 13-4, 107, 108-12, 114-15, 123, 125, 133, 148-50, 178, 237, 292*n*-93*n*
morte de, 133-34, 150, 166, 178, 292*n*-93*n*
morte do filho e, 118, 122, 125, 149
negócio de petróleo de, 2, 14, 107-10, 114-15, 124-25, 133, 148, 178, 237, 292*n*
noivado e casamento de, 2, 14, 16, 107-09, 111, 119, 124-27, 129-30, 132-34, 147-49, 151, 165, 169-71, 177-78, 237
terremoto e, 127
Doheny, William, Jr., 226
Downton Abbey (Fellowes), 57
Dream, The, 56-7, 59
Durand, Guillaume, 229, 232
Dyson Perrins, Charles William, 75-80, 82-102, 105-07, 235
aparência física de, 76, 79
Bíblia de Gutenberg adquirida e de propriedade de, 75-7, 79, 93-8, 155, 227, 238, 247-48, 259-60, 264
Bíblia de Gutenberg vendida por, 101-02, 105-06, 136-37, 139-41, 145-46, 153-54, 158, 166, 172-73
biblioteca de, 76, 91, 141, 158
casas e propriedade de, 76-7, 84-6, 88, 90-3, 98, 100, 264
coleção de, 75-7, 80, 82, 85-102, 107, 123, 259
esposa e família de, 77-80, 84-5, 89-93, 94-5, 97-8, 101, 264

etiqueta de livro de, 91-2, 101, 227, 259
finanças de, 75-6, 85-6, 89-90, 95-6, 98-102, 155
herança de, 75-6, 77-8
interesses comerciais de, 75-6, 77-80, 82-5, 98-102, 264
livros vendidos por, 101-02, 105-06, 136-37, 158
Primeira Guerra Mundial e, 97-8
relacionamento de Cockerell's com, 86-9, 90-1, 176
Segunda Guerra Mundial e, 100-01
serviço militar de, 77-80
Dyson, Catherine Christina Gregory "Kate", 80, 85-6, 92-3, 94, 101
Dyson, Charles Francis, 97-8
Dyson, Frances, 77
Dyson, James Allan, 80, 97-8

Egiptologia, 51-3, 56, 58-9, 68, 70-2
Ellis, Frederick, 60
encadernações:
coleção de Amherst e, 47, 55-6
coleção de Doheny e, 123, 135
coleção de Gosford e, 35, 38, 41-2, 48
de Bíblias de Gutenberg, 16-7, 20, 23-4, 120-21, 126, 136-37, 140-41, 167, 174-76, 180-81, 186-87
e venda da Coleção Doheny, 235-36
Encyclopédie (Diderot), 187-89, 191
Eneida (Virgílio), 130, 132, 237
Epístola aos Romanos, 135, 258
Epistolae et Evangelia, 89-90, 101

Epistolare (São Jerônimo), 105, 229, 232, 235
Escândalo de Teapot Dome, 16, 23, 114-20, 122, 124, 133-34, 142, 149-50, 284*n*-85*n*
Escócia, 34
  propriedades de Dyson em, 84-5
  serviço militar de Dyson e, 77-80
Escola Anglicana do Leste de Iluminuras em Manuscritos, 88
escribas, 29-32, 192, 252
espólio de Ardross, 85-6, 100
Evangelhos, 90, 128, 135, 221, 258
Exposição do Jubileu de Ouro, 164

Fairfax Murray, Charles, 89, 237
Fall, Albert B., 114, 117, 142
Faulders, Charles R., 194-99, 294n
Faulders, Rita S., 260
  aparência física de, 187, 197, 199, 202, 205
  como curadora da Coleção Doheny, 183-87, 194-95
  e do teste e pesquisa da Bíblia de Gutenberg, 186-87, 194-202, 205, 206-07, 208-09
  e venda da Coleção Doheny, 213-17, 218-27, 228-30, 232-33, 237-38
Fellowes, Julian, 57
Fisher, R. C., 89, 93-4, 95
Fleming, John, 228
Florestas de Dibidale e Kildermorie, 86
França, 20, 34, 40-1, 57, 64, 82, 144, 187, 235, 277n, 286n

coleção de Doheny e, 112-13, 135-36
coleção de Dyson e, 87-9
Frere, Sir Philip Beaumont:
  Bíblia de Gutenberg adquirida e de propriedade de, 159-61, 171-72, 260, 264
  Bíblia de Gutenberg vendida por, 171, 174
  escritório de advocacia de, 159-60, 290*n*-91*n*
  finanças de, 159, 161, 171-72
Frilot, Eugene, 194, 196, 209, 214-16
Fukuzawa, Yukichi, 244
Fundação Carrie Estelle Doheny, 165
Füssell, Stephan, 31
Fust, Johann, 136, 230

Glass, Joseph, 148
Google, 253
Gosford, Archibald Acheson, 2º Conde de, 35, 47-8
Gosford, Archibald Acheson, 3º Conde de, 33-51
  Bíblia de Gutenberg adquirida e de propriedade de, 33-4, 44-5, 62-3, 238, 248, 259-60
  Bíblia de Gutenberg desconsiderada por, 32-3, 44-5
  biblioteca de, 35, 37-8, 44-5, 47, 56, 60-1, 64
  Clube Roxburghe e, 46-7
  coleção de, 32-47, 56, 259-60
  esposa e filhos de, 43-4, 47-8, 263
  finanças de, 38, 39-40, 43-4, 47-8
  herança de, 33-5
  infância de, 35-6

livros examinados e catalogados por, 42-4, 62-3
Primeiro Fólio de Shakespeare adquirido por, 47-8, 275n
relacionamento de Botfield com, 36-7, 43, 46
sigilo de, 38-9
venda de coleção de livros de, 48-9
Gosford, Mary Acheson, Condessa de, 35-6
Gosford, Sir Archibald Acheson Brabazon Sparrow, 4º Conde de, 48, 263
Grã-Bretanha, 58, 60, 76, 78-9, 106, 160, 263-64, 271n-72n
  coleção de livros de Doheny e, 127-28
  coleção de livros nos EUA e, 59, 72, 96-7, 140
  colecionar livros em, 34-42, 43-4, 46-7, 49-51, 54-6, 59, 66-7, 70-2, 74, 86-7, 90, 96-7, 100-01, 140, 277n
  e busca de Doheny para adquirir e possuir a Bíblia de Gutenberg, 153-56, 158, 167, 171-72, 175-76, 178-79
  Porcela Royal Worcester e, 81-2, 102
  Primeira Guerra Mundial e, 97-8
  vendas de livros de Amherst e, 70-1
Grafton, Anthony, 253
Grand Central Palace, 163-64
Grande Depressão, 99-100, 117, 121, 123, 126, 232, 237, 292n-93n
Grande Fome, 47
Greene, Belle da Costa, 120

Guerras Napoleônicas, 34-5, 53
Gutenberg, Johannes, 11, 23, 27-31, 94-5, 122, 254-55
  Bíblias de Gutenberg digitalizadas e, 247, 250-53
  fama de, 253-55
  finanças de, 28, 254
  letras góticas de, 17, 23, 30, 39
  nascimento e herança de, 28, 255
  processo de impressão de, 16-20, 23, 28-32, 37-8, 62-5, 93-4, 135-36, 202-04, 208-10, 230-31, 242-43, 250-56, 259-61
Gwinnett, Button, 236

Hall da Fama dos Caubóis, 215-16
Harkness, Sra. Edward S., 143, 272n
Hawkins, James, 196, 297n
Hayashi, Yuteki, 244
Heidelberg, 94
Hewitt, Graily, 130, 135, 237
High Spots of American Literature (Johnson), 116, 119, 122
História da minha vida, A (Terry), 120
História do Oeste I (Russell), 215-17
História do Oeste II (Russell), 215-17
Hoe, Robert, 96-7, 109, 120, 170, 228
Hogan, Frank J., 115-22
  coleção de livros e, 116, 119-21, 128
  Escândalo de Teapot Dome e, 115-18, 119-20
  fama de, 118, 119-20
  relacionamento de Rosenbach com, 120-23, 128
Holland, Hillary, 228
Hopper, Thomas, 36

Horner, David, 160
Hubay, Ilona, 20
Humanities Media Interface (HUMI), 244-50, 255, 261
Huntington, Henry E., 126, 132, 135, 144, 178-79
    Bíblia de Gutenberg adquirida e de propriedade de, 96, 109-10, 120, 170, 228, 284n-85n
    finanças de, 96-7, 106, 109-10, 284n-85n
Hurtado, Albert L., 238
Huth, Henry, 60, 276n

Igreja Católica, 30, 35, 106, 210
    e venda da Coleção Doheny, 213-15, 217-23, 225-26, 229-30, 232-33, 235-38, 265, 296n-99n
    família Doheny e, 22, 107, 110, 115-16, 118-19, 130-36, 147-51, 165-66, 178-79, 265
    teste e pesquisa da Bíblia de Gutenberg, 194-96
Igreja de São Vicente, 133, 149-50, 165-66
iluminuras, ilustrações, 54, 84, 90-1, 214
    Bíblias de Gutenberg digitalizadas e, 247-50
    coleção Doheny e, 15, 17-8, 107, 128-29, 132, 136-37
    coleção Dyson e, 76-7, 80-1, 82, 86-7, 88-9, 91-5, 97-9, 101, 107, 259-60
    de Bíblias de Gutenberg, 17-21, 34-5, 62, 64-5, 75, 94-5, 105, 141-42, 174-75, 231-32, 247-50, 257-58, 276n-77n

e venda da Coleção Doheny, 228-29, 231-32, 235
práticas de colecionar livros raros e, 42-3
Imitatio Christi (Thomas de Kempen) 122
Instituto de Olhos Doheny, 165, 265
Irlanda, 33-4, 36-7, 47, 51, 107, 116
Itália, 20, 27, 37, 89, 93, 97, 126-27

Jaggard, Isaac, 49
James VI, rei da Escócia, 34
James, M. R., 91
Japão, 82, 144, 177
    Bíblia de Gutenberg adquirida e de propriedade de, 233-35, 239-44, 249, 256, 265-66
    economia de, 241, 243
    história da impressão em, 242-43
Jerônimo, São, 27, 62, 105, 136, 229, 232, 235, 277n
João, São, 258

Kashimura, Masaaki, 246
Kelley, Francis Clement, 149
Kelly, Rose, 15, 173
Kerney, Michael, 67
Knoedler & Company, 113
Kobayashi, Eiichi, 233
König, Eberhard, 94-5
Kraus, H. P., 177, 180
Kusko, Bruce, 197

Laboratório Nuclear Crocker, 187-88, 200-02, 208-10, 293n-94n
Lash, Stephen S., 227-28
Lawrence, Ernest O., 188

Layne, J. Gregg, 225
Lea, Charles Wheeley, 79-80, 84
Lea, John Wheeley, 78
Lenox, James, 163
Livraria Scribner, 166-67, 170, 177-78
livros de horas:
    e coleção de livros de Doheny, 136-37, 151, 235
    e coleção de livros de Dyson, 88-9, 91-3, 98-9
Londres, 48-51, 68, 69-70, 73, 87, 98, 159, 264
    aquisição de Frere da Bíblia de Gutenberg e, 160-61
    coleção de livros de Doheny e, 128-29, 136-37
    coleção de livros em, 36, 39-40, 43, 49, 54, 57, 61-2
    e busca de Doheny para adquirir e possuir a Bíblia de Gutenberg, 13, 22, 125, 140, 142, 144, 147, 151-54, 157, 174-75, 176-77
    e venda da Coleção Doheny, 228-29, 232-33, 235
Lund, Benjamin, 81
Luther, Martin, 90, 199, 226
Lynch, Gerald, 218-20

Maggs, Ernest U.:
    aparência física de, 154, 157-59
    Bíblias de Gutenberg adquiridas e vendidas por, 154-55, 157-58, 161, 171-72
    comércio de livros de, 154-55, 157, 171-72
    e busca de Doheny para adquirir e possuir a Bíblia de Gutenberg, 22-3, 136-37, 140, 146, 153-54, 157-59, 171-76
    finanças e, 140, 154, 171-72
Mahony, Roger, 217-23, 225-26, 298n
Mainz, 122, 140, 177, 249, 253, 255, 277n-78n
    e busca de Doheny para adquirir e possuir a Bíblia de Gutenberg, 174-76
    e venda da Coleção Doheny, 231-32
    ilustrações da Bíblia de Gutenberg e, 65, 93-5, 277n
    processo de impressão de Gutenberg e, 17-9, 23, 27-9, 31-2, 94-5
Malory, Sir Thomas, 230-31, 245
Man, John, 254
Manuscritos do Mar Morto, 209
Manutius, Aldus Pius, 37-8, 230
Markethill, 33, 43-5, 46
Martin, Lady Christian, 176, 272n
Maruzen Co. Ltd.:
    120º aniversário de, 241-42
    Bíblia de Gutenberg adquirida e de propriedade de, 233-34, 239-44
Marx, Karl, 236
Massey, Charles Dudley, 153
Massey, Stephen, 153, 228-29
Mazarin, Jules, 40
McIntyre, J. Francis, 218
Millard, Alice:
    comércio de livros de, 125-32, 286n
    e busca de Doheny pela Bíblia de Gutenberg, 125-28
    e venda da Coleção Doheny, 235-37
    finanças de, 126, 128-29

relacionamento de Doheny com, 125, 128-32
Miller, Charles, 218-19, 226
Miller, Lucille Valeria, 32, 126
   aparência física de, 15, 174
   Bíblia de Gutenberg inspecionada, catalogada e acompanhada por, 22-7, 181-82
   coleção de livros de Doheny e, 124, 128-32, 136
   como curadora da Coleção Doheny, 181-86
   e busca de Doheny para adquirir e possuir a Bíblia de Gutenberg, 14-6, 21, 33, 136, 139-41, 145, 147, 150, 156-58, 168-69, 172-73, 176
   e venda da Coleção Doheny, 224
   relacionamento de Doheny com, 15, 21, 168-69, 182-83
   relacionamento entre Doheny e Millard e, 130-31
Mitford, Robert, 53
Molho Lea & Perrins Worcester, 75-80, 98-9
   finanças de, 75-7, 79-80, 84-5
   receita de, 78-9, 281n-82n
Morgan, J. P., 72, 106, 223-24, 276n
Morris, William, 87-9
   coleção de livros de Doheny e, 130, 132
   e venda da Coleção Doheny, 230, 236-37
Morte de Arthur, A (Malory), 230, 245
Museu Britânico, 68, 88, 91, 98, 223
Museu Fitzwilliam, 91, 93, 97
Museu Gutenberg, 177, 230-31, 249

Museu J. Paul Getty, 89, 214
Napoleão I, Imperador da França, 34, 235-36
Naruhito, Príncipe Herdeiro do Japão, 242
Needham, Paul, 203, 250-52
Neff, Wallace, 119, 151, 216, 229
New York Times, 96, 109-10, 116, 121, 133, 154, 177, 209, 253, 258
Nicolau de Cusa, 31
Nippon Telegraph and Telephone, 246

Olympus, 246
Owen, George, 82

páginas Estrelas Polares, 201-02
páginas Torre, 202
Palm House, 112-13, 147-48
papel, 42, 63, 202-03
   de Bíblias de Gutenberg, 15-6, 20, 23-7, 59-60, 141, 144, 164, 174, 179, 197, 201, 206, 256, 276n
   pesquisa de cíclotron e, 188-92, 197, 202, 205-06
   Prensa Aldina e, 37-8
   processo de impressão de Gutenberg e, 28-31
par de pinos paralelos, 206-07
Paulo, São, 135
Perrins, James, 77, 79-80
Perrins, William Henry, 78
Pforzheimer, Carl Howard, Jr., 167, 180
Pio XII, Papa, 152
Plummer, John, 220
Plunkett, Hugh, 118

Pollard, Alfred W., 91
Porcelana Royal Worcester, 76-7, 98
   coleção de Dyson e, 82, 86-7, 99, 101-02
   finanças de, 83-6, 99-100, 102
   produção de porcelana de, 77, 80-4, 99-100, 102, 264
   venda de livros de Dyson e, 101-02
Powell, Lawrence Clark, 238-39
Prensa Kelmscott, 230, 236
Primeira Guerra Mundial, 97-8, 101, 111, 113, 117, 159
protestantes, 34-5, 56, 61-2, 225, 254

Quaritch, Bernard Alfred, 71, 88, 95-7, 109
Quaritch, Bernard, 96, 235
   Bíblias de Gutenberg adquiridas e vendidas por, 54, 60, 168, 176, 277n
   Caxtons adquiridos e vendidos por, 67
   comércio de livros de, 54-5, 59-61, 67-8, 278n
   e a aquisição e propriedade de Amherst da Bíblia de Gutenberg, 61, 66-7
   e busca de Doheny para adquirir e possuir a Bíblia de Gutenberg, 175-77
   finanças de, 59, 60-1, 66-7, 235
   relacionamento de Amherst com, 54-5, 58-61, 66-7, 260
   Rosenbach comparado a, 120-22
Quinn, John, 219

Randall, David:
   Bíblias de Gutenberg adquiridas e vendidas por, 176, 180
   e a busca de Doheny para adquirir e possuir a Bíblia de Gutenberg, 166-71, 175-77
Rationale divinorum officiorum (Durand), 229, 232
Recuyell of the Historyes of Troye (Lefèvre), 67, 72
Remington, Frederic, 114, 151, 215
Renaissance, 37-8, 43, 214, 254
Rendsburg Fragment, 257-58
Renouard, Antoine-Augustin, 38, 43
Revolução de Gutenberg, A (John Man), 254
Ridge, Martin, 222
Ritcheson, Charles R., 225
Rosenbach, Abraham Simon Wolf, 120-23, 228, 260
   Bíblias de Gutenberg adquiridas e vendidas por, 120-21, 144, 272n
   coleção de livros de Doheny e, 121-23, 125, 128, 131, 135, 164, 235-36
   comércio de livros de, 120-21, 139, 141-42, 143-47
   e busca de Doheny para adquirir e possuir a Bíblia de Gutenberg, 139-47, 153-56, 171-72
   e venda da Coleção Doheny, 235-36
   finanças e, 120-21, 140, 144, 154
   mulheres orientadas por, 143-44

relacionamento de Doheny com, 139, 143-44, 146-47, 155-56, 159
Rosenthal, Robert, 129-30
Rosenwald, Lessing J., 106
Roxburghe, Duque de, 41, 60
Russell, Charles, 151, 214-16

Saltério britânico, 86-8
Saltério de Gorleston, 88-9, 101
Saltério Wenceslas, 89
Sandys, Lorde Marcus, 78
Schad, Jasper, 14, 21, 173
Schad, Robert Oliver, 25, 150, 181
    e busca de Doheny para adquirir e possuir a Bíblia de Gutenberg, 14, 16-7, 21, 168-69, 173-74
    relacionamento de Doheny com, 21, 132-33, 134-35
Schöffer, Peter, 122, 136, 230-32
Schuster, Thomas E., 233-34
Schwab, Richard N., 186-96
    aparência física de, 197, 199, 205
    e teste e pesquisa da Bíblia de Gutenberg, 186-87, 192-96, 197-210, 231-32, 256, 293n-94n
    e venda da Coleção Doheny, 219, 237-38
    Encyclopédie de Diderot e, 187-88, 191
    pesquisa com cíclotron e, 188-94
Schwenke, Paul, 202-03
Segunda Guerra Mundial, 100-02, 105-06, 128, 258, 263-64, 286n-87n 289n-90n
Segunda-feira Negra, 232, 235

Seminário de São João, 150, 152, 172-73, 178, 185, 277n
    e teste e pesquisa da Bíblia de Gutenberg, 195-96
    e venda da Coleção Doheny, 213, 215-17, 219, 226, 239, 265, 296n-97
Seminário Teológico Geral, 167-68, 170-71, 176-77, 180
Shakespeare, William:
    Primeiro Fólio de, 47-9, 275n
    Segundo Fólio de, 119
Shaw, George Bernard, 87, 120
Shōtoku, Imperatriz do Japão, 242-43
Shuckburgh, Sir George, 175, 272n
Sitwell, Osbert, 159-60, 290n-91n
Smith, Dinitia, 253
Somme, Batalha de, 97-8
Sotheby's, 91, 105, 134, 152, 179, 219, 258
Spencer, George John, 2º Conde de:
    Bíblia de Gutenberg adquirida e de propriedade de, 39-40, 44, 274n
    biblioteca de, 59, 68
    Clube Roxburghe e, 46-7
    coleção de livros de, 39-40, 42, 44
    finanças de, 40-1, 44
Spirito della Perusia, 89
Starr, Kevin, 221, 225
Stevens, Henry, 61
Sul da Califórnia, Universidade do (USC), 125, 132, 225
Summa Theologica (São Tomás de Aquino), 15, 229
Swift, Jonathan, 35, 56

Takamiya, Toshiyuki:
   Bíblias de Gutenberg digitalizada e, 244-46, 249-50, 260-61
   coleção de, 244-45, 260-61
Terentianus Maurus, 143
Terry, Ellen, 120
Thorold, Sir John, 167-68
Thorpe, James, 259
Tice and Lynch, 13
tinta, 28-32, 74
   de Bíblias de Gutenberg, 18, 24-5, 62, 141, 144, 168, 192-93, 197, 202-06, 208-09, 231-32, 255-56, 266
   pesquisa de cíclotron e, 189-90, 192-93, 197, 202-06, 208-09
   processo de impressão de Gutenberg e, 30-2
tipo, tipografia, 54-5
   coleção de Amherst e, 55-6, 61
   de Bíblias de Gutenberg, 18-9, 62-4, 105, 141, 179-80, 203-04, 205, 207, 231-32, 251-52
   Prensa Aldina e, 38
tipografia cuneiforme, 252
Tissen, Francis, 58
Tomás de Aquino, São, 15, 229
Tomita, Shuji, 234
Toovey, James, 49, 61
Tričković, Divna, 249
Truman, Harry S., 164
Twain, Mark, 225, 229, 230, 236

Universidade de Cambridge, 245, 249, 277n
Universidade de Oxford, 36, 52-4, 77, 88
Universidade de Yale, 143, 224, 272n

Universidade Keio, 243-44
   Bíblia de Gutenberg adquirida e de propriedade de, 243-44, 255, 265-66
   HUMI e, 244-47, 255

Van Gogh, Vincent, 241
velino, 30, 38, 42, 129
   de Bíblias de Gutenberg, 20, 25-6, 59-60, 95-6, 117, 157
   e venda da Coleção Doheny, 235-37
Viagens de Gulliver, As (Swift), 35, 57
Virgílio, 130, 132, 237
Vollbehr, Otto F. H., 117, 126, 286n
von KleinSmid, Rufus B., 225

Wall, John, 81-2
Ward, William J., 150
Warner, Sir George F., 91
Warwick, Duque de, 92, 283n
Weber, Francis J., 229, 233, 238
Wellborn, Leila, 116
Wellborn, Olin, III, 170
Wells, Gabriel, 135, 258
Whitman, Walt, 229, 236
Wilde, Oscar, 120
Wilson, Adrian, 193, 205, 209
Wolf, Edwin, 121
Württembergische Landesbibliothek, 180

Yates Thompson, Henry, 87-8, 90, 98-9